# LIBREOFFICE 24

## Calc, Writer e Impress:

### Novedades y funciones esenciales

**Myriam Gris**
**Faïza Moumen Piasco**

ISBN: 978-2-409-04850-0
Edición original: 978-2-409-04387-1



**Ediciones ENI**
P° Ferrocarriles Catalanes, 97-117, 2a pl. of. 18
08940 - Cornellà de Llobregat (Barcelona)

Tel: 934 246 401
Fax: 934 231 576

e-mail: info@ediciones-eni.com
http://www.ediciones-eni.com

Autores: Myriam GRIS - Faïza MOUMEN PIASA
Edición española: Anna SÁNCHEZ LASIERRA
Colección **Ofimática Profesional** dirigida por Corinne HERVO

# Prólogo

Este libro ha sido diseñado para ayudarle a encontrar rápidamente las principales funciones que ofrecen **Writer**, **Calc** e **Impress** en la suite **LibreOffice (versión 24.2)**. Las nuevas funciones de las versiones más recientes de cada aplicación se presentan al principio del libro; los títulos correspondientes se resaltan mediante el pictograma ● Novedad. Las operaciones se describen detalladamente y se acompañan de ilustraciones para facilitar su aplicación. Las capturas de pantalla se han realizado en un entorno Windows.

Encontrará **un índice temático** en las últimas páginas de este libro.

A lo largo de estas páginas, hemos adoptado las siguientes convenciones tipográficas:

**Este estilo de caracteres se utiliza para:**

| | |
|---|---|
| **negrita** | indicar una opción de menú o cuadro de diálogo que debe activarse. |
| *cursiva* | un comentario u observación. |
| Ctrl | simbolizar las teclas del teclado; cuando dos teclas están situadas una al lado de la otra, debe pulsar ambas simultáneamente. |

**El símbolo introduce:**

| | |
|---|---|
| ⎆ | la acción que debe realizarse (activar una opción, hacer clic con el ratón, etc.). |
| ☞ | un comentario general sobre el comando actual. |

# Prólogo

# Contenido

## Novedades



# Writer

## El entorno de Writer



## La gestión del texto



## La presentación del documento

# Contenido

# Contenido

## Calc

## Contenido

### La presentación de las tablas



### El formato de página y la impresión en Calc



### Los gráficos



### Las tablas dinámicas

# Contenido

## Impress

### El entorno de Impress



### Las diapositivas



### Patrón de diapositiva y fondo



### Introducción y presentación de textos

# Contenido

## Funciones comunes

### Los archivos



### Copiar y mover



### Funciones comunes: el entorno

**Contenido**

# Novedades

## Introducción

Estas son las novedades que han aparecido en las últimas versiones del paquete ofimático LibreOffice.

La versión 24.2, que es la utilizada en este libro, inicia un nuevo sistema de numeración de Libre Office basado en el mes y el año, en lugar de un número «arbitrario». La versión anterior era la 7.6; el salto de 7.6 a 24.2 implica, básicamente, un cambio en la forma como se numeran las versiones.

## Novedades generales

El paquete LibreOffice ha experimentado importantes cambios estéticos. Se han rediseñado los iconos y comandos de las aplicaciones.

Muchos de los cuadros de diálogo se han rediseñado para simplificar o presentar de forma más sintética las distintas opciones.

El centro de inicio presenta ahora una lista de filtros (**Filtrar**) para mostrar archivos de **Todas las aplicaciones, Documentos de texto, Hojas de cálculo, Presentaciones** o **Dibujos.**

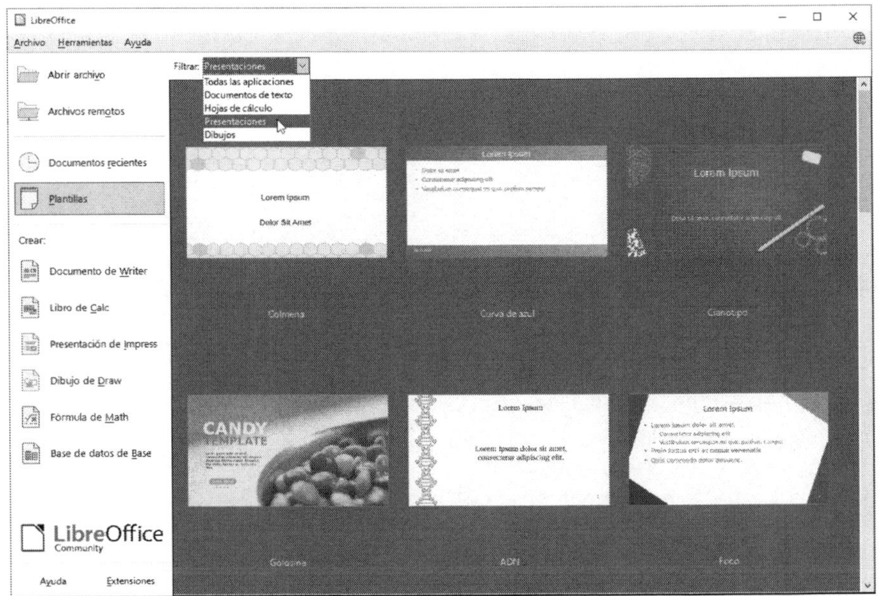

Ahora es posible modificar la interfaz de las aplicaciones a nivel de las barras de menús y de herramientas y, en particular, mostrar los comandos agrupados en pestañas (de forma similar a la cinta de opciones de Microsoft Office): **Ver - Interfaz de usuario** (véase Funciones comunes: el entorno).

La interfaz de gestión de plantillas, accesible desde cada aplicación a través de **Archivo - Plantillas - Gestionar plantillas**, se ha reelaborado por completo (véase Los archivos - Gestión de las plantillas de documento).

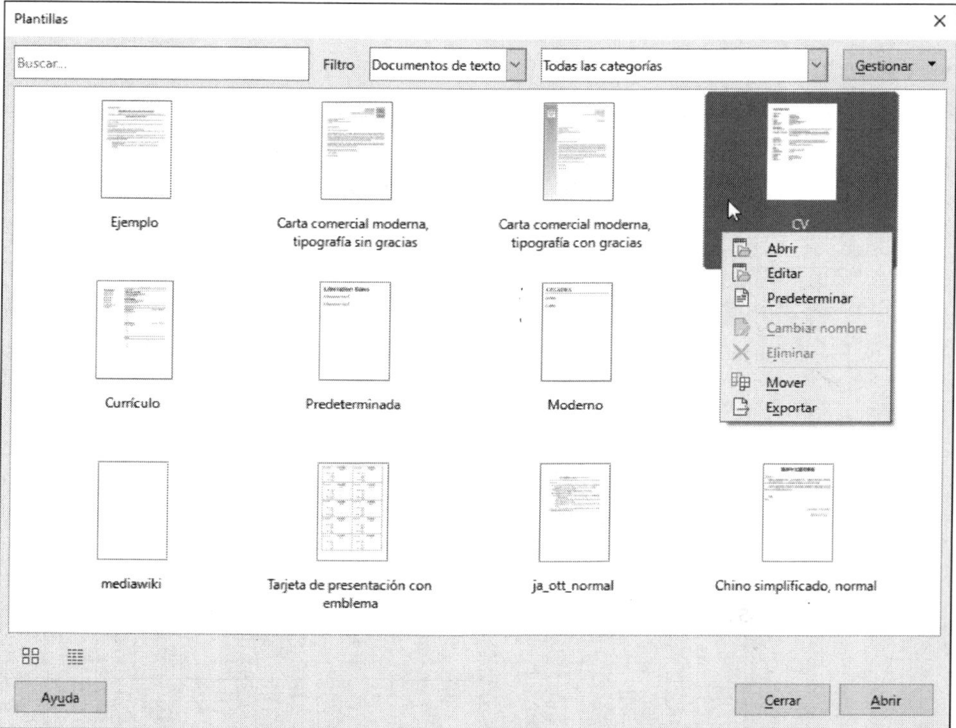


En la barra de herramientas **Estándar** de las aplicaciones LibreOffice, la herramienta **Guardar** está representada por este icono cuando se ha modificado el archivo y no se han guardado los cambios (véase Los archivos - Abrir/guardar un archivo localmente).

Para que pueda acceder más rápidamente a determinadas opciones, las opciones de los menús y de los menús contextuales se han reorganizado en función de su uso e importancia.

La barra lateral también se ha rediseñado, tanto estéticamente como en términos de contenido. Se han añadido nuevas secciones, en función de la aplicación.

Se ha mejorado la barra de herramientas **Dibujo**, que ahora incluye las herramientas **Curvas y Polígonos** y las herramientas **Líneas y flechas** en Calc y Writer. Estas herramientas se presentan como botones de lista y pueden separarse de la barra de herramientas **Dibujo** para convertirse en barras de herramientas flotantes (a continuación, se muestra la barra de herramientas **Dibujo** en **Writer**).

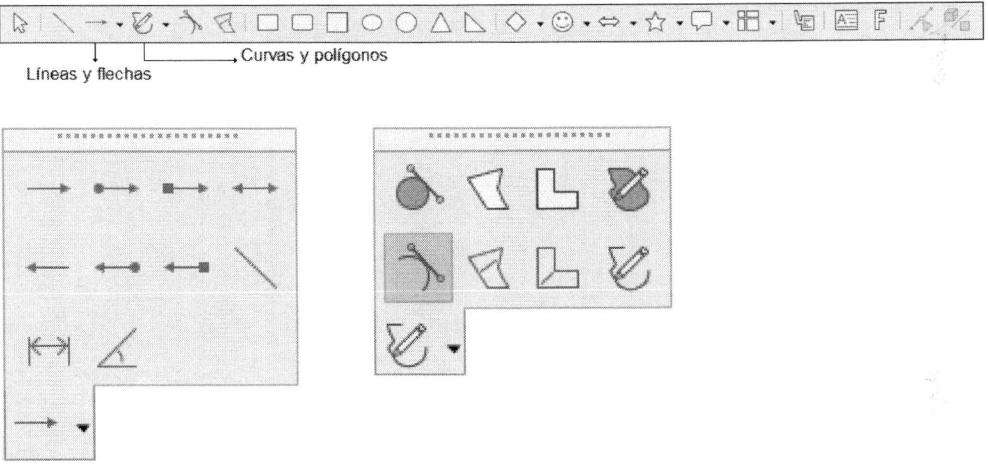


Para desanclar las herramientas, haga clic en los pequeños puntos de la parte superior de la lista; el panel tendrá este aspecto:

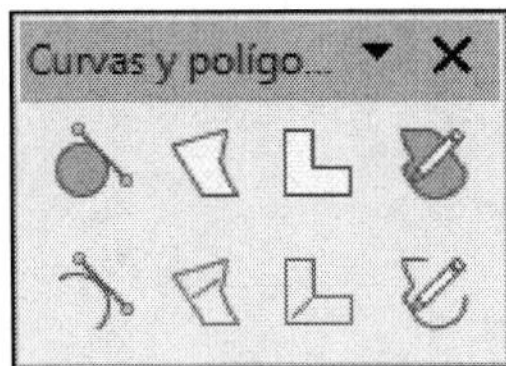

En la barra de herramientas **Dibujo**, también encontrará la herramienta **Puntos** , que muestra la barra de herramientas **Editar puntos** (véase Inserción de imágenes y objetos).

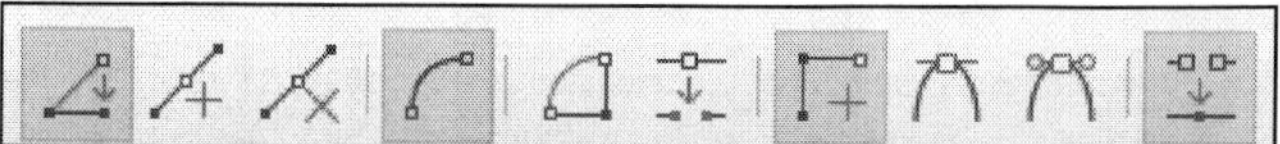

## Writer

Se ha añadido un nuevo menú: el menú **Formulario**, que permite gestionar objetos de formulario (**Casilla** de verificación, **Cuadro de texto**, **Cuadro de lista**, etc.).

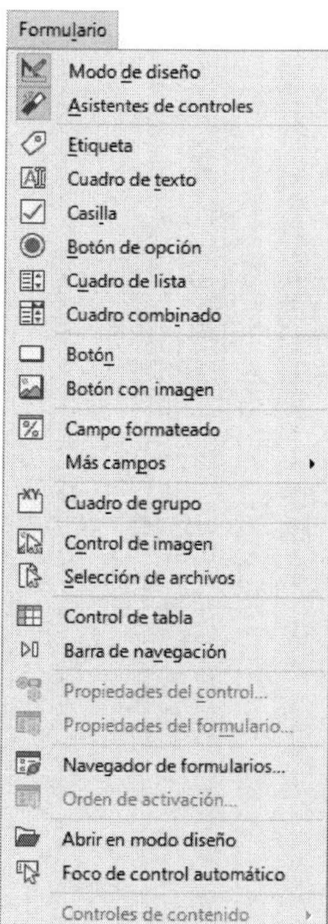

Se ha mejorado el cuadro de diálogo **Caracteres especiales**, que ahora contiene dos nuevas áreas: **Caracteres recientes** y **Caracteres favoritos**, para facilitar un acceso más rápido.

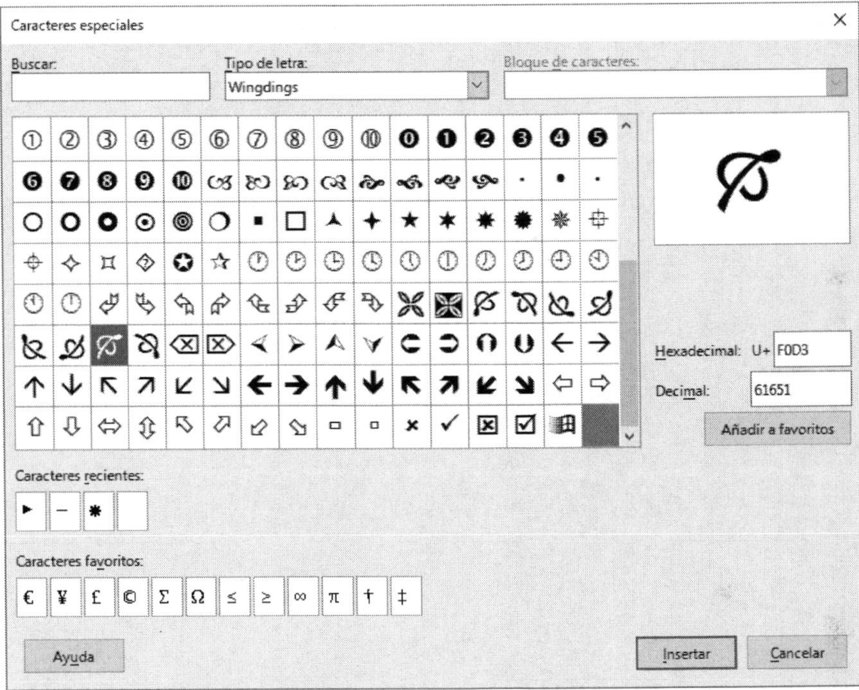


El comando **Formato - Texto** ahora incluye directamente opciones para cambiar las mayúsculas y minúsculas.

Se ha añadido un nuevo botón **Estilos de tabla** al panel **Estilos** de la barra lateral (véase Las tablas - Aplicar un formato automático a una tabla).

En la barra de búsqueda (**Editar - Buscar**), ahora es posible mostrar una lista desplegable para elegir el modo de navegación: por página, tablas, imágenes, etc. (véase La revisión de textos - Buscar/navegar por el documento).

Se ha añadido una nueva sección **Tabla** a las **Propiedades** de la barra lateral, donde encontrará los comandos más comunes para gestionar una tabla.

El diseño de página es ahora objeto de un panel separado en la barra lateral: el panel **Página** (véase El formato de página y la impresión en Writer - Definir el formato de página, la orientación y los márgenes).

El cuadro de diálogo **Imprimir** ha sido objeto de una importante remodelación, con solo dos pestañas que contienen todos los ajustes (véase El formato y la impresión en Writer - Imprimir un documento).

## Calc

Se ha añadido un menú **Estilos** para dar formato directamente a las celdas (véase La presentación de las tablas - Aplicar un formato de tabla automático).

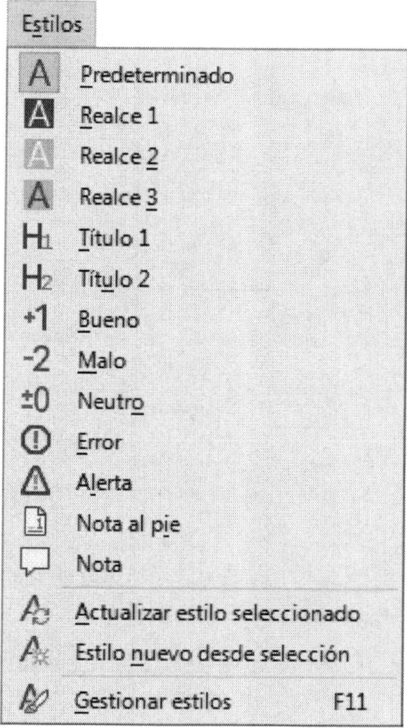


Una nueva opción en el menú contextual de las pestañas permite **Duplicar hoja**.

# Novedades

Ahora puede ordenar por columna o fila utilizando tantos criterios (claves de ordenación) como cabeceras de columna o filas haya en la lista (véase Introducir y modificar datos - Ordenar los datos de una tabla).

Opciones suplementarias permiten filtrar los datos por colores o por los diez últimos elementos (véase Introducir y modificar datos - Filtrar un rango de datos con el filtro automático).

Los nombres de las hojas en las fórmulas de cálculo van precedidos de un símbolo de dólar $ en lugar de un apóstrofo (véase Los cálculos - Utilizar una fórmula de cálculo).

El botón **Formatear como moneda** de la barra de herramientas **Formato** permite ahora elegir la moneda en la lista.

Si todas las celdas seleccionadas contienen datos, Calc ofrece un cuadro de diálogo para elegir cómo procesar el contenido de las celdas (véase La presentación de las tablas - Combinar celdas).

Puede gestionar la prioridad de los formatos si ha aplicado varios formatos condicionales al mismo rango de celdas (véase La presentación de las tablas - Aplicar un formato condicional).

# Impress

Cuando abra la aplicación, aparecerá una nueva ventana: la ventana **Seleccione una plantilla** (véase El entorno de Impress - Iniciar/salir de LibreOffice Impress).

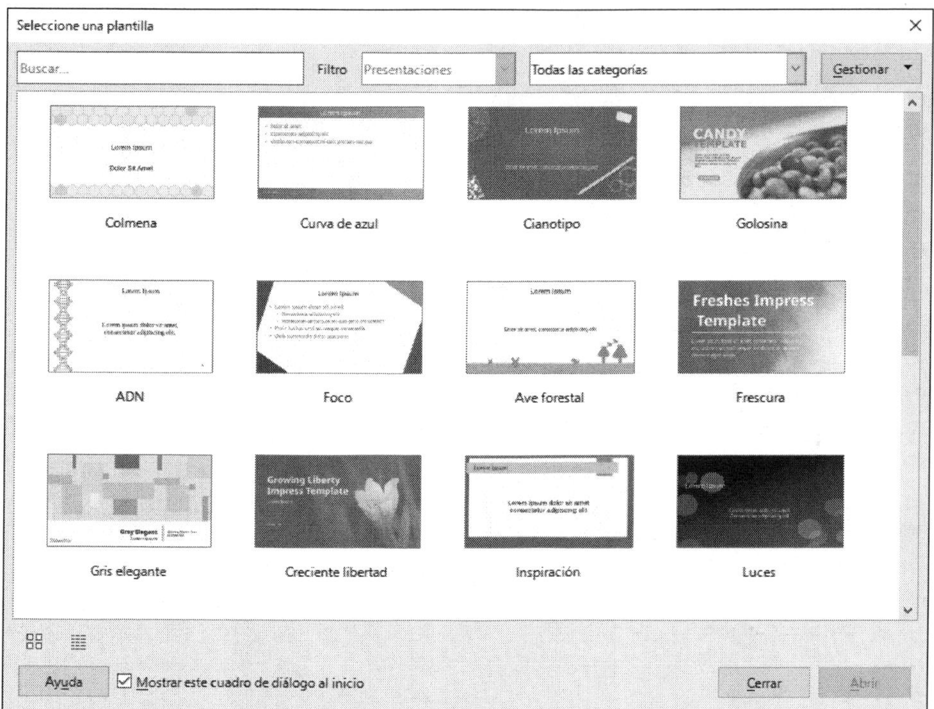


El modo **Patrón de diapositiva** ofrece una nueva forma de trabajar: el botón **Modos de visualización** permite pasar del modo **Normal** al modo **Patrón de diapositiva** (véase Patrón de diapositiva y fondo).

Para visualizar la barra lateral **Animación**, ahora es necesario ir al menú **Ver** en lugar de al menú **Diapositiva**. El aspecto del panel se ha modificado, con una lista **Categoría** que sustituye a las distintas pestañas, y la aparición de la nueva categoría **Efectos varios** para gestionar los efectos en los medios (véase Las animaciones).

## Iniciar/salir de LibreOffice Writer

### Iniciar LibreOffice Writer

- En Windows 10, haga clic en el menú **Inicio** .
- Si la aplicación aparece en la lista de aplicaciones **Más usadas** o **Agregadas recientemente**, o como miniatura en el panel derecho del menú **Inicio**, haga clic en su nombre.

  Si no es así, desplácese por la lista de aplicaciones del panel izquierdo del menú **Inicio** hasta la letra **L** (o haga clic en una de las letras situadas en la parte superior de cada lista alfabética para mostrar el directorio de iniciales y, a continuación, haga clic en la letra **L**). Abra la carpeta **LibreOffice 24.2** (o la versión que haya descargado) y haga clic en la aplicación **LibreOffice Writer**.

- Desde Windows 11, abra el menú **Inicio**  y haga clic en el icono de **LibreOffice 24.2** (o la versión que haya descargado); si no está en la sección **Anclado**, escriba **LibreOffice Writer** en el cuadro de búsqueda y haga clic en el icono.

  *Se abre la aplicación LibreOffice Writer. La pantalla de trabajo se compone de diferentes elementos:*

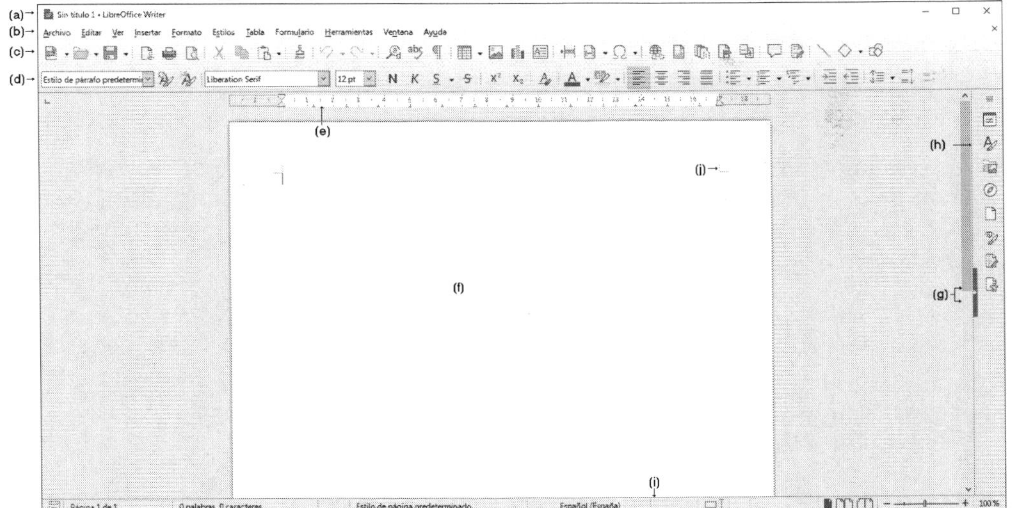

 La captura de pantalla anterior muestra la interfaz de usuario estándar de LibreOffice Writer, pero es posible que su interfaz se presente con pestañas: consulte el capítulo Funciones comunes: el entorno - Cambiar la apariencia de LibreOffice.

La **barra de título** (a): a la izquierda, el icono de la aplicación LibreOffice Writer seguido del nombre del documento activo (aquí, **Sin título 1**, ya que se trata de un documento nuevo). A la derecha, las herramientas **Minimizar** [–], **Minimiz. tamaño** [🗗] o **Maximizar** [□] sirven para reducir o restaurar el tamaño de la ventana; la herramienta **Cerrar** [X] sirve para cerrar la aplicación.

La **barra de menús** (b) muestra los nombres de los distintos menús de la aplicación Writer.

Las barras de herramientas **Estándar** (c) y **Formato** (d) son dos de las barras de herramientas de Writer que aparecen por defecto; reúnen diversas herramientas para acceder rápidamente a los comandos más utilizados. Pueden ocultarse mediante el comando **Ver - Barras de herramientas.**

La **regla** (e) horizontal permite cambiar rápidamente la presentación de un texto.

Por defecto, solo se muestra la regla horizontal; para mostrar la regla vertical, utilice el comando **Ver - Reglas - Regla vertical.** Para ocultar las reglas, utilice **Ver - Reglas - Reglas** o el atajo de teclado [Ctrl] [Mayús] **R**; el mismo comando se puede utilizar para mostrarlas de nuevo.

El **área de trabajo** (f): es el espacio en el que se introducen y formatean los textos.

**Barras de desplazamiento y deslizadores** (g): los deslizadores de las barras de desplazamiento indican la posición que ocupa el punto de inserción en el documento y también sirven para desplazar el contenido de la ventana cuando se trabaja con textos que superan la altura o la anchura de la ventana.

La **barra lateral** (h), minimizada por defecto, muestra el panel **Propiedades**, el panel **Estilos**, el panel **Galería** o el panel **Navegador**.

Utilice la herramienta ▶, situada en la barra lateral, para ocultarla, y la herramienta ◀ para mostrarla. Para mostrarla u ocultarla, también puede utilizar el comando **Ver - Barra lateral.**

La **barra de estado** (i) muestra la información y funciones siguientes:

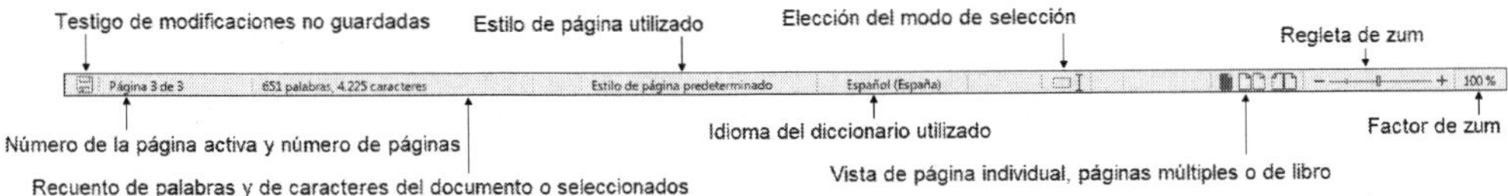


**Los límites de texto** (j) delimitan el área imprimible de una página; nunca se imprimen. Para ocultarlas o mostrarlas, utilice el comando **Ver - Límites de texto.**

Salir de LibreOffice Writer

- Haga clic en la herramienta **Cerrar** ✕, situada en la parte superior derecha de la ventana de cada documento que desee cerrar: Writer se cerrará cuando se cierre el último documento.
- Si intenta cerrar un documento que no se ha guardado, aparece un mensaje de advertencia: haga clic en **Guardar** o en **Cancelar** para no cerrarlo.

No es posible cerrar todos los documentos de la aplicación Writer en una sola operación.

La opción **Salir de LibreOffice** del menú **Archivo** (o Ctrl **Q**) se utiliza para salir de todas las aplicaciones abiertas de LibreOffice.

## Mostrar/ocultar las marcas de formato

*La visualización de estas marcas especiales facilita la identificación de cambios de párrafo, espacios, etc., para ayudar a dar formato al documento.*

- Para mostrar u ocultar las marcas de formato, abra el menú **Ver** y seleccione **Marcas de formato** o haga clic en la herramienta ¶ de la barra de herramientas **Estándar** (Ctrl F10).

*Estos caracteres aparecen en azul:*

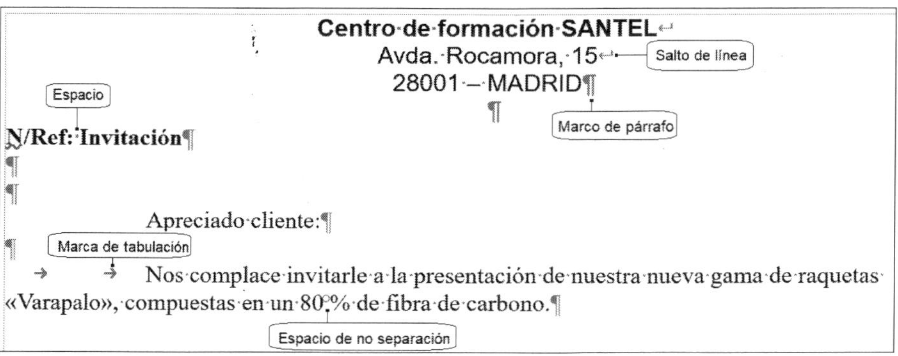


## Cambiar el modo de visualización

*Writer dispone de tres modos de visualización: modo **Normal**, modo **Web** y modo **Pantalla completa**.*

*El modo **Normal** muestra la página completa, incluidos los márgenes, así como la disposición real de la página (disposición en columnas, por ejemplo). Este modo de visualización, activo por defecto, muestra el documento tal y como se imprimirá.*

- Para activar el modo **Normal**, utilice el comando **Ver - Normal.**
- Cuando el modo **Normal** está activo, puede ocultar los espacios visibles en la parte superior e inferior de cada página de un documento haciendo doble clic en uno de los espacios visibles entre dos páginas cuando el puntero adopta la forma siguiente: o utilizando el comando **Ver - Espacio en blanco.**

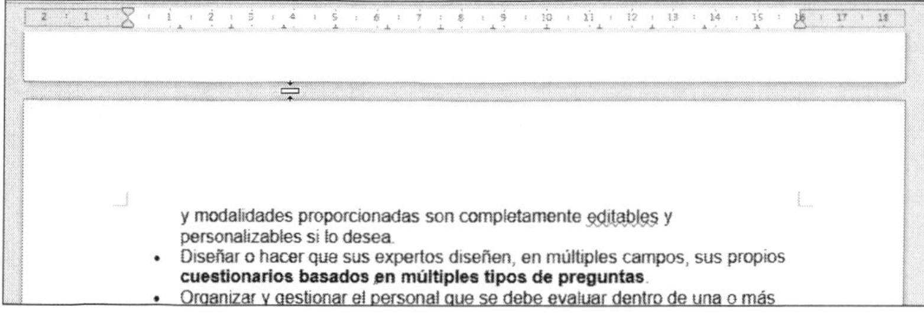

- Para volver a mostrar los espacios, haga doble clic entre dos páginas o al principio de la primera página cuando el puntero muestre este aspecto: ⌖ o utilice el comando **Ver - Espacio en blanco.**

*El modo **Web** se utiliza al crear páginas web y muestra el documento tal y como aparecerá en un navegador web.*

- Para activar este modo de visualización, utilice el comando **Ver - Web**.

*Cuando se activa el modo **Pantalla completa**, se ocultan los menús y las barras de herramientas, de título y de estado.*

- Para activar este modo, utilice el comando **Ver - Pantalla completa** (o Ctrl Mayús J).

*La barra de herramientas de **pantalla completa** pasa a estar visible.*

Para salir del modo de visualización **Pantalla completa**, haga clic en el botón **Pantalla completa** 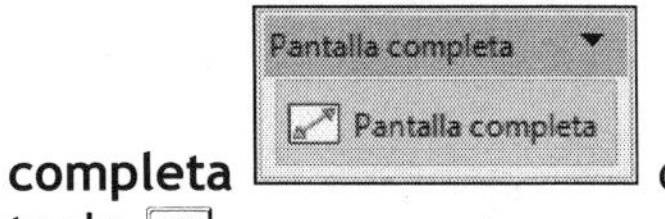

de la barra de herramientas **Pantalla completa** o pulse la tecla esc.

## Cambiar el zum de la pantalla

- Para cambiar rápidamente la escala de visualización del documento, arrastre el control deslizante del zum (situado en la barra de estado) hacia la izquierda para reducir el zum o hacia la derecha para aumentarlo.

*Las herramientas ⊟ y ⊞ también permiten ampliar y reducir el factor de zum.*

*Asimismo, puede mantener pulsada la tecla Ctrl mientras mueve la rueda del ratón hacia delante o hacia atrás.*

*El factor de zum aplicado se muestra en la barra de estado; en este caso, el factor es **122 %**:*

- Para elegir un factor de zum, apunte a la opción **Zum** del menú **Ver** y seleccione uno de los valores de zum o elija una de las siguientes opciones:

  **Toda la página:** para mostrar la página completa en la pantalla.

  **Anchura de página:** para mostrar la anchura total de la página (incluidos los márgenes izquierdo y derecho).

  **Vista óptima:** para visualizar toda la anchura de la página sin los márgenes izquierdo y derecho.

  **Zum:** para mostrar el cuadro de diálogo **Zum y disposición de vista**, donde puede introducir el factor de zum deseado y el número de páginas.

  *También puede hacer clic con el botón derecho del ratón en el valor del factor de zum de la barra de estado para elegir uno de los valores u opciones de zum disponibles.*

  *Si ha elegido la opción **Zum**, se abre el siguiente cuadro de diálogo:*

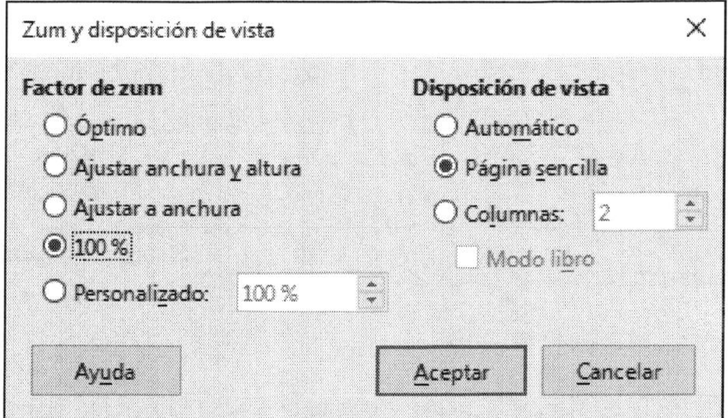


- Elija una opción o uno de los porcentajes de zum propuestos, o active la opción **Personalizado** e introduzca el porcentaje deseado en el campo asociado. A continuación, haga clic en **Aceptar** para confirmar.

Para mostrar el cuadro de diálogo **Zum y disposición de vista**, también puede hacer clic directamente en el factor de zum visible en la barra de estado.

## Cambiar la disposición de vista

- Para cambiar rápidamente el número de páginas mostradas, utilice una de las tres herramientas de la barra de estado:

  Para visualizar una sola página.

  Para mostrar varias páginas una al lado de la otra.

  Para aplicar la **vista de libro** (las páginas pares se muestran a la izquierda y las impares, a la derecha).

  Si es necesario, cambie el zum de la pantalla para ver el resultado.

- Para especificar una disposición de vista, utilice el comando **Ver - Zum - Zum** o haga clic en el factor de zum de la barra de estado.

  En el cuadro de diálogo **Zum y disposición de vista** que aparece, seleccione la opción **Automático** si desea que Writer muestre las páginas una al lado de la otra.

  *El número de páginas visualizadas depende del factor de zum seleccionado.*

  Para seleccionar varias páginas, active la opción **Columnas** y especifique el número en el campo correspondiente.

  *Si especifica un número par, puede activar la opción **Modo libro**.*

  A continuación, haga clic en **Aceptar**.

## Utilizar el navegador

*El panel **Navegador** muestra los elementos incluidos en el documento por categorías y le permite desplazarse a los elementos que elija (título, tablas, imágenes, índice, etc.).*

- Para mostrar el panel **Navegador**, utilice el comando **Ver - Navegador** o haga clic en la herramienta **Navegador**  del panel lateral, o pulse la tecla F5.

*Si ha utilizado el comando **Ver - Navegador** (o F5), el panel **Navegador** se muestra en una ventana aparte; si ha hecho clic en la herramienta , se muestra en el panel lateral de la derecha de la pantalla:*

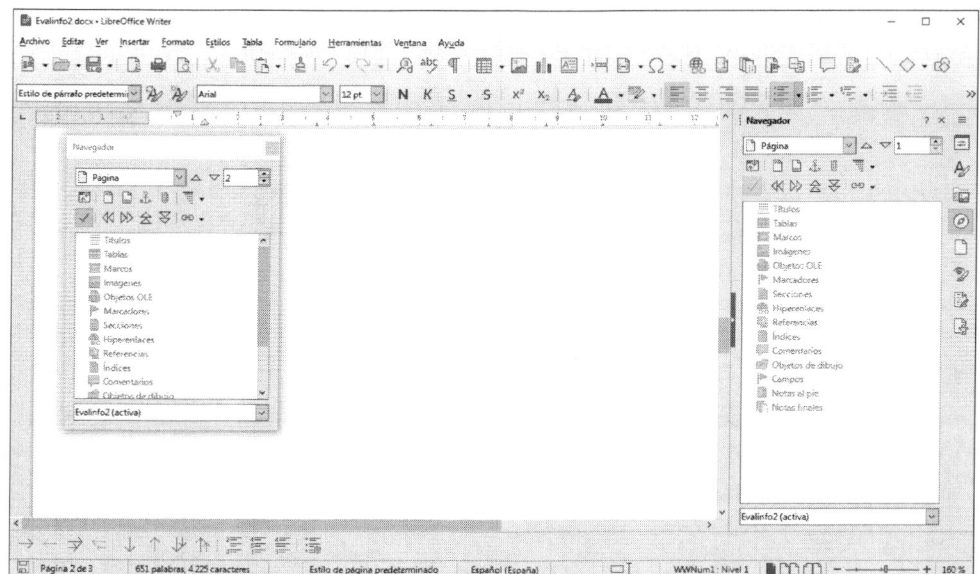


La barra de herramientas del panel **Navegador** ofrece las siguientes herramientas:

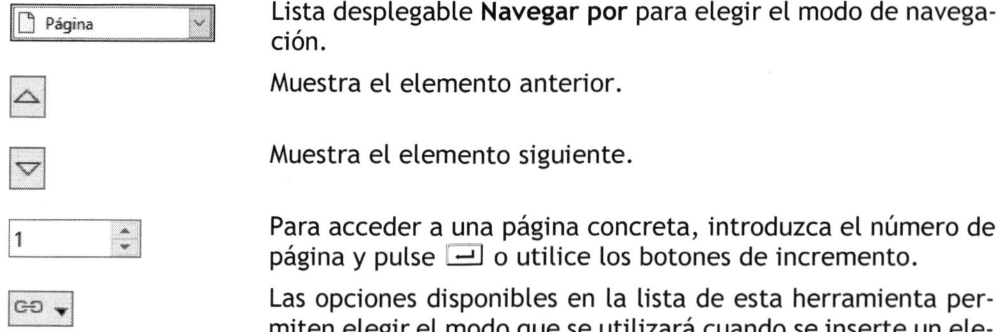

Lista desplegable **Navegar por** para elegir el modo de navegación.

Muestra el elemento anterior.

Muestra el elemento siguiente.

Para acceder a una página concreta, introduzca el número de página y pulse  o utilice los botones de incremento.

Las opciones disponibles en la lista de esta herramienta permiten elegir el modo que se utilizará cuando se inserte un elemento en un documento desde el panel **Navegador** (un enlace de hipertexto, por ejemplo).

Si el documento contiene títulos, esta herramienta desplaza el título seleccionado hacia arriba.

Si el documento contiene títulos, esta herramienta desplaza el nivel del título seleccionado hacia abajo.

Muestra/oculta el cuadro de lista en la ventana.

Muestra solo la categoría seleccionada o todas las categorías.

Si el documento contiene cabeceras, haga clic para ir a la zona de cabeceras de la página activa; haga clic de nuevo para volver a la zona de texto del documento.

Si el documento contiene pies de página, haga clic para ir a la zona de pie de página de la página activa; si vuelve a hacer clic, regresará a la zona de texto del documento.

Selecciona el nivel de título que se mostrará en el navegador: muestra el nivel de título seleccionado y todos los títulos de nivel superior.

Si el documento contiene títulos, esta herramienta eleva el nivel del título seleccionado.

Si el documento contiene títulos, esta herramienta baja el nivel del título seleccionado.

- Para mostrar los elementos de una categoría, haga clic en el símbolo ⊞ que la precede; a la inversa, para ocultar los elementos de una categoría, haga clic en el símbolo ⊟ situado delante de ella.
- Para ir a un elemento de una categoría, haga doble clic en su nombre.
- Para cerrar la ventana o el panel **Navegador**, pulse sobre la herramienta de cierre ☒ o ☒.

## Seleccionar texto

| | |
|---|---|
| **Una palabra** | Haga doble clic en la palabra. |
| **Una frase** | Haga triple clic en una palabra de la frase que desee seleccionar. |
| **Un párrafo** | Haga cuádruple clic en una palabra del párrafo que desee seleccionar. |
| **Un grupo de caracteres** | Arrastrar y soltar: arrastre el puntero del ratón para ampliar la selección.<br>Mayús clic: haga clic antes del primer carácter que quiere seleccionar, mantenga pulsada la tecla Mayús y haga clic a la derecha del último carácter que quiere seleccionar. |
| **Varios grupos de caracteres** | Seleccione el primer bloque de texto, mantenga pulsada la tecla Ctrl y, a continuación, seleccione los demás bloques de texto haciendo clic y arrastrando. |
| **Todo el documento** | **Editar - Seleccionar todo** o Ctrl **E.** |

Para seleccionar texto verticalmente, haga clic y arrastre pulsando la tecla Alt.

Haga clic con el botón derecho del ratón en una selección para mostrar el menú contextual: este menú agrupa las opciones aplicables a la selección.

## Introducir texto

Sitúe el punto de inserción donde desee introducir el texto, escriba el texto «de corrido», sin preocuparse de los saltos de línea, y pulse la tecla ↵ para cambiar de párrafo.

Utilice las teclas siguientes:

| | |
|---|---|
| Mayús ↵ | Para cambiar de línea. |
| Ctrl ↵ | Para insertar un salto de página. |
| ⇥ | Para acceder al siguiente tabulador. |

Para introducir texto resaltado, active el resalte, introduzca el texto y, a continuación, desactive el resalte.

Cuando empieza a escribir ciertas palabras, Writer le ofrece automáticamente una o varias sugerencias para terminar esa palabra: pulsa la tecla ↵ para aceptar la sugerencia o siga escribiendo para ignorarla.

Por defecto, el modo **Insertar** está activo (los caracteres introducidos se insertan entre los caracteres existentes). Para activar y desactivar el modo **Sobrescribir** (los caracteres introducidos sustituyen a los existentes), pulse la tecla Insert. Cuando el modo **Sobrescribir** está activo, el indicador **Sobrescribir** aparece en la barra de estado.

También puede hacer clic en el indicador **Sobrescribir** para volver al modo Insertar.

Cuando una palabra es desconocida para el diccionario en uso, aparece subrayada con una línea ondulada roja: para corregir un error tipográfico, haga clic con el botón derecho del ratón en la palabra en cuestión y, a continuación, haga clic en la palabra correctamente escrita.

## Uso de las marcas de tabulación

*Los tabuladores se utilizan para alinear correctamente varias líneas de texto al mismo nivel.*

- Para ver las marcas de tabulación, visualice los caracteres no imprimibles activando la herramienta ¶, visible en la barra de herramientas **Estándar**.
- Si es necesario, introduzca el texto del principio de la línea.
- Para pasar a la siguiente marca, pulse la tecla ⇥.

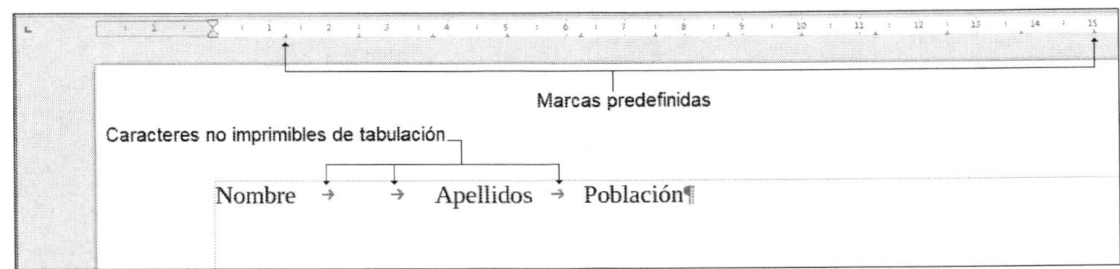


*Las marcas predefinidas de Writer se colocan cada 1,25 cm.*

- Para volver a la marca anterior, elimine el carácter de tabulación pulsando la tecla ⟵.

## Insertar la fecha/la hora variable del sistema

- Sitúe el punto de inserción donde desee que aparezca la fecha o la hora.
- Utilice el comando **Insertar - Campo - Más campos** o elija la opción **Otros campos** de la lista de la herramienta **Insertar campo** (o Ctrl F2).

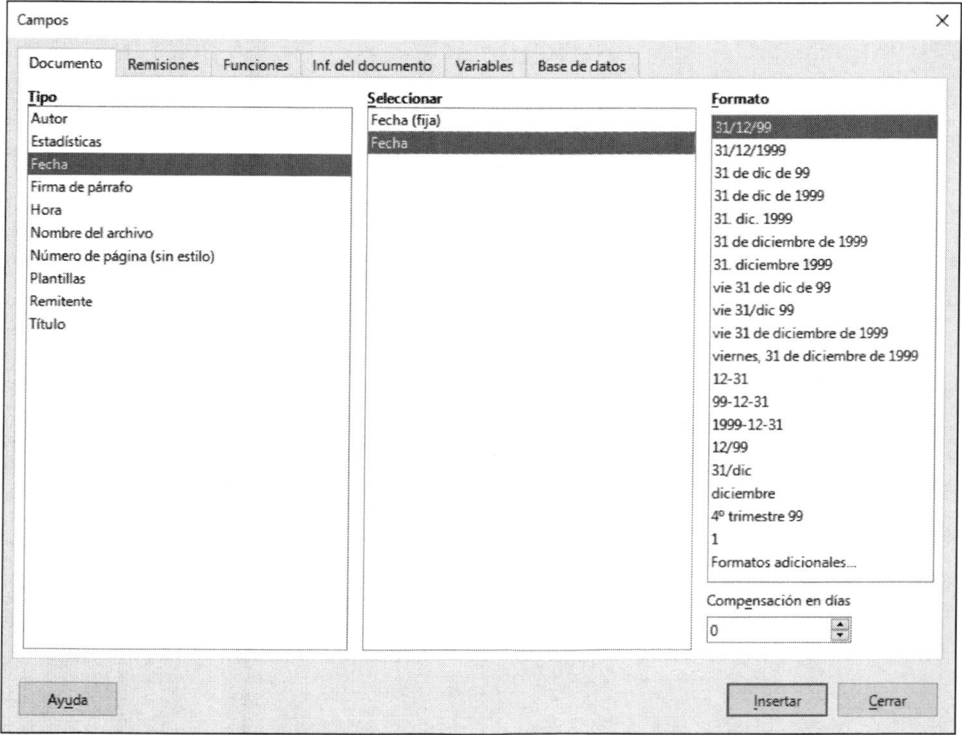


- En la pestaña **Documento**, seleccione el campo **Fecha** u **Hora** de la lista **Tipo.**
- En la lista **Seleccionar**, haga clic en la opción **Fecha** o en la opción **Hora.**
- En la lista **Formato**, elija el formato deseado.
- En el campo **Compensación en días** o **Compensación en minutos**, según el campo insertado, especifique cualquier salto en días o minutos; por ejemplo, si introduce **1** como compensación en días, la fecha insertada mostrará la fecha siguiente a la fecha del sistema.

- A continuación, haga clic en el botón **Insertar** y en el botón **Cerrar**.

La fecha y la hora variables se actualizan automáticamente al abrir el documento. Sin embargo, puede actualizarlas manualmente pulsando F9.

Las opciones **Fecha** y **Hora** del menú **Insertar - Campo** o de la lista de la herramienta pueden utilizarse para insertar la fecha y la hora fijas.

## Insertar caracteres especiales

- Sitúe el punto de inserción donde desee que aparezca el carácter especial.
- Utilice el comando **Insertar - Carácter especial** o haga clic en la herramienta Ω de la barra de herramientas **Estándar** y, a continuación, en la opción **Más caracteres**.
- Elija una fuente de la lista **Tipo de letra**.

  *Por ejemplo, la fuente **Symbol** ofrece principalmente caracteres matemáticos y griegos; las fuentes **Wingdings**, **Wingdings 2**, **Wingdings 3** y **Webdings** ofrecen caracteres de tipo ilustración.*

- Haga clic en el carácter que desea insertar: aparecerá en la zona **Caracteres**.
- Para insertar un solo carácter, haga clic sucesivamente en el carácter en cuestión y luego en el botón **Insertar**.
- Para insertar varios caracteres, haga doble clic en cada carácter que desee insertar.

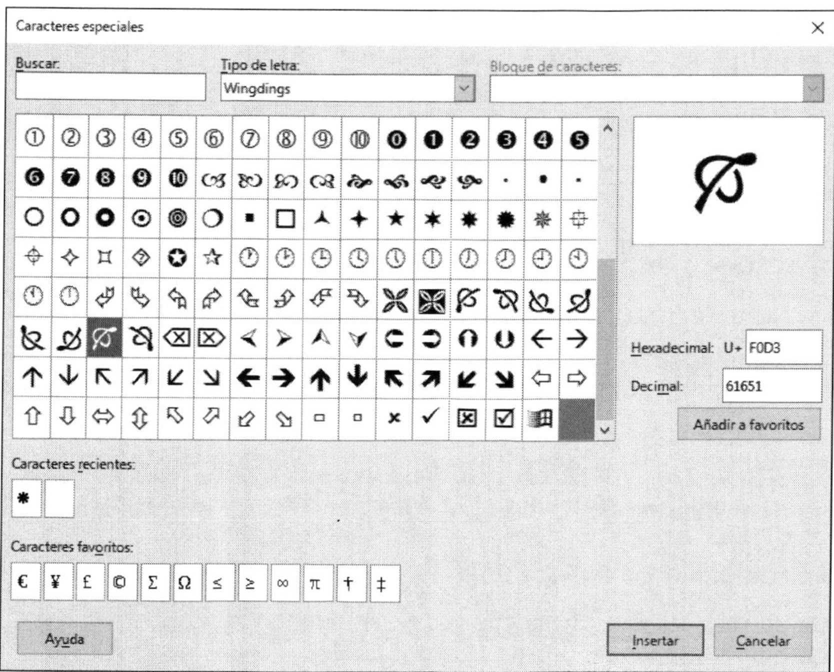


● Novedad

*Cada carácter insertado aparece en el área **Caracteres recientes** del cuadro de diálogo y en la lista desplegable de la herramienta* Ω ▾.

- Puede hacer clic directamente en uno de estos caracteres para insertarlo.
- Para encontrar fácilmente un carácter especial, puede guardarlo en la zona **Caracteres favoritos** haciendo clic en el carácter deseado y luego en el botón **Añadir a favoritos**; para eliminar un carácter de la lista de favoritos, selecciónelo y luego haga clic en el botón **Quitar de favoritos**.

## Insertar guiones/espacios indivisibles

*La inserción de uno de estos caracteres entre dos palabras impide que se produzca un salto de línea entre ellas.*

Si el texto ya se ha introducido, suprima el espacio o el guion y utilice los siguientes atajos:

| | |
|---|---|
| Ctrl Mayús - | Para insertar un guion indivisible. |
| Ctrl - | Para insertar un guion discrecional (que solo se imprimirá si está al final de la línea). |
| Ctrl Mayús Espacio | Para insertar un espacio indivisible. |

También puede utilizar el comando **Insertar - Marca de formato**.

## Crear una entrada de texto automático

*Una **entrada de texto automático**, también conocida como **Autotexto** en el procesador de textos Word, permite almacenar un texto de uso frecuente (con o sin sus resaltados) para poder insertarlo en cualquier documento.*

*Writer ofrece entradas predefinidas de texto automático, como ciertas expresiones de cortesía, pero también puede crear sus propias entradas.*

Introduzca y formatee el texto que desea guardar y, a continuación, selecciónelo.

*Puede incluir imágenes, campos o tablas.*

Utilice el comando **Herramientas - Texto automático** o el método abreviado de teclado Ctrl F3.

*Las entradas predefinidas de texto automático de Writer se dividen en las categorías **Tarjetas de visita**, **Estándar** y **Solo para plantillas**. La categoría **Mi texto automático** sirve para guardar las entradas de texto automático del usuario.*

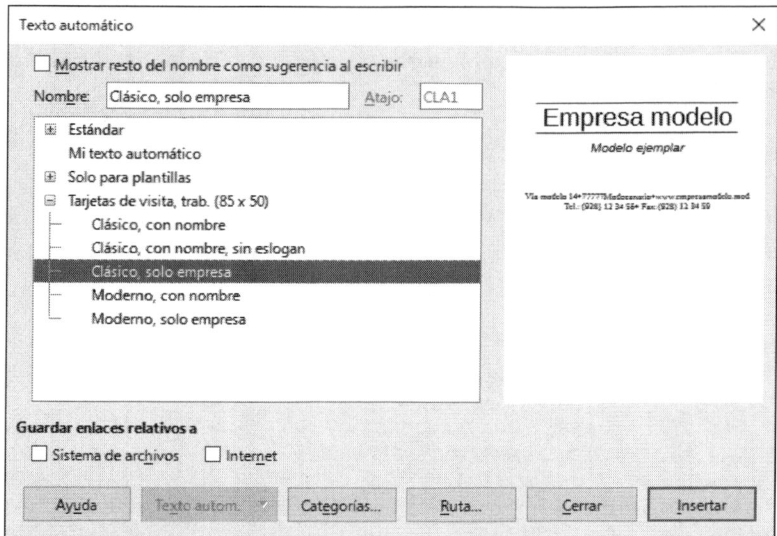


- Seleccione la categoría **Mi texto automático** y, en el cuadro **Nombre**, introduzca el nombre del texto automático.

  *Para dar nombre al texto automático, utilice cinco o más caracteres si desea que el nombre aparezca en una etiqueta emergente cuando se introduzcan los primeros caracteres en un documento.*

- Si es necesario, marque la opción **Mostrar resto del nombre como sugerencia al escribir**.
- Modifique el **Atajo** sugerido si es necesario.
- Haga clic en el botón **Texto autom.** y seleccione una opción:

  **Nuevo**: para crear la entrada a partir del texto o los elementos seleccionados en el documento.

  **Nuevo (solo texto)**: para crear la entrada utilizando únicamente el texto seleccionado en el documento. Las imágenes, las tablas y los demás elementos no se tienen en cuenta.

- A continuación, haga clic en el botón **Cerrar**.

## Insertar una entrada de texto automático

### Utilizando el teclado

- Escriba el método abreviado asignado a la entrada y pulse la tecla F3.

También puede empezar a escribir el nombre de la entrada de texto automático y, cuando su nombre aparezca en una etiqueta emergente, pulsar la tecla ↵; este método solo puede utilizarse si la opción **Mostrar resto del nombre como sugerencia al escribir** estaba marcada al crear la inserción automática y si el nombre del texto automático contiene al menos cinco caracteres.

### Utilizando el cuadro de diálogo

- Sitúe el punto de inserción donde desee.
- Utilice el comando **Herramientas - Texto automático** o el método abreviado Ctrl F3.
- Haga clic en el símbolo ⊞ para desplegar la categoría que contiene el texto automático que va a insertar.
- Seleccione la entrada que desea insertar.

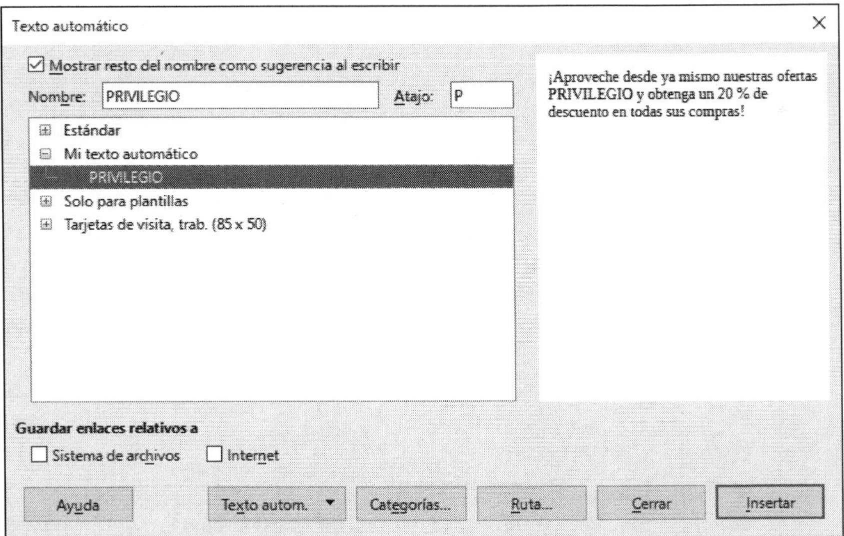


- Haga clic en el botón **Insertar**.

## Gestionar los comentarios

*Los comentarios permiten insertar anotaciones en el texto. Pueden asociarse a este.*

### Crear comentarios

- Sitúe el punto de inserción en el lugar donde desea insertar el comentario; si el comentario debe ir asociado a un texto, seleccione ese texto.
- Utilice el comando **Insertar - Comentario** o haga clic en la herramienta de la barra de herramientas **Estándar** (Ctrl Alt **C**).

  *El punto de inserción parpadea en una etiqueta visible en el margen derecho; el nombre y apellidos del autor (si se han introducido) y la fecha y la hora de creación del comentario aparecen en la parte inferior.*
- Introduzca el texto de su comentario en la etiqueta.

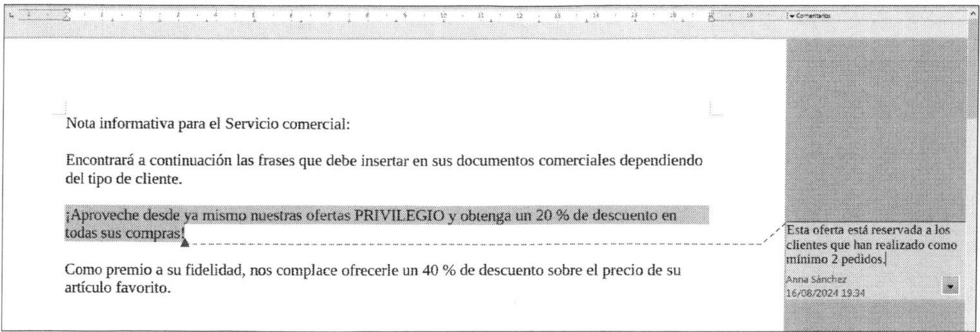


*La posición del comentario dentro del texto se indica mediante una flecha; si el comentario está asociado a un texto, este se resalta en el mismo color que la etiqueta.*

*Si los comentarios en el documento han sido creados por más de un usuario, las etiquetas aparecerán en diferentes colores dependiendo de quién haya creado el comentario.*

- A continuación, haga clic en cualquier parte del documento.

El nombre y los apellidos del autor solo aparecen en las etiquetas de los comentarios si se han introducido en las opciones de Writer (**Herramientas** - menú **Opciones**, **LibreOffice** - categoría **Datos de identidad**).

## Gestionar los comentarios

- Para modificar el contenido de un comentario, haga clic en la etiqueta correspondiente y, a continuación, realice los cambios deseados.

- Para eliminar un comentario, haga clic en la flecha ▾ de la etiqueta del comentario y, a continuación, en una de las opciones de eliminación.

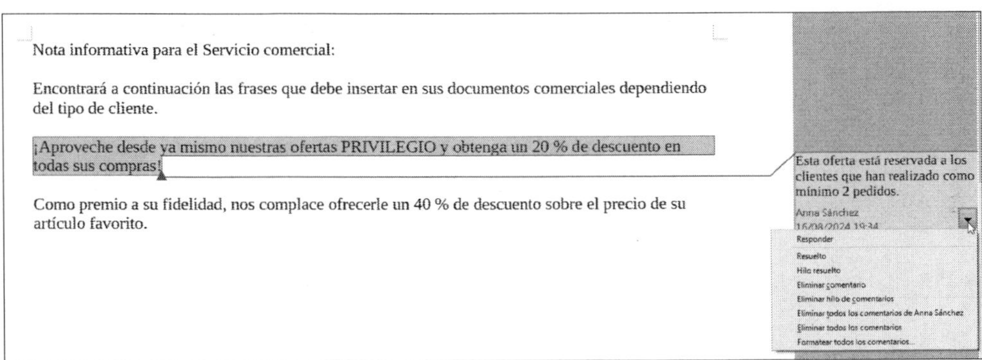


- Para ocultar/mostrar comentarios, utilice el comando **Ver - Comentarios** o haga clic en la cabecera del panel **Comentarios.**
- Para imprimir los comentarios, elija una de las opciones de la lista **Comentarios** del cuadro de diálogo **Imprimir** - pestaña **LibreOffice Writer** (**Archivo - Imprimir** o [Ctrl] **P**).

## Resaltar caracteres

### Utilizando el ratón

- Si los caracteres en cuestión ya se han introducido, selecciónelos.
- Haga clic en la(s) herramienta(s) de la barra de **Formato** según el resalte que desee aplicar.

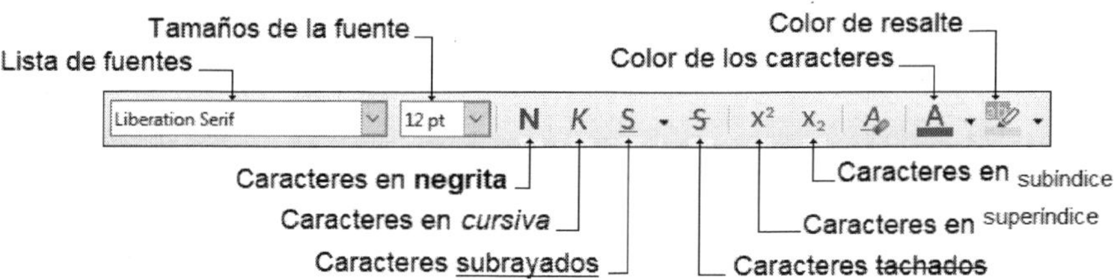


- Para desactivar un resalte, vuelva a hacer clic en la herramienta correspondiente.

### Utilizando el teclado

- Si los caracteres en cuestión ya se han introducido, selecciónelos.
- Para activar o desactivar el resalte, utilice las siguientes combinaciones de teclas:

| | |
|---|---|
| Ctrl **N** | **Negrita** |
| Ctrl **I** | *Cursiva* |
| Ctrl **S** | Subrayado |
| Ctrl **D** | Doble subrayado |
| Ctrl Mayús **P** | Posición $^{\text{superíndice}}$ |
| Ctrl Mayús **B** | Posición $_{\text{subíndice}}$ |

### Utilizando el panel Propiedades

- Si los caracteres en cuestión ya se han introducido, selecciónelos.
- Si es necesario, muestre la barra lateral (**Ver - Barra lateral**) y haga clic en el icono para mostrar el panel **Propiedades**.

- Utilice las herramientas de la sección **Carácter** para cambiar el formato de los caracteres seleccionados.

Liberation Serif para cambiar la fuente.

12 pt para cambiar el tamaño de la fuente.

**N** para aplicar (o quitar) el atributo **Negrita**.

*K* para aplicar (o quitar) el atributo *Cursiva*.

S para subrayar caracteres; la lista de herramientas ofrece varios estilos de subrayado.

~~S~~ para tachar caracteres.

para sombrear caracteres.

para aumentar el tamaño de la fuente en uno o más puntos.

para reducir el tamaño de la fuente en uno o más puntos.

para cambiar el color de los caracteres.

para resaltar caracteres; puede elegir un color en la lista de esta herramienta.

para elegir uno de los espaciados de caracteres de la lista; para definir un espaciado personalizado, elija el tipo de espaciado (de **Muy reducido** a **Muy amplio**) en la lista **Espaciado entre caracteres** o especifique un valor en puntos en el cuadro **Valor personalizado**.

para poner los caracteres en superíndice.

para poner caracteres en subíndice.

*Utilice la herramienta **Más opciones** para abrir el cuadro de diálogo **Carácter**.*

## Utilizando el menú

- Si los caracteres en cuestión ya se han introducido, selecciónelos.
- Abra el menú **Formato** y seleccione la opción **Texto**.

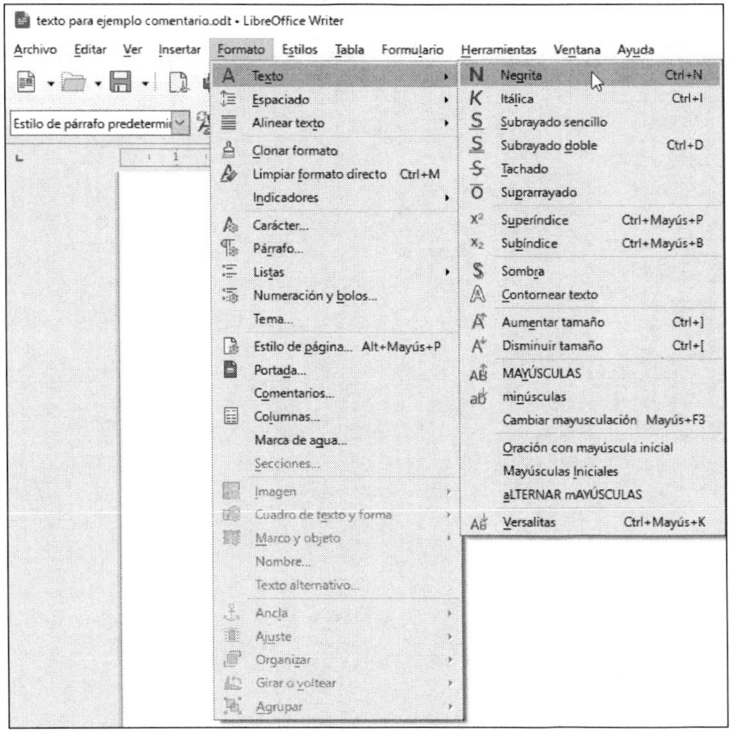


- Seleccione la opción correspondiente al resalte que desea aplicar a los caracteres.

## Utilizando el cuadro de diálogo

- Si los caracteres en cuestión ya se han introducido, selecciónelos.
- Utilice el comando **Formato - Carácter**.
- Para cambiar la fuente, el estilo y el tamaño de los caracteres, active la pestaña **Tipo de letra** y realice los cambios mediante las opciones correspondientes.
- Para cambiar los efectos tipográficos, incluidas las mayúsculas, haga clic en la pestaña **Efectos tipográficos** y elija los efectos que quiera aplicar.

*El área de previsualización muestra el texto seleccionado con los resaltes elegidos:*

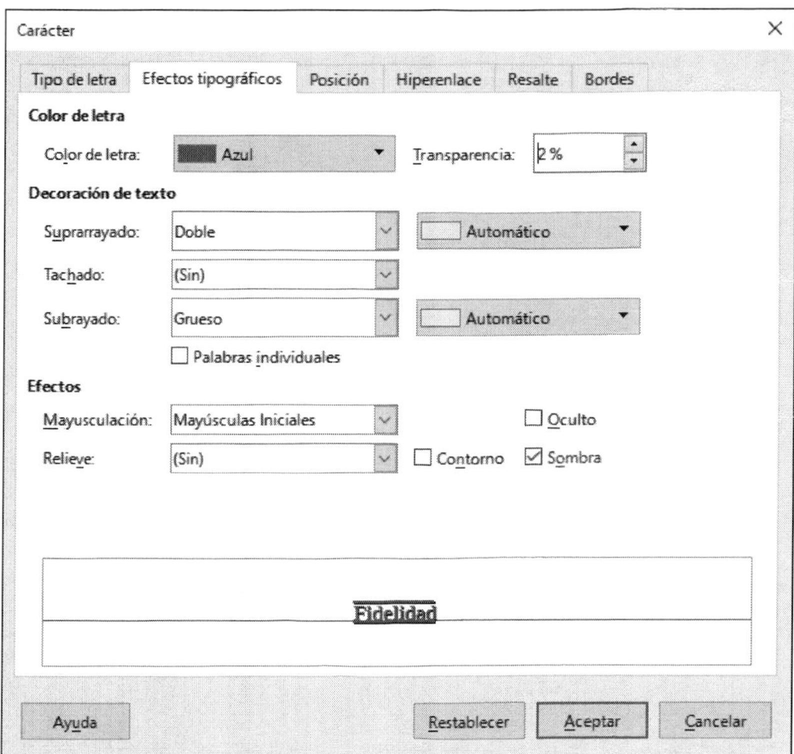


- Haga clic en **Aceptar**.

Puede activar el resalte antes de empezar a escribir. En este caso, cualquier nuevo carácter introducido adoptará automáticamente el resalte activado.

Para cancelar todos los resaltes de caracteres, seleccione los caracteres en cuestión y, a continuación, haga clic en la herramienta de la barra de herramientas **Formato** (o Ctrl **M**).

# La presentación del documento

## Cambiar la alineación de los párrafos

- Seleccione los párrafos concernientes o sitúe el punto de inserción en el párrafo.
- En función de la alineación requerida, utilice una de las técnicas siguientes:

| Alineación | Herramientas | Métodos abreviados de teclado |
|---|---|---|
| Izquierda | | Ctrl L |
| Centrada | | Ctrl T |
| Derecha | | Ctrl R |
| Justificada | | Ctrl J |

*Se puede acceder a las herramientas desde la barra de herramientas* ***Formato*** *y también desde el panel* ***Propiedades*** *(sección* ***Párrafo****).*

Las opciones de alineación también están disponibles en la lista del comando **Formato - Alinear texto.**

## Cambiar el interlineado

- Seleccione los párrafos concernientes o sitúe el punto de inserción en el párrafo.

Utilizando las herramientas

- Haga clic en la herramienta **Ajustar interlineado** de la barra de herramientas **Formato** o de la sección **Párrafo** del panel **Propiedades.**
- Elija una de las cuatro opciones de interlineado: **Espaciado: 1**, **Espaciado: 1,15**, **Espaciado: 1,5** o **Espaciado: 2.**

- Para elegir un interlineado diferente, abra la lista **Interlineado** y elija una opción:

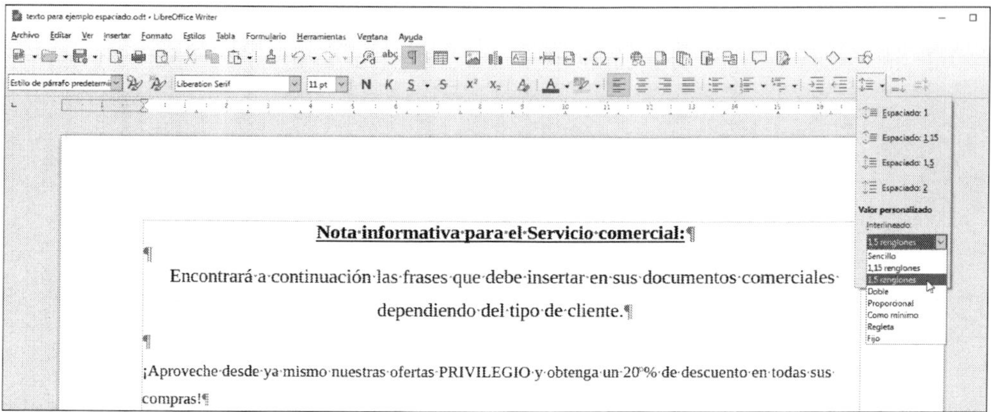


La opción **Proporcional** permite introducir un valor porcentual en el campo **Valor**; el 100 % corresponde al interlineado sencillo.

La opción **Como mínimo** permite elegir un valor mínimo de interlineado (introducido en el campo **Valor**).

La opción **Regleta** permite introducir el valor vertical que se añadirá antes y después de la selección, y entre dos líneas (introducido en el campo **Valor**).

La opción **Fijo** permite introducir un valor fijo para el interlineado que Writer no puede modificar, sea cual sea el tamaño de los caracteres (introducido en el campo **Valor**); si las líneas se superponen, los caracteres se cortan.

## Utilizando el menú

- Seleccione los párrafos concernientes o sitúe el punto de inserción en el párrafo.
- Abra el menú **Formato** y seleccione la opción **Espaciado**.
- Elija una de las cuatro opciones de interlineado.

Las opciones de interlineado también están disponibles en el cuadro de diálogo **Párrafo**, pestaña **Sangrías y espaciado** (menú **Formato - Párrafo** o doble clic sobre una marca de sangría en la regla).

## Cambiar el espaciado entre párrafos

Usando el cuadro de diálogo

- Seleccione los párrafos concernientes o sitúe el punto de inserción en el párrafo.
- Utilice el comando **Formato - Párrafo** y la pestaña **Sangrías y espaciado** o haga doble clic sobre una marca de sangría en la regla.
- En los cuadros del área **Espaciado**, especifique el valor del espacio **Sobre el párrafo** o **Bajo el párrafo** en la unidad especificada (normalmente, en cm).
- Pulse el botón **Aceptar**.

Usando el panel Propiedades

- Seleccione los párrafos concernientes.
- En la sección **Párrafo - Espaciado**, utilice las siguientes herramientas:

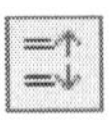 para aumentar el espaciado antes y después de los párrafos en 0,10 cm.

 para reducir el espaciado antes y después de los párrafos en 0,10 cm.

- Para especificar un valor de espaciado antes de los párrafos, utilice el cuadro de ; para después de los párrafos, utilice el cuadro de .

Utilizando el menú

- Seleccione los párrafos concernientes o sitúe el punto de inserción en el párrafo.
- Abra el menú **Formato** y seleccione la opción **Espaciado**.
- Elija la opción **Aumentar espaciado entre párrafos** para aumentar el espaciado antes y después de los párrafos en 0,10 cm, o la opción **Disminuir espaciado entre párrafos** para reducir el espaciado antes y después de los párrafos en 0,10 cm.

## Deshacer el formato de párrafo

- Para aplicar el formato estándar al párrafo actual o a los párrafos seleccionados, haga clic en la herramienta [icono] de la barra de herramientas **Formato** o utilice el comando **Formato - Limpiar formato directo** (o Ctrl **M**).

Para cambiar el formato estándar, cambie el estilo llamado **Estilo de párrafo predeterminado.**

## Insertar un tabulador

*Los tabuladores permiten alinear el texto con precisión utilizando la tecla* [Tab].

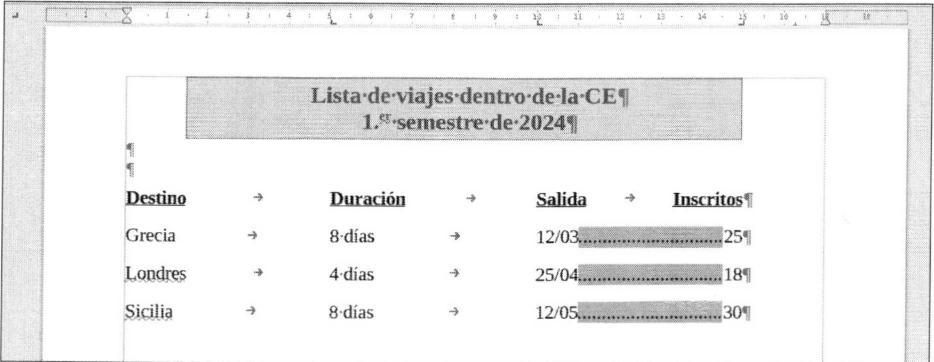


### Usando el ratón

- Seleccione los párrafos concernientes o sitúe el punto de inserción en el párrafo.
- Haga clic una o varias veces en el botón situado a la izquierda de la regla para mostrar el tipo de tabulador que desea:

[icono] Tabulador izquierdo

[icono] Tabulador derecho

[icono] Tabulador centrado

[icono] Tabulador decimal

- Haga clic en la regla, bajo la marca de graduación correspondiente a la futura posición del marcador de tabulación, y alinee el texto con el marcador mediante la tecla ⭾.

Para eliminar un marcador de tabulación, arrástrelo fuera de la regla.

Utilizando el cuadro de diálogo

- Seleccione los párrafos correspondientes o sitúe el punto de inserción en el párrafo.
- Utilice el comando **Formato - Párrafo** y la pestaña **Tabulaciones**, o haga doble clic sobre una marca de sangría en la regla.
- Por cada marca que se va a colocar:
  - Especifique la posición de la marca en el campo **Posición**.
  - Elija la alineación de la tabulación en el campo **Tipo**.
  - Si es necesario, elija el tipo de carácter que se insertará antes de la tabulación en el campo **Carácter de relleno**; la opción **Carácter** le permite definir un carácter de relleno personalizado.
  - Haga clic en el botón **Nuevo** para añadir la marca de tabulación y definir otra.

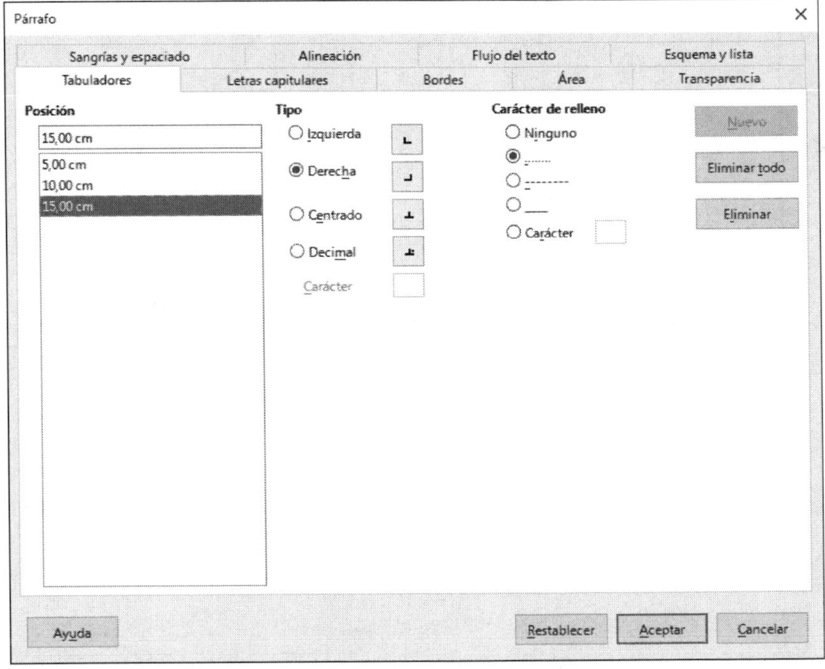

Cuando todas las marcas estén colocadas, haga clic en **Aceptar**.

*Las marcas personales borran todas las marcas de Writer (fijadas por defecto cada 1,25 cm) situadas antes de su posición.*

Haga doble clic en una marca personalizada de la regla para abrir el cuadro de diálogo **Párrafo** - pestaña **Tabuladores**.

Para cambiar el intervalo entre cada marcador establecido por defecto, cambie el valor visible en el área **Tabuladores** del cuadro de diálogo **Opciones** (**Herramientas - Opciones** - categoría **LibreOffice Writer - Generales**).

## Presentar párrafos con bolos o números

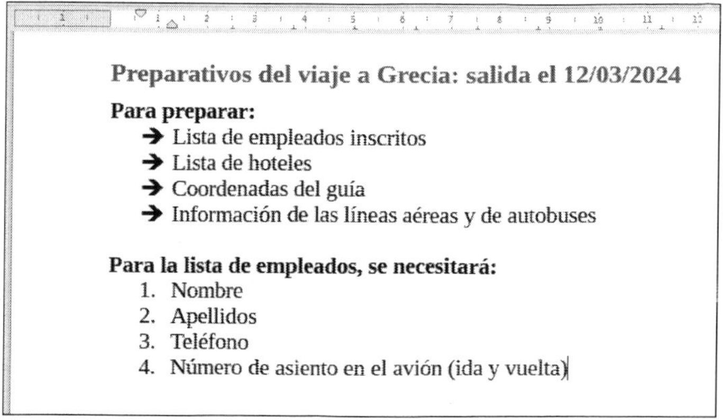


### Utilizando las herramientas

Seleccione los párrafos concernientes.

En la barra de herramientas **Formato** y en el panel **Propiedades**, haga clic en la herramienta para presentar los párrafos con números o en la herramienta para presentarlos con bolos (en otros procesadores de texto reciben el nombre de viñetas).

- Para elegir el tipo de numeración o bolo, abra la lista de la herramienta o y haga clic en el modelo que desee.

Para eliminar los bolos o los números de los párrafos, seleccione los párrafos en cuestión y haga clic en la herramienta o .

Puede activar la herramienta o antes de empezar a introducir su lista: a medida que introduzca su lista, aparecerá un número o un bolo en cada cambio de párrafo (tecla ).

## Utilizando el cuadro de diálogo

- Si el texto ya se ha introducido, seleccione los párrafos correspondientes.
- Utilice el comando **Formato - Numeración y bolos.**

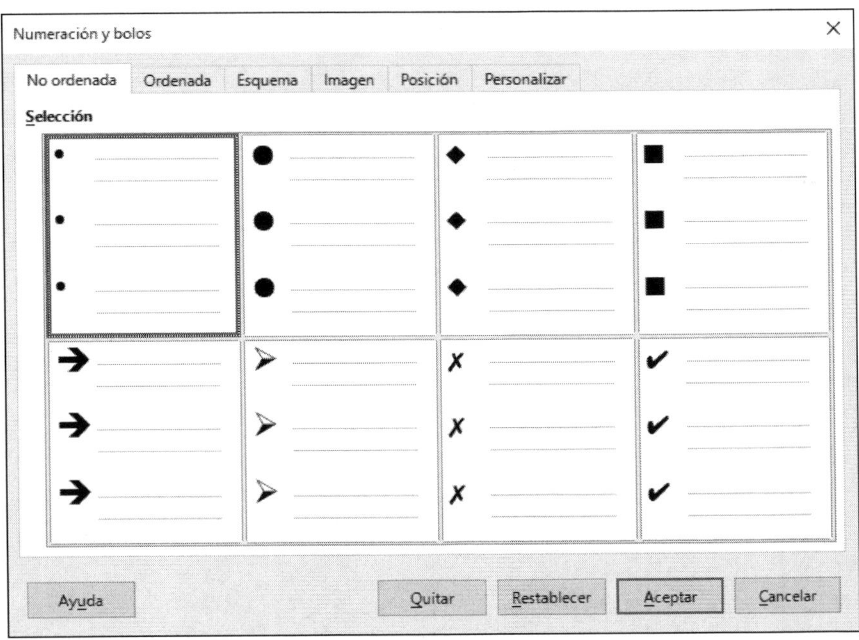


- Seleccione la pestaña **No ordenada, Ordenada** o **Imagen.**

- Haga clic en el modelo que desee.
- Pulse el botón **Aceptar**.

Para eliminar los bolos o los números de los párrafos, seleccione los párrafos en cuestión y haga clic en la herramienta o .

# Los estilos

## Introducción

*Un estilo es un conjunto de características de formato almacenado bajo un nombre, que puede aplicarse a una selección de caracteres, párrafos u otros elementos.*

*El uso de estilos se recomienda cuando es necesario utilizar la misma presentación varias veces en un documento.*

## Crear un estilo

Primer método

*Se trata de crear un estilo definiendo las distintas opciones de formato.*

- Abra el documento o la plantilla en cuestión.
- En el panel lateral, haga clic en el icono para mostrar el panel **Estilos.**
- En la parte superior del panel, haga clic en el icono correspondiente a la categoría de estilo que desee crear: de izquierda a derecha, **Estilos de párrafo** , **Estilos de carácter** , **Estilos de marco** , **Estilos de página** o **Estilos de lista** .

*Se ha añadido el botón* ***Estilos de tabla*** *al panel lateral (véase el capítulo Las tablas).*

- Para un estilo de párrafo, carácter o marco, haga clic con el botón derecho del ratón en la lista sobre el estilo a partir del cual desea crear el nuevo estilo; para un estilo de página o lista, haga clic con el botón derecho del ratón en cualquier lugar del panel.

  A continuación, haga clic en la opción **Nuevo.**

  *Aparece el cuadro de diálogo* ***Estilo de párrafo****, en el que está activa la pestaña* ***Organizador****. El contenido del cuadro de diálogo varía según la categoría de estilo elegida.*

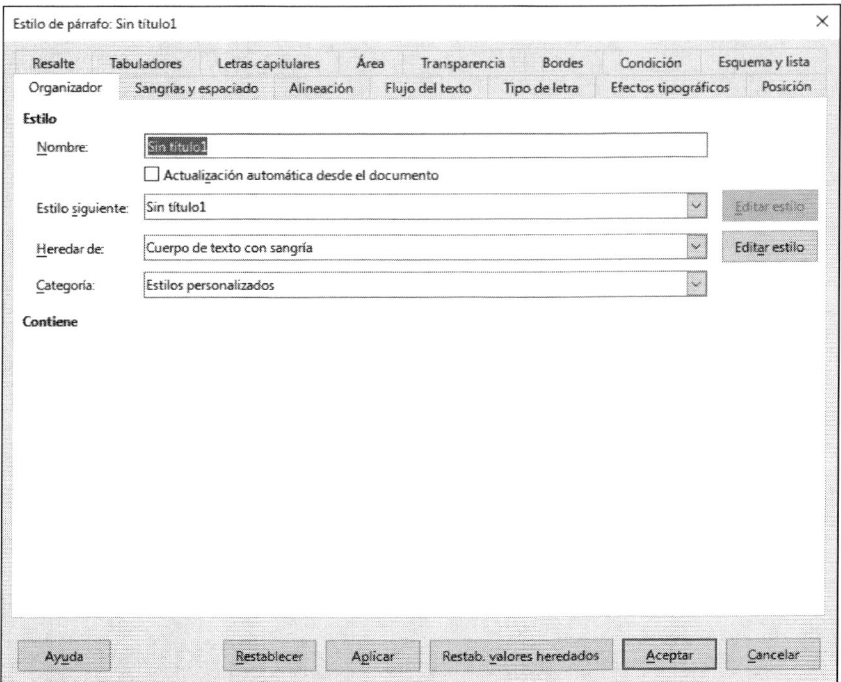


- En el campo **Nombre**, introduzca el nombre del estilo.
- En el caso de un estilo de párrafo, marque la opción **Actualización automática desde el documento** para que cualquier cambio en un párrafo presentado con el estilo produzca automáticamente la modificación del estilo.
- En el caso de un estilo de párrafo, elija el estilo de la lista **Estilo siguiente**, que se aplicará automáticamente al párrafo siguiente mientras escribe.
- En el caso de un estilo de párrafo, carácter o marco, seleccione el estilo a partir del cual desea crear el nuevo estilo en la lista **Heredar de**.
- En la lista **Categoría**, especifique el grupo de estilos al que debe añadirse el nuevo estilo.
- Utilice las pestañas para crear el diseño que se insertará en el estilo.
- Haga clic en **Aceptar** para crear el estilo.

  *El nuevo estilo aparece en la lista de estilos de la categoría correspondiente.*

- Haga clic en la herramienta para guardar el estilo en el documento o plantilla activos.

Segundo método

*Se trata de crear un estilo a partir de un formato ya existente en el documento.*

- Si es necesario, elabore el formato que debe guardarse en el estilo.
- Seleccione el texto o el párrafo formateado.
- Muestre el panel **Estilos** haciendo clic en el icono de la barra lateral.
- En el panel **Estilos**, haga clic en el icono correspondiente a la categoría de estilos que desea crear.
- Haga clic en la herramienta y elija la opción **Estilo nuevo desde selección.**

  *También puede arrastrar la selección al panel **Estilos** y, a continuación, soltar el botón del ratón cuando aparezca el signo + en el puntero.*

- Introduzca el nombre del estilo en el cuadro de entrada.

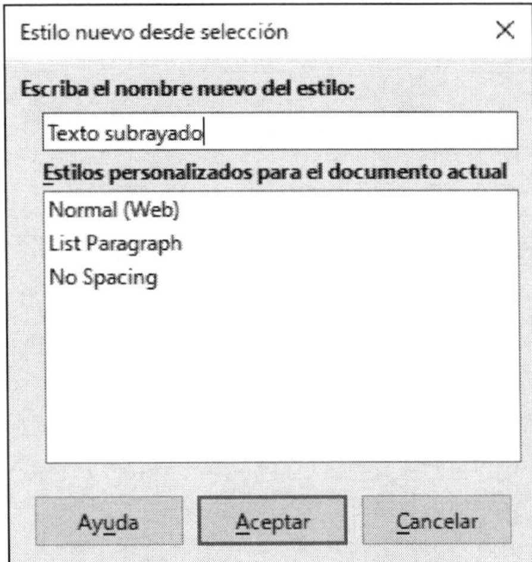


- Haga clic en **Aceptar** para crear el estilo.
- Guarde el documento o la plantilla haciendo clic en la herramienta .

 

## Tercer método

*Este método solo puede utilizarse para crear un estilo de párrafo a partir de un formato existente.*

- Si es necesario, establezca el formato que desea guardar en el estilo y seleccione el párrafo formateado.
- Utilice el comando **Estilos - Estilo nuevo desde selección** o haga clic en la herramienta en la barra de herramientas **Formato**, o muestre el panel **Propiedades** (  en el panel lateral) y haga clic en la herramienta de la sección **Estilo**.
- Introduzca el nombre del estilo y haga clic en **Aceptar**.

# Aplicar un estilo

## Primer método

- Seleccione el elemento al que desea aplicar el estilo (caracteres, párrafos, marcos); si solo desea aplicar el estilo a una palabra o un párrafo, simplemente haga clic en él; para aplicar un estilo de página, haga clic en la página.
- Muestre el panel **Estilos** haciendo clic en el icono de la barra lateral.

  *Ahora se puede ver una vista previa del estilo en la lista del panel **Estilos**.*
- En el panel **Estilos**, haga clic en el icono correspondiente a la categoría de estilo que desee aplicar.
- Si es necesario, seleccione el grupo de estilos en el que se ha guardado el estilo que desea aplicar en la lista visible en la parte inferior del panel.
- Haga doble clic en el estilo que desee aplicar.

El estilo por defecto para párrafos, caracteres y páginas es el estilo llamado **Estilo predeterminado**. El estilo por defecto para los marcos es el estilo **Marco**.

Segundo método

*Este método solo puede utilizarse para aplicar un estilo de párrafo de carácter o de lista.*

- Seleccione el párrafo al que desea aplicar estilo.
- Abra el menú **Estilos** y elija un estilo de párrafo en la parte superior del menú, un estilo de carácter en la segunda parte del menú o un estilo de lista en la tercera parte del menú.

Tercer método

*Este método solo puede utilizarse para aplicar un estilo de párrafo.*

- Seleccione el párrafo al que desea aplicar estilo.
- Muestre el panel **Propiedades** haciendo clic en el icono de la barra lateral.
- En la sección **Estilo** del panel **Propiedades**, abra la lista **Establecer estilo del párrafo** Estilo de párrafo predetermi y seleccione el estilo que desea aplicar.

  *Tenga en cuenta que esta lista no muestra todos los estilos; solo están disponibles algunos.*

Para aplicar un estilo de párrafo, también puede utilizar la lista **Establecer estilo del párrafo** Estilo de párrafo predetermi de la barra de herramientas **Formato.**

Para cancelar un estilo, basta con aplicar el estilo predeterminado al texto, párrafo u objeto en cuestión.

## Modificar un estilo

*Al modificar un estilo, se actualizan automáticamente todos los párrafos que lo utilizan.*

### Primer método

- Muestre el panel **Estilos** haciendo clic en el icono de la barra lateral.
- En el panel **Estilos**, haga clic en el icono correspondiente a la categoría de estilo que desee modificar.
- Haga clic con el botón derecho del ratón en el estilo que desee modificar y seleccione **Editar estilo**.

  *Aparece el cuadro de diálogo* ***Estilo de...*** *Su contenido varía según la categoría y el estilo seleccionados.*

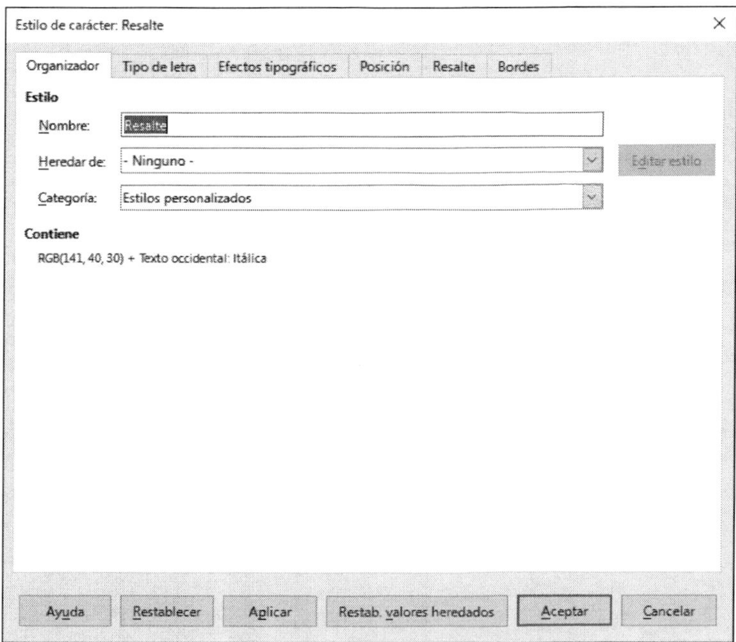


- Utilice las pestañas para crear el nuevo formato que se aplicará en el estilo.
- Haga clic en **Aceptar** para cerrar el cuadro de diálogo.

Segundo método

*Este método solo puede utilizarse para modificar un estilo de párrafo.*

- Seleccione un párrafo al que se haya aplicado el estilo que desea modificar.
- Utilice el comando **Estilos - Editar estilo.**
- Realice los cambios que desee en el cuadro de diálogo **Estilo de párrafo** que aparece y, a continuación, haga clic en **Aceptar**.

Tercer método

*Este método solo puede utilizarse para modificar un estilo de párrafo.*

- Muestre el panel **Propiedades** haciendo clic en el icono de la barra lateral.
- En la sección **Estilo** del panel **Propiedades**, abra la lista **Establecer estilo del párrafo** .

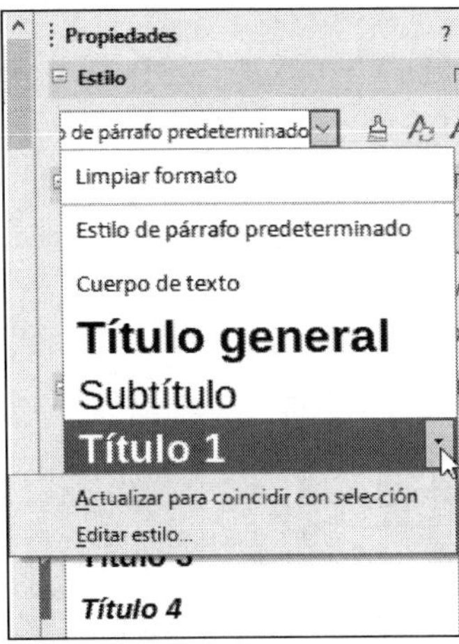


- Abra la lista del estilo que se ha de modificar y seleccione la opción **Editar estilo.**
- Realice los cambios que desee en el cuadro de diálogo **Estilo de párrafo** que aparece y, a continuación, haga clic en **Aceptar**.

 Para modificar un estilo, también puede abrir la lista del estilo correspondiente en la lista **Establecer estilo del párrafo** de la barra de herramientas **Formato** y seleccionar la opción **Editar estilo.**

## Actualizar un estilo

*Se trata de modificar la presentación de los párrafos, los caracteres, los marcos o las listas numeradas o con bolos, y trasladar estas modificaciones a los estilos aplicados a estos elementos.*

- Modifique la presentación de un elemento al que se haya aplicado el estilo que desea cambiar y selecciónelo.
- Utilice uno de los siguientes métodos:

  - En el panel **Estilos**, abra la lista de la herramienta y haga clic en la opción **Actualizar estilo seleccionado.**
  - Abra el menú **Estilos** y elija **Actualizar estilo seleccionado.**
  - Haga clic en la herramienta de la barra de herramientas **Formato** o en la herramienta visible en la sección **Estilos** del panel **Propiedades.**

  *Todos los textos formateados previamente con este estilo se modifican de forma automática.*

## Eliminar un estilo

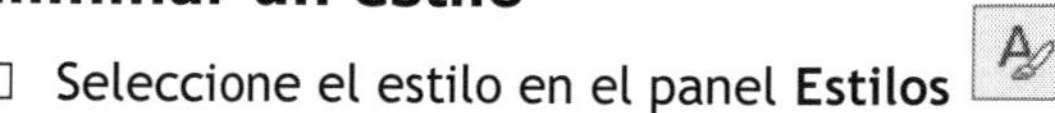

- Seleccione el estilo en el panel **Estilos**.
- Pulse la tecla Supr o haga clic con el botón derecho del ratón en el nombre del estilo que desea borrar y, a continuación, haga clic en la opción **Eliminar**. Si esta opción aparece inactiva, el estilo no puede borrarse.

  *Si el estilo que se va a eliminar se utiliza en el documento, LibreOffice muestra un mensaje preguntando si realmente quiere eliminar el estilo.*

- Confirme que desea eliminar el estilo haciendo clic en el botón **Sí**.

## Buscar un texto

### Primer método

*Este método no permite elegir las opciones de búsqueda.*

- Sitúe el punto de inserción en el lugar donde desee que comience la búsqueda.
- Utilice el comando **Editar - Buscar** o el atajo de teclado Ctrl **F**.

  *La barra de búsqueda aparece en la parte inferior de la ventana, con el cursor parpadeando en el cuadro* ***Buscar****.*
- Introduzca el texto que desea buscar; si ya ha buscado este texto, selecciónelo en la lista. El contenido de esta lista se vacía cuando se cierran todas las aplicaciones de LibreOffice.
- Si es necesario, marque la opción **Distinguir mayúsculas y minúsculas** para encontrar la palabra buscada con la misma aplicación de mayúsculas y minúsculas que el texto introducido en el cuadro de búsqueda.
- Haga clic en la herramienta ▽ para buscar el texto siguiente o en la herramienta △ para buscar el texto anterior.

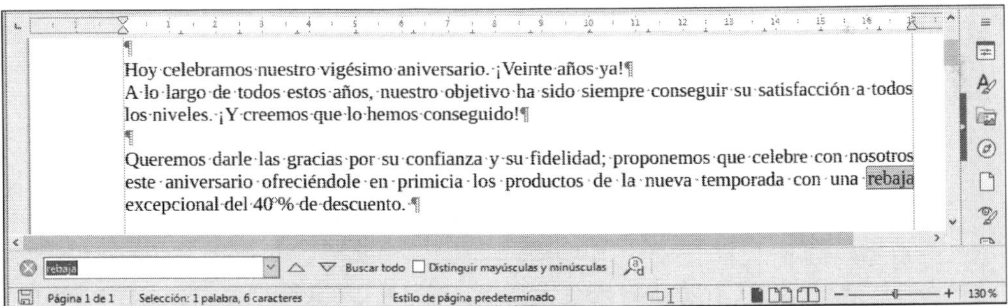


- Para seleccionar todas las apariciones del texto que busca en el documento, haga clic en el botón **Buscar todo**.
- Para ocultar la barra de búsqueda, haga clic en el botón ⊗ visible a la izquierda de la barra.

## Segundo método

- Sitúe el punto de inserción donde desee que comience la búsqueda o seleccione el texto correspondiente.
- En la barra de herramientas **Estándar**, haga clic en la herramienta o utilice el comando **Editar - Buscar y reemplazar** (o el atajo de teclado Ctrl Alt **B**).

  *Si la barra de búsqueda está visible, también puede hacer clic en la herramienta situada en dicha barra.*

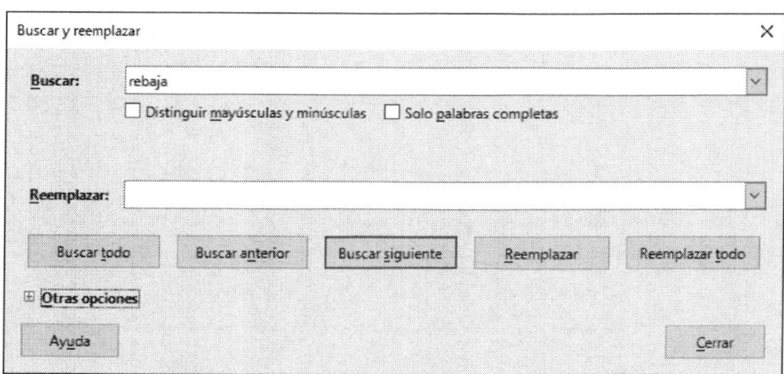


- Introduzca el texto de búsqueda en el cuadro **Buscar**.
- Determine cómo debe realizarse la búsqueda activando la opción:

  **Distinguir mayúsculas y minúsculas** para encontrar la palabra que busca utilizando la combinación exacta de mayúsculas y minúsculas introducida en el recuadro **Buscar**.

  **Solo palabras completas** si los textos buscados son palabras propiamente dichas.

  *La opción **Otras opciones** muestra opciones de búsqueda adicionales.*
- Haga clic en uno de los siguientes botones:

  **Buscar siguiente**: para buscar y seleccionar la primera aparición del texto buscado.

  **Buscar todo**: para buscar y seleccionar todas las apariciones del texto en el documento a la vez.

  *Si ha hecho clic en el botón **Buscar siguiente**, se seleccionará en el documento el primer texto que coincida con su búsqueda.*
- En este caso, si el primer texto encontrado es el que busca, cierre el cuadro de diálogo con el botón **Cerrar**; en caso contrario, continúe la búsqueda con el botón **Buscar siguiente**.

- Si es necesario, cierre el cuadro de diálogo **Buscar y reemplazar** haciendo clic en el botón **Cerrar**.

## Reemplazar un texto por otro

- Sitúe el punto de inserción en el lugar donde desee que comience la búsqueda.
- Haga clic en la herramienta o utilice el comando **Editar - Buscar y reemplazar** (o Ctrl Alt **B**).

  *Si la barra de búsqueda está visible, también puede hacer clic en la herramienta situada en la barra de búsqueda.*
- Introduzca el texto que desea buscar en el recuadro **Buscar**.
- Introduzca el nuevo texto en la casilla **Reemplazar**.
- Si es necesario, marque la opción **Distinguir mayúsculas y minúsculas** o **Solo palabras completas** (véase el epígrafe anterior).
- Haga clic en **Otras opciones** para definir opciones de búsqueda adicionales.
- Haga clic en el botón **Buscar siguiente** para iniciar la búsqueda.
- Si los reemplazos deben hacerse uno a uno, haga clic en el botón **Reemplazar** para sustituir la cadena de caracteres seleccionada y buscar la siguiente aparición, o haga clic en el botón **Buscar siguiente** para buscar la siguiente aparición sin hacer la sustitución.

  Si todos los reemplazos deben realizarse al mismo tiempo, haga clic en el botón **Reemplazar todo**.

## Buscar/navegar por el documento

*Al revisar el documento, puede pasar rápidamente de una página a otra, de un título a otro, de una tabla a otra, etc.*

*Para definir el tipo de navegación, puede seguir utilizando el panel de navegación (véase el capítulo El entorno de Writer - Utilizar el navegador), pero ahora también puede usar la barra de búsqueda, en la que se han añadido herramientas de navegación.*

- **Ver - Barras de herramientas - Buscar**

- Haga clic con el botón derecho del ratón en la herramienta [icono] de la barra de búsqueda.
- Seleccione **Botones visibles** en el menú contextual y, a continuación, **Navegar por**. Aparece una lista desplegable en la barra de búsqueda.
- Haga lo mismo para visualizar los botones **Elemento anterior** y **Elemento siguiente**.

- Seleccione el elemento que desea buscar en la lista desplegable y, a continuación, haga clic en **Elemento anterior** o **Elemento siguiente** para pasar rápidamente de un elemento a otro.

## Comprobar la ortografía de un documento

- Si debe comprobarse todo el texto del documento, sitúe el punto de inserción en la parte superior del documento; si solo debe comprobarse una parte del texto, selecciónela.
- Utilice el comando **Herramientas - Ortografía** o haga clic en la herramienta [icono] de la barra de herramientas **Estándar** (o F7).
- Seleccione en la lista **Idioma del texto** el diccionario que se utilizará para revisar la ortografía de su documento.

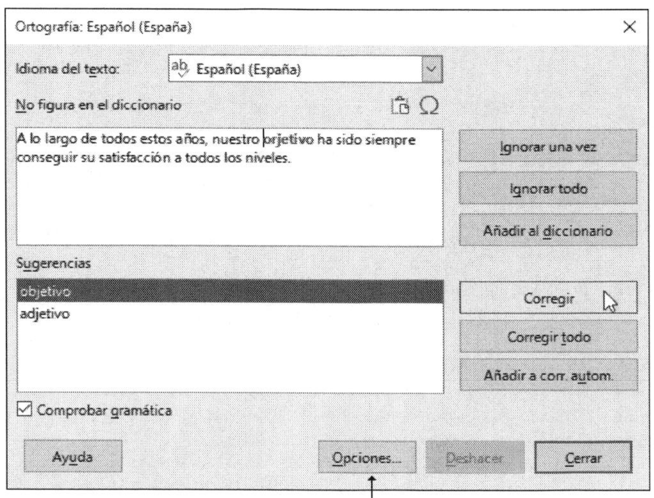


Permite definir las opciones de comprobación

Desde el botón **Opciones** del cuadro de diálogo **Ortografía**, puede definir el diccionario o diccionarios que se utilizarán, elegir si desea activar la corrección ortográfica o gramatical a medida que escribe, o especificar los elementos que deben comprobarse (palabras en mayúsculas, palabras que contienen números, etc.).

- Para corregir un error, si la palabra está sugerida en la lista **Sugerencias**, haga doble clic en la ortografía correcta de la palabra o haga clic en la sugerencia y luego en el botón **Corregir**; para corregir automáticamente el mismo error repetido en el documento, haga clic en el botón **Corregir todo**. Si la palabra no está sugerida y conoce la ortografía correcta, introduzca la palabra correcta en el cuadro **No figura en el diccionario** y haga clic en el botón **Corregir**.
- En el área **No figura en el diccionario**, puede utilizar la herramienta para pegar texto previamente copiado y la herramienta Ω para insertar caracteres especiales.
- Para seguir revisando el texto sin hacer correcciones, haga clic en el botón **Ignorar una vez** o **Ignorar todo**.
- Para añadir la palabra al diccionario del usuario, de modo que Writer pueda reconocerla más tarde, haga clic en el botón **Añadir al diccionario**.

- Al final de la revisión, haga clic en el botón **Aceptar** del mensaje que le informa de que la comprobación ha finalizado y, a continuación, haga clic en el botón **Cerrar** del cuadro de diálogo **Ortografía**:

## Utilizar la corrección ortográfica automática

*Cuando introduce un texto que contiene un error ortográfico o una palabra desconocida para Writer, aparece una línea ondulada roja debajo de esa palabra.*

- Para corregir el error, haga clic con el botón derecho del ratón en la palabra que desea corregir.

*Writer ofrece una o varias soluciones alternativas:*

Presentación·de·nuestro·nuevo·producto·en·el·salón·Agri06·del·12·al·18·de·septiembre·de·2024.¶
Como·nuevo·cliente,·presente·este·vale·y·obtendrá·una·serie·de·muestras·gratuítas.¶

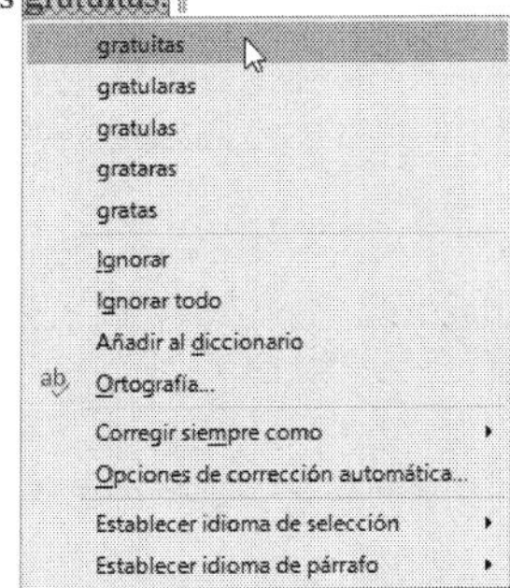


- Haga clic con el botón izquierdo del ratón en la palabra correcta para sustituir la palabra seleccionada por la elegida.
- Si se trata de un error recurrente, señale la opción **Corregir siempre como** y haga clic en la ortografía correcta.

*Este método añade la palabra mal escrita y su ortografía correcta a la tabla de sustitución de correcciones automáticas (véase Explotar la corrección automática).*

La mayoría de los nombres propios no son reconocidos por Writer.

Si las líneas rojas le molestan, puede optar por ocultarlas seleccionando la opción **Corrección automática** en el menú **Herramientas** o mediante el atajo de teclado Mayús F7. Para volver a mostrarlas, elige la misma opción o atajo de teclado.

## Buscar un sinónimo de una palabra

- Haga clic con el botón derecho del ratón en la palabra para la que busca un sinónimo.
- Señale la opción **Sinónimos** y seleccione uno de los sinónimos sugeridos de la lista.

*La opción **Sinónimos** abre el cuadro de diálogo del mismo nombre, que ofrece una lista más completa de sinónimos.*

## Explotar la corrección automática

### Activar/desactivar las opciones de corrección automática

*Gracias a esta técnica, Writer corrige sus errores habituales mientras teclea (por ejemplo, si siempre escribe «transtorno» en lugar de «trastorno»).*

- Abra el menú **Herramientas**, señale la opción **Corrección automática** y elija **Opciones de corrección automática.**
- Active la pestaña **Opciones.**

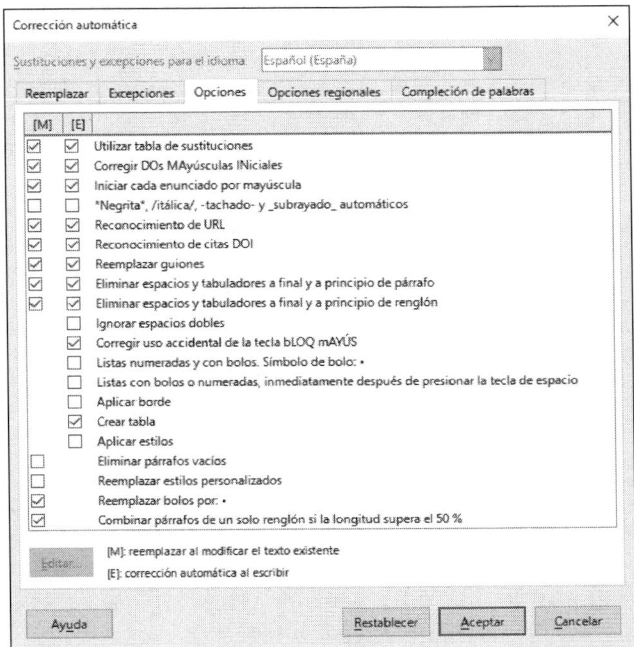

- Marque o desmarque la opción **Utilizar tabla de sustituciones** en función de si desea o no detener la corrección y la sustitución automáticas del texto durante la escritura (columna **[E]**) y modificación del texto (columna **[M]**).

  *Esta opción está marcada por defecto.*

- Marque o desmarque las opciones según sea necesario.
- Haga clic en el botón **Aceptar**.

Para detener la corrección automática mientras escribe, en el menú **Herramientas**, señale la opción **Corrección automática** y seleccione la opción **Al escribir** para desactivarla.

## Definir las correcciones automáticas

*Por defecto, Writer proporciona una amplia lista de correcciones automáticas. Puede añadir otras correcciones automáticas a esta lista, que serán palabras o abreviaturas que Writer sustituirá a medida que escriba.*

- Si es necesario, seleccione el texto correctamente escrito si ya se ha introducido en su documento.

  *Si se aplica formato al texto seleccionado, Writer le dará la opción de almacenar esta corrección automática conservando el formato.*

- Abra el menú **Herramientas**, señale la opción **Corrección automática** y elija **Opciones de corrección automática.**
- Active la pestaña **Reemplazar.**
- Introduzca la palabra o abreviatura mal escrita en el cuadro **Reemplazar.**

  *La inserción de una corrección automática distingue entre mayúsculas y minúsculas, por lo que le aconsejamos que introduzca una abreviatura en mayúsculas para evitar, en caso de que la abreviatura se hubiese introducido en minúsculas, que se ponga automáticamente en mayúsculas la primera letra de una palabra al principio de una frase.*

- Si es necesario, introduzca la ortografía correcta en el recuadro **Por**. Este recuadro ya está rellenado si el texto correctamente escrito ya ha sido seleccionado en el documento.
- Si es necesario, active la opción **Solo texto** en caso de que la entrada de corrección automática deba almacenarse sin formato.

  *Estas dos opciones no están disponibles si no se ha realizado previamente ninguna selección de texto en el documento.*

*En este ejemplo, la abreviatura* ***ENIMU*** *se sustituirá automáticamente por el texto* ***Ediciones ENI Multimedia*** *con su resalte:*

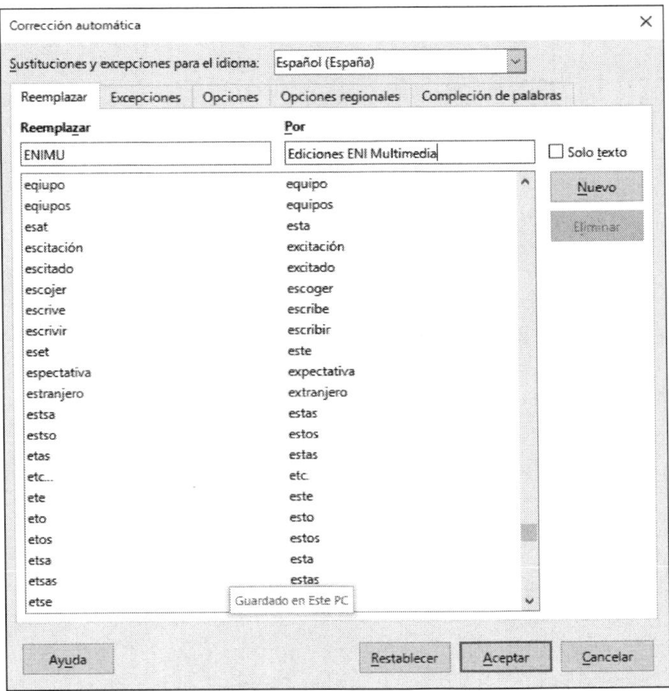


- Haga clic en el botón **Nuevo**.
- Defina de este modo otras correcciones automáticas.
- Para suprimir una corrección automática, selecciónela en la lista y haga clic en el botón **Eliminar**.
- Haga clic en **Aceptar**.

La pestaña **Excepciones** del cuadro de diálogo **Corrección automática** le permite definir los textos que no desea que Writer corrija automáticamente.

Si no desea que una abreviatura sea reemplazada por su corrección automática, utilice la combinación de teclas Ctrl **Z** justo después de insertar la corrección automática para cancelar la sustitución.

## Insertar una tabla

- Sitúe el punto de inserción en el lugar donde se insertará la tabla.
- Utilice el comando **Tabla - Insertar tabla** o la combinación de teclas Ctrl F12.

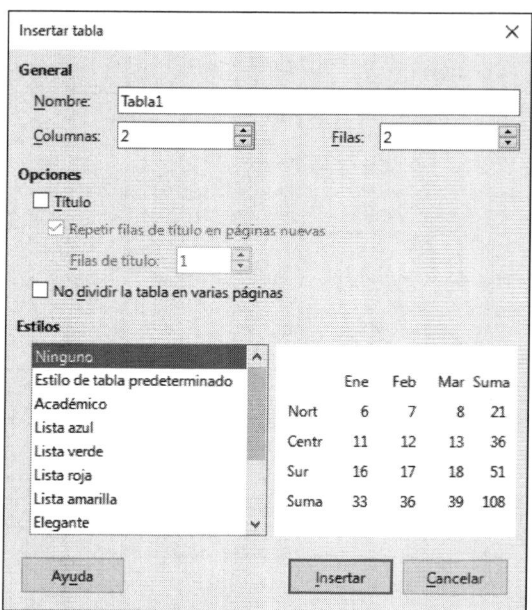


- Introduzca el nombre de la tabla en el campo **Nombre**.

  *El nombre de la tabla le permitirá encontrarla rápidamente utilizando el Navegador.*
- Especifique el número de columnas y filas en los campos **Columnas** y **Filas**.
- Marque la opción **Título** para que la primera fila de la tabla se considere como la fila de título de la tabla: el estilo de párrafo **Título de la tabla** se aplicará entonces a los párrafos de la primera fila.
- Si la opción **Título** está marcada, marque la opción **Repetir filas de título en páginas nuevas** para que la primera fila aparezca en todas las páginas cuando la tabla se distribuya en varias de ellas. A continuación, especifique el número de filas que se repetirán en cada página en el campo **Filas de título**.
- Marque la opción **No dividir la tabla en varias páginas** para evitar que la tabla se divida entre dos páginas: la tabla se limitará a una página.

Novedad

- Puede seleccionar directamente en la lista **Estilos** el estilo de formato que desea aplicar a su tabla. El estilo elegido aparece en la vista previa.
- Haga clic en el botón **Insertar**.

  *Se inserta de forma instantánea una tabla. El punto de inserción se sitúa directamente en la primera celda de la tabla. La barra de herramientas* **Tabla** *aparece en la parte inferior de la ventana cuando el punto de inserción está ubicado en la tabla.*
- Complete la tabla: haga clic en la celda correspondiente e introduzca su contenido; utilice la tecla para cambiar de párrafo y la tecla para pasar a la celda siguiente.

Para crear una tabla, también puede abrir la lista asociada a la herramienta **Insertar una tabla** de la barra de herramientas **Estándar**, arrastrar el puntero sobre las celdas que se muestran para definir el número deseado de filas y columnas y, a continuación, hacer clic en la última celda para insertar la tabla en el documento.

## Seleccionar filas, columnas y celdas

- Para seleccionar una fila, sitúe el puntero del ratón a la izquierda de la fila que desea seleccionar y, cuando este presente este aspecto: →, haga clic; para seleccionar varias filas, arrastre el puntero sobre las siguientes filas que desee seleccionar.
- Para seleccionar una columna, sitúe el puntero del ratón sobre la columna que desee seleccionar y, cuando el puntero presente este aspecto: ↓, haga clic; para seleccionar varias columnas, arrastre el puntero sobre las siguientes columnas que desee seleccionar.
- Para seleccionar una celda, haga clic en la celda en cuestión y, a continuación, en la herramienta de la barra de herramientas **Tabla**.

  Para seleccionar varias celdas, haga clic en la primera celda que desee seleccionar y, a continuación, haga clic y arrastre sobre las siguientes celdas que desee seleccionar.
- Para seleccionar toda la tabla, haga clic en una de las celdas de la tabla y, a continuación, en la herramienta de la barra de herramientas **Tabla**, o utilice el método abreviado Ctrl **E** (una vez en una celda vacía o dos veces en una celda con contenido).

Las opciones de selección de filas, columnas, celdas y tablas también están disponibles en el menú **Tabla**, opción **Seleccionar**.

## Insertar una o más columnas/filas

### Usando las herramientas

*Este método le permite insertar varias filas o columnas a la vez, y también elegir insertar filas encima de la selección y columnas a la izquierda de la selección.*

- Haga clic en la columna/fila anterior o posterior a la columna/fila en la que desea insertar la nueva.

  Para insertar varias columnas/filas, seleccione el número de columnas/filas que desea insertar.
- Para insertar una o varias filas (en función de la selección realizada) debajo de la selección, haga clic en la herramienta de la barra de herramientas **Tabla**; para insertar una o varias columnas a la derecha de la selección, haga clic en la herramienta .
- Para insertar una o varias filas (en función de la selección realizada) encima de la selección, haga clic en la herramienta ; para insertar una o varias columnas a la izquierda de la selección, haga clic en la herramienta .

### Usando el menú Tabla

- Haga clic en una celda de la columna/fila anterior o posterior a aquella que desea insertar.

  Para insertar varias columnas/filas, seleccione tantas celdas como columnas/filas desee insertar.
- Abra el menú **Tabla** y seleccione **Insertar**.
- A continuación, elija una de las siguientes opciones: **Filas encima**, **Filas debajo**, **Columnas antes** o **Columnas después**.

Usando el cuadro de diálogo

- Haga clic en la columna o fila anterior o posterior a aquella que desea insertar.
- Utilice el comando **Tabla - Insertar - Filas** o **Columnas.**

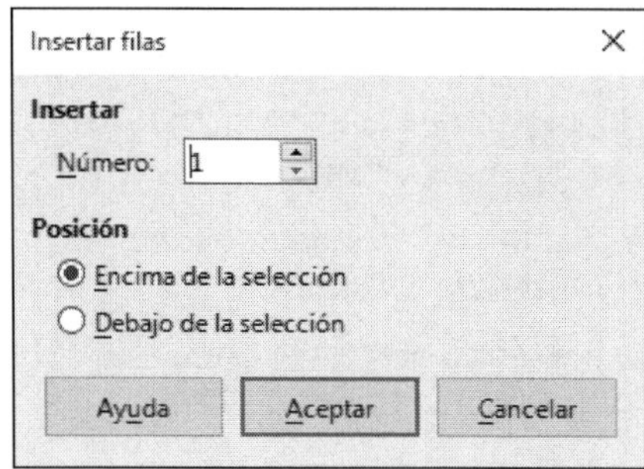


- En el cuadro **Número**, especifique el número de filas/columnas que desea insertar.
- En el área **Posición**, especifique si la inserción debe situarse **Encima de la selección** o **Debajo de la selección.**
- Haga clic en **Aceptar** para insertar las filas/columnas.

Para añadir una fila al final de la tabla, haga clic en la última celda de la tabla y pulse la tecla ⇥.

## Eliminar filas/columnas/la tabla

- Para eliminar columnas, selecciónelas y utilice el comando **Tabla - Eliminar - Columnas** o haga clic en la herramienta de la barra de herramientas **Tabla.**
- Para eliminar filas, selecciónelas y utilice el comando **Tabla - Eliminar - Filas** o haga clic en la herramienta de la barra de herramientas **Tabla.**
- Para eliminar toda la tabla, haga clic dentro de ella y luego utilice el comando **Tabla - Eliminar - Tabla** o haga clic en la herramienta de la barra de herramientas **Tabla.**

## Cambiar la anchura de las columnas/la altura de las filas

### Usando el ratón

- Para una fila, señale la línea horizontal situada debajo de la fila que desea modificar y haga clic y arrastre cuando el puntero aparezca con la forma ⇳.
- Para una columna, señale la línea vertical a la derecha de la columna que desea modificar y haga clic y arrastre cuando el puntero aparezca con la forma ⇔.

  *Al modificar la anchura de una columna, se modifica la anchura de la columna situada a su derecha (excepto en el caso de la última columna de la tabla).*

También puede cambiar la anchura de una celda haciendo clic en la línea a la derecha de la celda y arrastrándola mientras mantiene pulsadas las teclas Ctrl Mayús.

### Usando el cuadro de diálogo

- Haga clic en la columna/fila correspondiente.
- Para cambiar el ancho de la columna, utilice el comando **Tabla - Tamaño - Anchura de columna.**

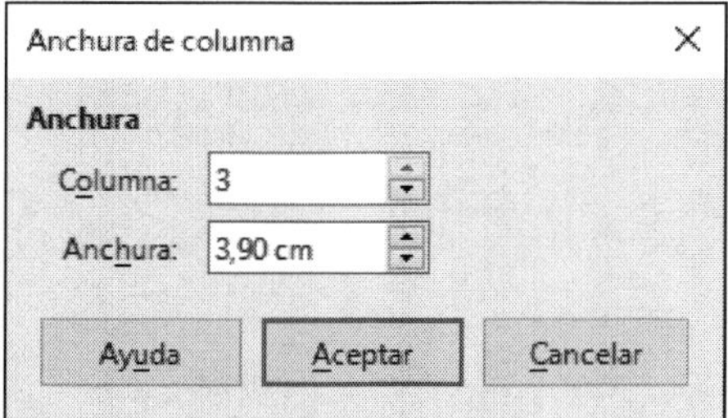


- En el campo **Columna**, cambie el número de la columna cuya anchura desea modificar.
- Especifique la **Anchura de la columna**.
- Haga clic en **Aceptar** para aplicar la anchura.
- Para modificar la altura de fila, utilice el comando **Tabla - Tamaño - Altura de fila.**

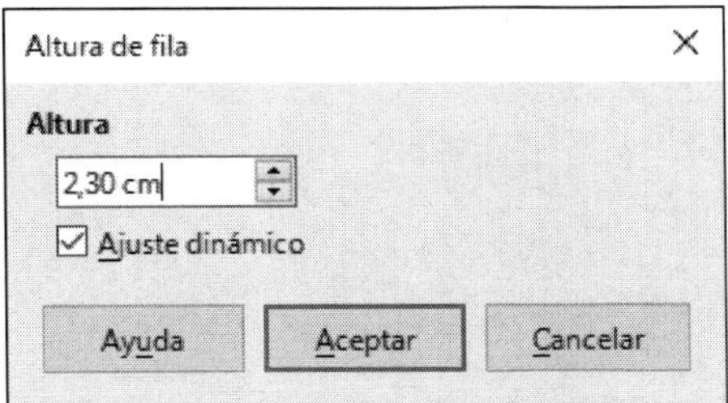


- Especifique la altura de la fila.
- Deje marcada la opción **Ajuste dinámico** para ajustar automáticamente la altura de la fila en función del contenido de las celdas.
- Haga clic en **Aceptar**.
- Para igualar la altura/anchura de varias filas/columnas, selecciónelas y utilice el comando **Tabla - Tamaño - Distribuir filas uniformemente** o **Distribuir columnas uniformemente** o, en la lista de la herramienta (barra de herramientas **Tabla**), haga clic en la herramienta o .
- Para adaptar la altura/anchura de las filas/columnas a su contenido, selecciónelas y utilice el comando **Tabla - Tamaño - Altura óptima de filas** o **Anchura óptima de columnas**.

## Aplicar un formato automático a una tabla

- Haga clic en la tabla que desea formatear; si solo se trata de una parte de la tabla, seleccione las celdas correspondientes.
- Utilice el comando **Tabla - Estilos de formato automático** o la herramienta de la barra de herramientas Tabla.
- En la lista **Formato**, seleccione el formato que desea aplicar a la tabla.

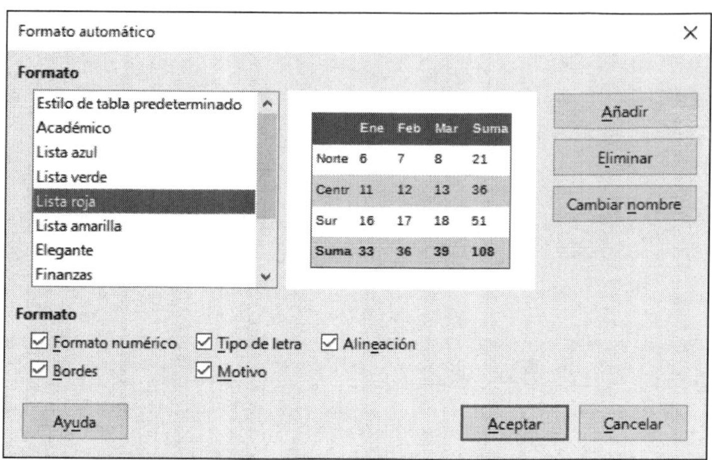


- En la segunda área **Formato**, desmarque las opciones correspondientes a los formatos que no desee aplicar.
- Haga clic en **Aceptar** para aplicar el formato.

Puede aplicar un color de fondo a las celdas seleccionadas abriendo la lista de la herramienta **Color de fondo** de la barra de herramientas **Tabla** y haciendo clic en el color deseado.

Para eliminar el color de fondo aplicado a las celdas, selecciónelas, abra la lista de la herramienta (barra de herramientas **Tabla**) y elija **Sin relleno**.

*Ahora puede aplicar un estilo de formato desde el panel **Estilos**.*

- Haga clic en la herramienta **Estilos** de la barra lateral para mostrar el panel **Estilos**.
- Seleccione la herramienta **Estilos de tabla**.
- Aplique el estilo de su elección haciendo doble clic en el nombre del estilo.

## Crear un formato automático

*Puede crear sus propios formatos automáticos de tabla para almacenar diseños de tabla específicos.*

- Cree el formato que desea guardar en una tabla (bordes, sombras, formato de caracteres, etc.) y deje el punto de inserción en esta tabla.
- Utilice el comando **Tabla - Estilos de formato automático** o la herramienta de la barra de herramientas **Tabla.**
- Haga clic en el botón **Añadir.**
- En el cuadro de diálogo que aparece, introduzca un nombre y haga clic en **Aceptar**.

  *El formato creado se muestra en la lista **Formato**.*

  *El botón **Cambiar nombre** se utiliza para cambiar el nombre del formato automático, y el botón **Eliminar** se utiliza para borrar un formato automático (que no sea el formato de **Estilo de tabla predeterminado**).*

- Pulse el botón **Aceptar** para salir del cuadro de diálogo y aplicar el nuevo formato, o pulse el botón **Cerrar** para salir del cuadro de diálogo sin aplicar el formato.

El formato creado de este modo está disponible en cualquier documento, incluso aunque el documento en el que lo creó no esté guardado.

## Modificar los bordes de una tabla

Primer método

- Seleccione las celdas concernientes o toda la tabla.

  *La barra de herramientas **Tabla** aparece en la parte inferior de la ventana.*

- Si ya se han aplicado bordes a las celdas seleccionadas, debe eliminarlos: abra la lista de la herramienta **Bordes** y haga clic en el botón **Ningún borde.**
- Para aplicar un borde, abra la lista de la herramienta **Bordes** y haga clic en el botón correspondiente al tipo de borde que desea aplicar.

  *Los bordes se aplican a la selección, y no a cada una de las celdas seleccionadas; por ejemplo, si ha hecho clic en el botón correspondiente al borde izquierdo y derecho, se aplica un borde a la izquierda y a la derecha de la selección, y no a la izquierda y a la derecha de cada una de las celdas seleccionadas.*

- Abra la lista de la herramienta y haga clic en el estilo de borde que desee aplicar.
- Abra la lista de la herramienta y haga clic en el color que desee aplicar al borde.

## Segundo método

- Seleccione las celdas concernientes o toda la tabla.
- Utilice el comando **Tabla - Propiedades** o la herramienta de la barra de herramientas **Tabla**.
- Haga clic en la pestaña **Bordes**.

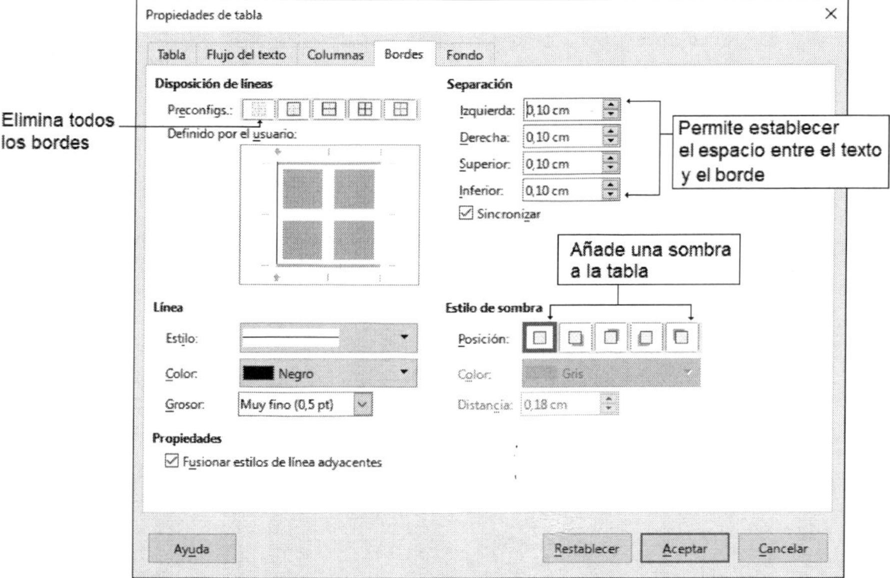


- En el área **Preconfigs.**, haga clic en el tipo de borde que desea aplicar.
- En el área **Línea**, seleccione el estilo, el color y la anchura del borde.

- Si es preciso, personalice los bordes: para cada borde en cuestión, haga clic en el borde correspondiente en el área **Definido por el usuario** y, a continuación, elija el **Estilo**, el **Grosor** y el **Color de línea**; un clic en el borde seleccionado elimina el borde correspondiente.
- Pulse el botón **Aceptar**.

También puede encontrar las herramientas de gestión de tablas en el panel **Propiedades** de la barra lateral, en la sección **Tabla**.

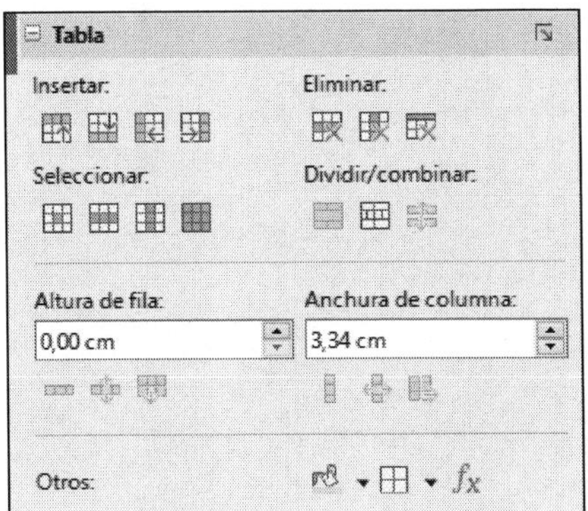

## Definir el formato de página, la orientación y los márgenes

### Utilizando el cuadro de diálogo

- Utilice el comando **Formato - Estilo de página**.
- Si es necesario, haga clic en la pestaña **Página**.

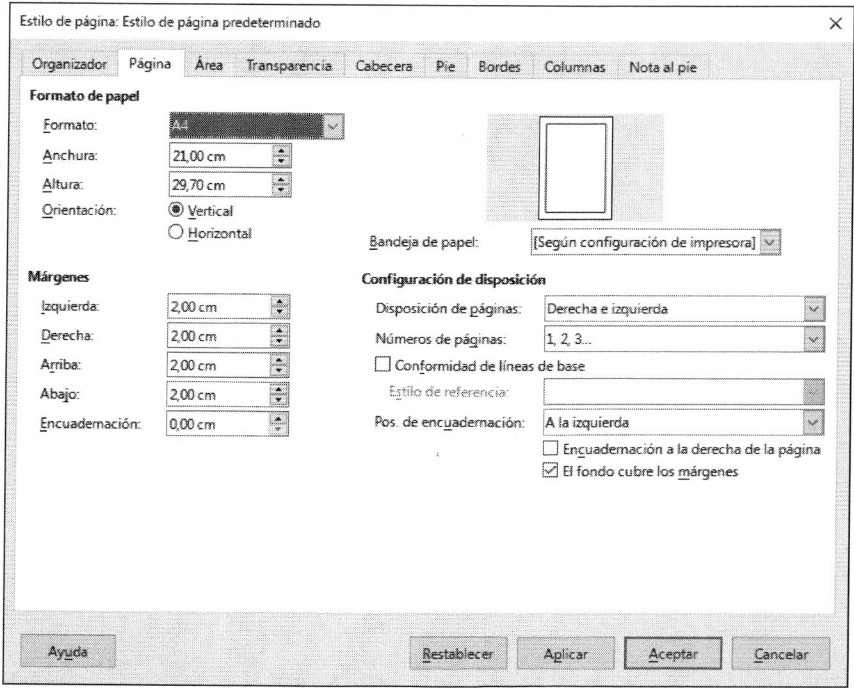


- Elija el formato de papel en la lista **Formato** o introduzca la **Anchura** y la **Altura** requeridas en los campos correspondientes si ninguno de los formatos propuestos es adecuado.
- Si es necesario, cambie la **Orientación** del papel.
- Especifique los **Márgenes** del documento en los campos **Izquierda**, **Derecha**, **Arriba** y **Abajo.**
- Haga clic en **Aceptar** para aplicar los ajustes de configuración de página.

# El formato de página y la impresión en Writer

● Novedad

Utilizando el panel Página

- Muestre el panel **Página** haciendo clic en el icono de la barra lateral.
- Si es necesario, despliegue la sección **Formato** del panel.

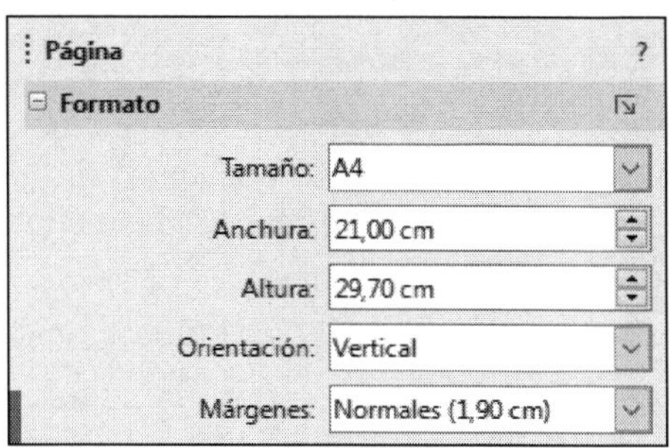


- Si es necesario, cambie el tamaño, la orientación y los márgenes.

## Crear cabeceras y pies de página

*Las cabeceras (o cabeceras) y los pies de página aparecen en los márgenes superior e inferior de una página, respectivamente; pueden contener texto, campos (número de página, fecha, etc.) o imágenes.*

Primer método

- Utilice el comando **Insertar - Cabecera y pie - Cabecera** o **Pie de página.**
- Haga clic en el nombre del estilo aplicado a la página, que por defecto es **Estilo de página predeterminado.**
- Introduzca el contenido de la cabecera o del pie de página y, si es necesario, modifique la presentación del texto y de los elementos.

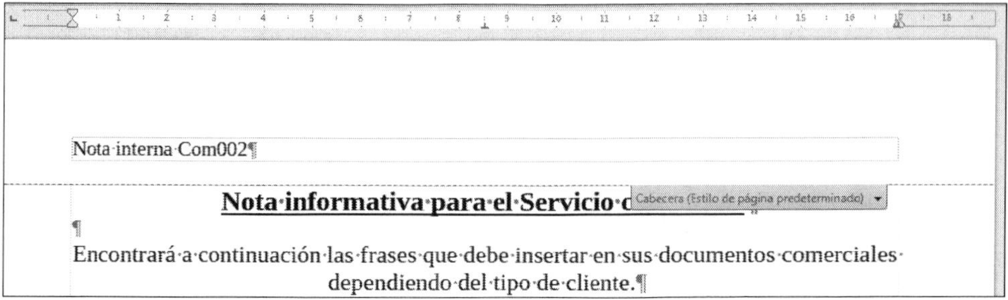


- Para insertar el número de página en la cabecera o en el pie de página, utilice el comando **Insertar - Campo - Número de página**; la opción **Recuento de páginas** le permite insertar el número total de páginas del documento.
- Haga clic en el cuerpo del documento para salir de la cabecera o del pie de página.

  *El contenido de la cabecera o del pie de página aparece en todas las páginas del documento.*

## Segundo método

- Haga clic en el margen superior o inferior del documento y, a continuación, en el + del botón de lista Cabecera (Estilo de página predeterminado) o Cabecera (Estilo de página predeterminado).
- Desde estos mismos botones de lista, puede insertar directamente el número de página y el recuento de páginas en la cabecera o el pie de página, haciendo clic en la opción **Insertar número de página** o **Insertar recuento de páginas.**
- Para modificar el contenido de un cabecera o pie de página, haga clic en el área de cabecera o pie de página de una de las páginas del documento para activarla y, a continuación, realice los cambios deseados.
- Para eliminar una cabecera o un pie de página, haga clic en la zona de cabecera o pie de página de una de las páginas del documento para activarla. A continuación, haga clic en el botón de lista Cabecera (Estilo de página predeterminado) o Pie de página (Estilo de página predeterminado) y luego en la opción **Eliminar cabecera** o **Eliminar pie de página.** Confirme la supresión pulsando el botón **Sí** en el mensaje de confirmación que aparece.

# El formato de página y la impresión en Writer

## Previsualizar impresión

- Use el comando **Archivo - Previsualizar impresión** o la herramienta de la barra de herramientas **Estándar** (o Ctrl Mayús **O**).

  *A continuación, se muestra la imagen reducida del documento tal y como lo imprimirá Writer.*

- Utilice las herramientas de la barra de **Vista previa de la página**:

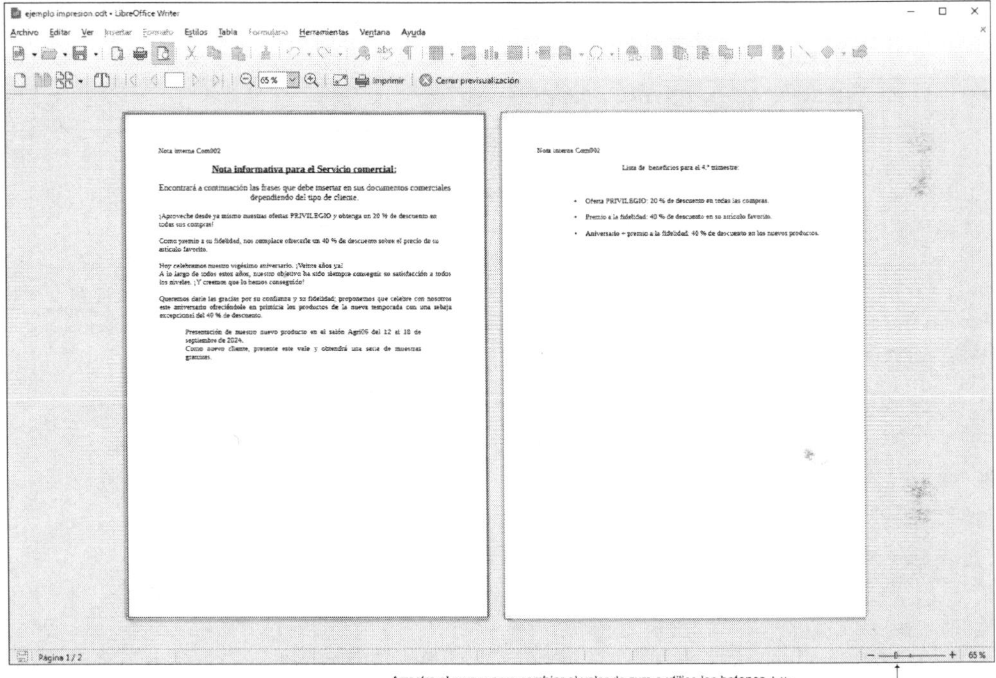


Arrastre el cursor para cambiar el valor de zum o utilice los botones + y -

(a) Muestra una sola página.

(b) Muestra dos páginas en la ventana.

(c) Muestra la primera página en la parte derecha de la ventana cuando se visualizan dos o más páginas.

(d) Permite elegir el número de páginas que se mostrarán en la ventana.

(e) Muestra la primera página.

(f) Muestra la página anterior.

(g) Permite introducir el número de página al que se desea acceder.

(h) Muestra la página siguiente.

(i) Muestra la última página.

(j) Disminuye el valor del zum en un 25 %.

(k) Permite seleccionar el valor de zum que se aplicará a la ventana; también puede introducir el valor y, a continuación, pulsar ⏎ para confirmar.

(l) Aumenta el valor del zum en un 25 %.

(n) Muestra la(s) página(s) visible(s) en la ventana en modo de pantalla completa, ocultando los menús, las barras de herramientas y la barra de estado; para salir del modo de pantalla completa, haga clic en el botón **Pantalla completa** de la barra de herramientas **Pantalla completa**.

(m) Inicia la impresión del documento.

(o) Sale de la previsualización de impresión.

## Imprimir un documento

- Si es necesario, seleccione el texto que desea imprimir.
- Utilice el comando **Archivo - Imprimir** o la herramienta 🖶 de la barra de herramientas *Estándar* (o Ctrl **P**).

*El cuadro de diálogo Imprimir se ha rediseñado completamente y ahora tiene dos pestañas en lugar de cuatro. Las pestañas* ***Configuración de página*** *y* ***Opciones*** *han sido sustituidas por los botones +* ***Más opciones****, que muestran opciones adicionales en la parte inferior de cada sección de la pestaña* ***Estándar****.*

# El formato de página y la impresión en Writer

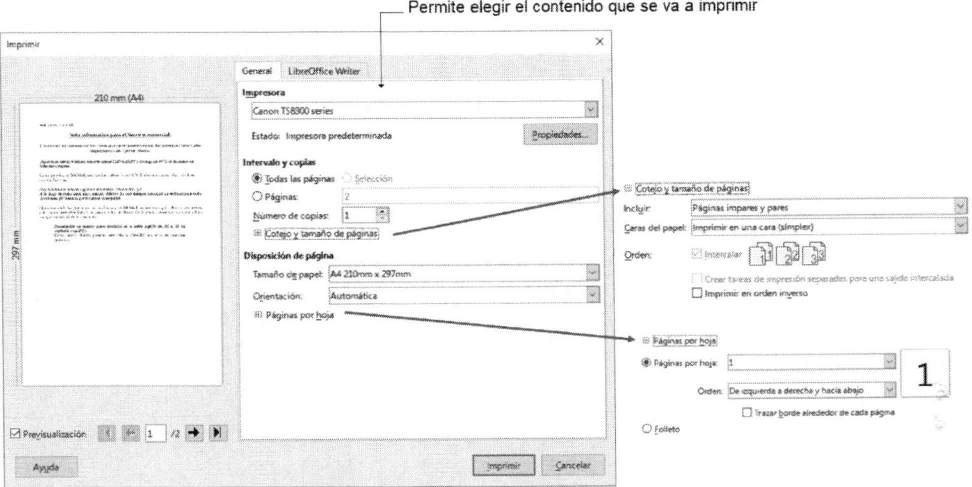


- Si es necesario, en la lista **Impresora**, seleccione una impresora distinta de la predeterminada.
- En el área **Intervalo y copias**, seleccione la opción correspondiente a lo que desea imprimir:

| | |
|---|---|
| **Todas las páginas** | Para imprimir todo el documento. |
| **Páginas** | Para imprimir las páginas especificadas en el cuadro de escritura; para imprimir páginas consecutivas, escriba el número de la primera página, un guion y, a continuación, el número de la última página (por ejemplo, 2-4 para imprimir las páginas 2, 3 y 4). Si las páginas que se han de imprimir no son consecutivas, separe sus números con punto y coma (por ejemplo, 2;4 para imprimir las páginas 2 y 4). |
| **Selección** | Para imprimir el texto seleccionado; esta opción aparece atenuada si no se ha seleccionado previamente ningún texto en el documento. |

- Visualice más opciones desplegando la zona **Cotejo y tamaño de página** y marque la opción **Imprimir en orden inverso** para imprimir las páginas en orden inverso.
- Especifique el número de copias que desea imprimir; la opción **Intercalar** se activa si decide imprimir varias copias.

- Marque la opción **Intercalar** si las páginas se van a intercalar (secuencia de impresión 1-2-1-2-1-2...) o desmarque la opción si no se van a intercalar (secuencia de impresión 1-1-1-2-2-2...).
- En la sección **Disposición de página**, defina el tamaño y la orientación del documento.
- Si desea ahorrar papel, puede hacer clic en **Páginas por hoja** e introducir el número de páginas que desea imprimir en una sola hoja en el cuadro del mismo nombre.
- Seleccione el orden de impresión en la lista desplegable **Orden**.
- Marque **Trazar borde alrededor de cada página** si es necesario.
- Haga clic en **Imprimir** para iniciar la impresión del documento.

# El entorno de Calc

## Iniciar LibreOffice Calc

- En Windows 10, haga clic en el menú **Inicio** y en la aplicación **LibreOffice Calc** si está visible en la lista **Más usadas** o como miniatura en el panel derecho del menú.

  Si no es así, desplácese por la lista de aplicaciones hasta la letra L (o haga clic en una de las letras de la parte superior de cada lista para mostrar el directorio alfabético y, a continuación, haga clic en la letra **L**). Abra la carpeta **LibreOffice 24.2** (o la versión que haya descargado) y haga clic en la aplicación **LibreOffice Calc**.

- Desde Windows 11, abra el menú **Inicio** y haga clic en el icono de **LibreOffice 24.2** (o la versión que haya descargado); si no está en la sección **Anclado**, escriba **LibreOffice Calc** en el cuadro de búsqueda y haga clic en el icono.

  *Se abre la aplicación LibreOffice Calc. La pantalla de trabajo se compone de diferentes elementos:*

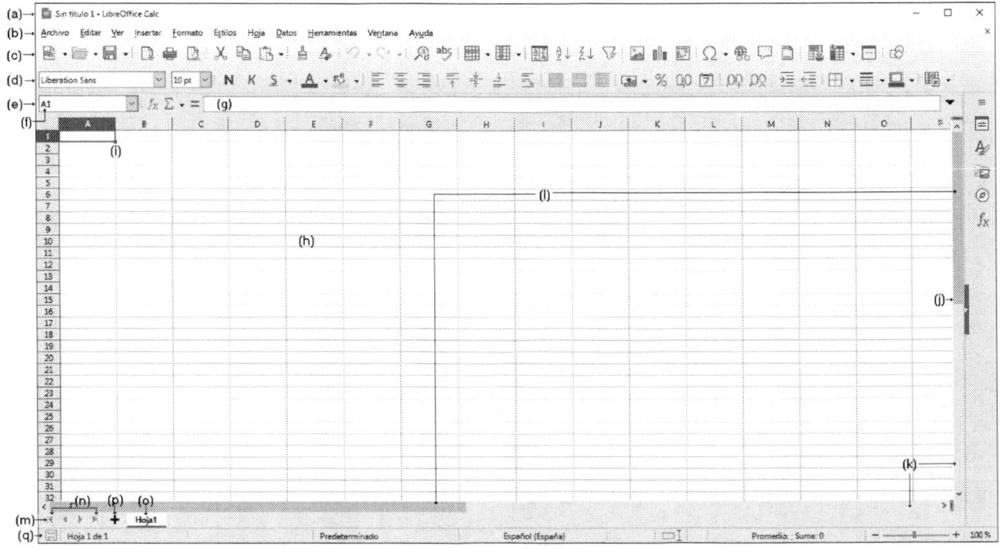

La **barra de título** (a): a la izquierda, el icono de la aplicación LibreOffice Calc seguido del nombre del libro activo (aquí **Sin título 1** porque es un libro nuevo). A la derecha, las herramientas **Minimizar**, **Minimiz. tamaño** o **Maximizar** sirven para minimizar o restaurar el tamaño de la ventana; la herramienta **Cerrar** sirve para cerrar la aplicación.

La **barra de menús** (b) muestra los nombres de los distintos menús de la aplicación Calc. Observe la llegada del nuevo menú **Estilos** para aplicar formato a las celdas.

Las barras de herramientas **Estándar** (c) y **Formato** (d) son dos de las barras de herramientas de Calc que aparecen por defecto; reúnen distintas herramientas para acceder rápidamente a los comandos más utilizados. Pueden ocultarse mediante el comando **Ver - Barras de herramientas.**

La **barra de fórmulas** (e) contiene el **Cuadro de nombre** (f) y la **Línea de entrada** (g); el cuadro de nombre sirve para mostrar la referencia de la celda activa, pasar de una celda a otra, seleccionar una o varias celdas y dar nombre a una celda o rango de celdas, mientras que la línea de entrada sirve para introducir y modificar datos (texto, valor o fórmula).

La **hoja de cálculo** (h) está formada por celdas dispuestas en filas y columnas; **el tirador de relleno** (i) aparece en la esquina inferior derecha de la celda activa.

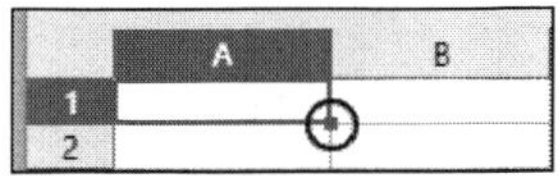


La **barra lateral** (j), minimizada por defecto, muestra el panel **Propiedades**, el panel **Estilos**, el panel **Galería**, el panel **Navegador** o el panel **Funciones**.

Las **barras de desplazamiento y los deslizadores** (k)/(l) se utilizan para desplazar la hoja de trabajo horizontal y verticalmente.

La **barra de pestañas de la hoja de cálculo** (m) contiene las herramientas de desplazamiento de la hoja (n), las pestañas de la hoja (o) y la herramienta **Añadir hoja nueva** (p).

La **barra de estado** (q) muestra el número y la cantidad de hojas, información sobre un comando seleccionado y un acceso más rápido a determinadas funciones (el zum, por ejemplo).

## Salir de LibreOffice Calc

- Haga clic en la herramienta **Cerrar** [X] situada en la parte superior derecha de la ventana para cada libro de trabajo que desee cerrar: Calc se cierra cuando se cierra el último libro de trabajo.
- Si intenta cerrar un libro de trabajo que no se ha guardado, aparece un mensaje de advertencia: haga clic en **Guardar**, **No guardar** o **Cancelar** para no cerrar.

No se pueden cerrar todos los libros de la aplicación Calc en una sola operación.

La opción **Salir de LibreOffice** del menú **Archivo** (o Ctrl **Q**) se utiliza para salir de todas las aplicaciones abiertas de LibreOffice.

## Cambiar el modo de vista

- Para activar el modo **Normal**, haga clic en la opción correspondiente del menú **Ver**: es el modo de visualización activado y utilizado por defecto.
- Para activar el modo **Salto de página**, haga clic en la opción correspondiente del menú **Ver**: este modo le permite ver los saltos de página existentes y moverlos.
- Para activar el modo **Pantalla completa**, haga clic en la opción correspondiente del menú **Ver** o pulse Ctrl Mayús **J**.

  *Los menús, las barras de herramientas, de fórmulas, de título y de estado están ocultos. La barra de herramientas de **pantalla completa** es ahora visible.*

  Para salir del modo de visualización **Pantalla completa**, haga clic en el botón **Pantalla completa** de la barra de herramientas **Pantalla completa** o pulse la tecla esc.

## Seleccionar hojas

- Para seleccionar una sola hoja, haga clic en su pestaña.
- Para seleccionar varias hojas, haga clic en la pestaña de la primera hoja que desee seleccionar y, a continuación, si se trata de una selección continua, mantenga pulsada la tecla Mayús y haga clic en la pestaña de la última hoja que desee seleccionar; si se trata de una selección discontinua, mantenga pulsada la tecla Ctrl y haga clic en la pestaña de cada hoja que desee seleccionar.
- Para seleccionar todas las hojas, haga clic con el botón derecho del ratón en la pestaña de una hoja y elija la opción **Seleccionar todas las hojas.**
- Para retirar de la selección una de las hojas seleccionadas, mantenga pulsada la tecla Ctrl y haga clic en la pestaña de la hoja que desea deseleccionar.
- Para cancelar cualquier selección, haga clic en la pestaña de una hoja no seleccionada; si todas las hojas están seleccionadas, haga clic en cualquiera de las pestañas, excepto en aquella cuya hoja esté activa (su nombre aparece en negrita).

  También puede hacer clic con el botón derecho del ratón en una de las hojas seleccionadas y elegir la opción **Desmarcar todas las hojas.**

## Insertar/eliminar/cambiar el nombre a una hoja de cálculo

- Para insertar una hoja de cálculo, haga clic en la herramienta + de la barra de pestañas.

  *Para insertar hojas de cálculo, también puede hacer clic con el botón derecho del ratón en la barra de pestañas y, a continuación, hacer clic en la opción Insertar hoja: el cuadro de diálogo **Insertar hoja** le permite insertar varias hojas y elegir su posición con respecto a la hoja activa.*
- Para eliminar una hoja de cálculo, haga clic con el botón derecho en la pestaña de la hoja en cuestión, haga clic en **Eliminar hoja** y confirme haciendo clic en **Sí.**
- Para cambiar el nombre a una hoja de cálculo, haga doble clic en su pestaña, introduzca el nuevo nombre y haga clic en **Aceptar**, o bien haga clic con el botón derecho del ratón en la hoja de cálculo cuyo nombre va a cambiar y elija **Cambiar nombre de hoja.**
- Para insertar, eliminar o renombrar una hoja, también puede elegir Insertar hoja, **Eliminar hoja** o **Cambiar nombre de hoja** en el menú **Hoja.**

## Mover/copiar hojas de cálculo

- Abra el libro que contiene la(s) hoja(s) que se van a mover/copiar y el libro de destino si el movimiento/copia se va a realizar a otro libro.
- Seleccione la(s) hoja(s) que desea mover/copiar.
- Haga clic con el botón derecho del ratón en una de las pestañas seleccionadas y, a continuación, en la opción **Mover o copiar hoja.**

  O utilice el comando **Hoja - Mover o copiar hoja**.

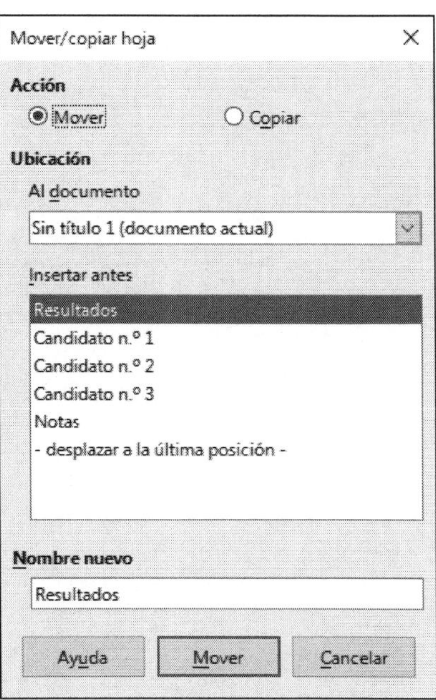


- Elija la acción que desea realizar: **Mover** o **Copiar**.
- Seleccione el nombre de la carpeta de destino en la lista **Al documento**.
- En la lista **Insertar antes**, seleccione la hoja antes de la cual desea copiar/mover la(s) hoja(s).
- Opcionalmente, especifique un **Nombre nuevo** para la hoja que desea copiar o mover; esta opción no está disponible cuando se seleccionan varias hojas.
- Haga clic en **Mover** o **Copiar** para mover o copiar.

- Para mover una o varias hojas del libro activo, seleccione las pestañas correspondientes y arrastre la selección a la nueva posición; para copiar, mantenga pulsada la tecla Ctrl mientras arrastra.

- Para crear una copia de la(s) hoja(s) seleccionada(s), ahora puede hacer clic con el botón derecho del ratón en la(s) hoja(s) seleccionada(s) y elegir la opción **Duplicar hoja.**

# Mover/seleccionar dentro de una hoja

## Desplazarse dentro una hoja de cálculo

⎆ Utilice las barras de desplazamiento:

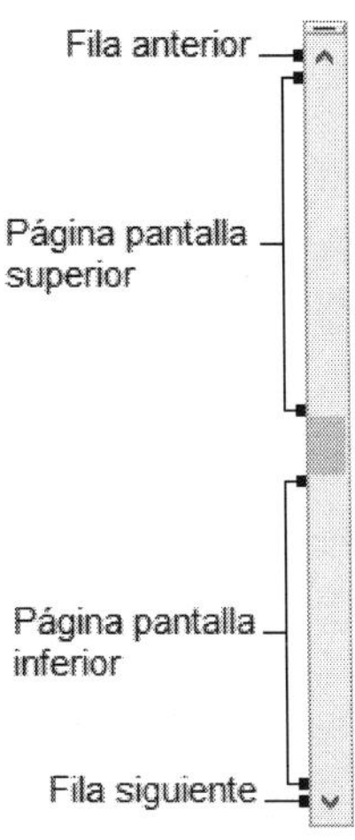


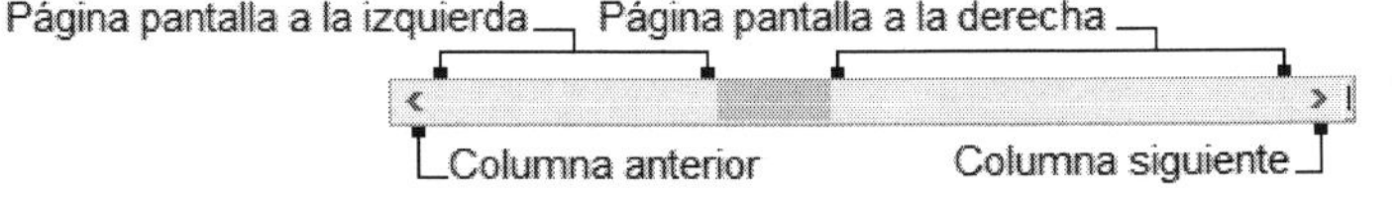


Cuando arrastra el cursor por la barra de desplazamiento, Calc muestra el número de fila o la letra de columna en una etiqueta informativa.

⎆ Puede utilizar el teclado de la siguiente manera:

| | |
|---|---|
| Celda derecha/izquierda | [→] o [⇥] / [←] |
| Celda superior/inferior | [↑] o [Mayús] [↵] / [↓] o [↵] |
| Página-pantalla a la derecha/izquierda | [Alt] [Re Pág] / [Alt] [Av Pág] |
| Página-pantalla superior/inferior | [Av Pág] / [Re Pág] |
| Columna A de la fila activa | [Inicio] |
| Celda A1 | [Ctrl] [Inicio] |
| Primera/última columna de la región de datos | [Ctrl] [←] / [Ctrl] [→] |
| Primera/última fila de la región de datos | [Ctrl] [↑] / [Ctrl] [↓] |
| Última celda que contiene datos de la hoja | [Ctrl] [Fin] |

*La región de datos es un rango de celdas que contienen datos y están delimitadas por celdas vacías.*

- Para buscar una celda concreta, introduzca su referencia en el cuadro de nombre de la barra de fórmulas y pulse [Intro] para confirmar.

## Pasar de una hoja a otra

- Utilizando las herramientas de desplazamiento por pestañas, muestre el nombre de la hoja a la que desea acceder y, a continuación, haga clic en su pestaña.

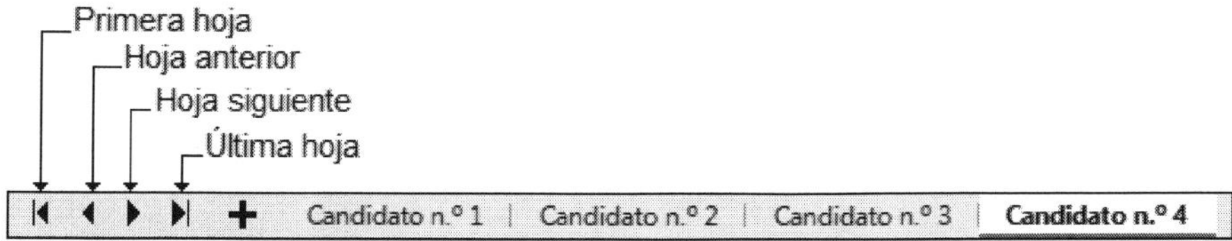


En el teclado, utilice [Ctrl] [Re Pág] para ir a la hoja siguiente o [Ctrl] [Av Pág] para ir a la hoja anterior.

## Seleccionar celdas

- Para seleccionar celdas adyacentes, utilice una de las tres técnicas siguientes:

| | |
|---|---|
| Arrastrar y soltar | Haga clic en la primera celda que desee seleccionar y, sin soltar el botón del ratón, arrastre el puntero para ampliar la selección. |
| [Mayús] clic | Haga clic en la primera celda que desee seleccionar, señale la última celda, pulse la tecla [Mayús] y, sin soltarla, haga clic. |
| Con el teclado | Haga clic en la primera celda que desee seleccionar, pulse la tecla [Mayús] y, manteniéndola pulsada, utilice las teclas de flecha para desplazarse hasta obtener la selección deseada. |

- Para seleccionar celdas no adyacentes, seleccione el primer rango de celdas, pulse la tecla [Ctrl] y, manteniéndola pulsada, seleccione los demás rangos de celdas.
- Para seleccionar todas las celdas de una tabla, haga clic en una de sus celdas y utilice la combinación de teclas [Ctrl] *.

# Mover/seleccionar dentro de una hoja

En una fórmula o en un cuadro de diálogo, la selección de celdas adyacentes se simboliza mediante dos puntos (:) y la selección de celdas no adyacentes se simboliza mediante punto y coma (;). Ejemplo: A1:A12;D5:D12 representa el rango A1 a A12 y D5 a D12.

Cuando se selecciona un rango de celdas que contiene varios valores numéricos, Calc muestra por defecto la suma de estos valores en la barra de estado. Si hace clic con el botón derecho en este resultado, puede elegir otra función de cálculo.

## Seleccionar filas/columnas

Utilice las siguientes técnicas:

| | Fila | Columna |
|---|---|---|
| | Haga clic en el número de la fila que desea seleccionar. | Haga clic en la letra correspondiente a la columna que desea seleccionar. |
| A | Active una celda de la fila y utilice el método abreviado Mayús Espacio. | Active una celda de la columna y utilice el método abreviado Ctrl Mayús Espacio. |

Para seleccionar varias filas o columnas adyacentes, arrastre el ratón sobre los encabezados de fila o columna o utilice Mayús clic; si las filas o columnas no son adyacentes, mantenga pulsada la tecla Ctrl al seleccionar.

Para seleccionar toda la hoja de cálculo, haga clic en , en la intersección de las cabeceras de fila y columna, o utilice el atajo de teclado Ctrl Mayús Espacio.

## Introducir datos (texto, valores, fechas, etc.)

- Active la celda en la que deben aparecer los datos y, a continuación, introduzca los datos que desea mostrar.

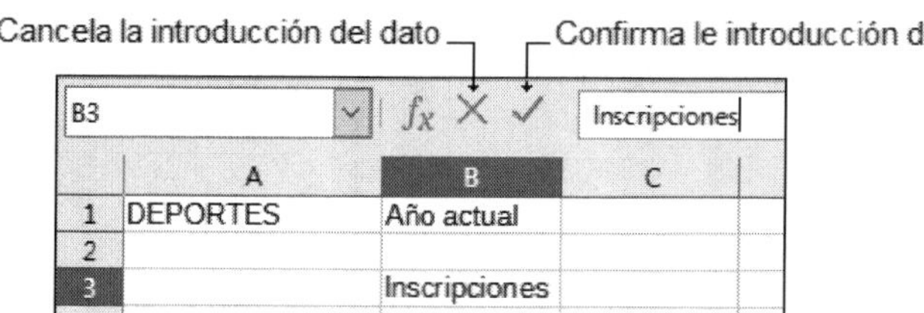


- Para introducir varias líneas en una celda, escriba el contenido de la celda utilizando Ctrl ↵ para cada salto de línea.
- Confirme la introducción: active la siguiente celda de entrada, pulse la tecla ↵ o haga clic en el botón **Aceptar** ✓.

Cuando introduce datos demasiado largos en una celda y la celda de la derecha contiene datos, aparece una flecha roja a la derecha de la celda para indicar que no está viendo todo el contenido. Simplemente amplíe la columna u organice el texto en varias filas en la celda.

---

Para introducir el mismo contenido en varias celdas, selecciónelas, introduzca el contenido (fórmula o texto) y pulse Alt ↵.

---

# Introducir y modificar datos

## Utilizar la función de entrada semiautomática

*Tras introducir los primeros caracteres, Calc puede sugerir caracteres que correspondan a una entrada ya existente en la columna.*

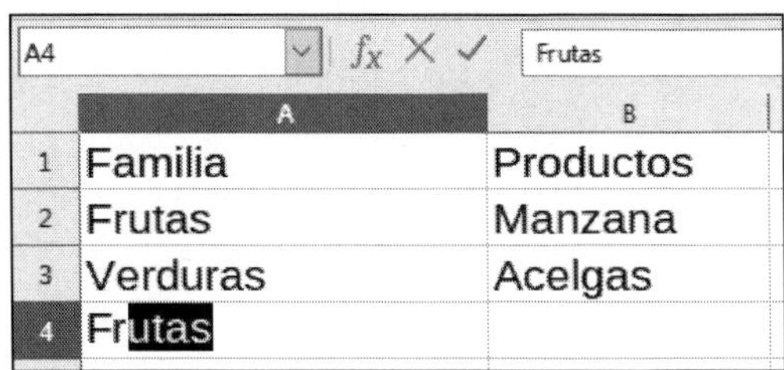


- Si la entrada propuesta le parece correcta, pulse [Intro] para confirmar su introducción y aceptar la propuesta de Calc.

  Si no la entrada sugerida no le convence, continúe escribiendo sin tener en cuenta la entrada sugerida.

## Insertar la fecha/hora del sistema en una celda

- Active la celda en la que desea que aparezca la fecha o la hora del sistema.
- Para insertar la fecha o la hora del sistema sin actualización automática, utilice la combinación de teclas [Ctrl], para insertar la fecha, y la combinación de teclas [Ctrl] [Mayús], para insertar la hora.
- Para insertar la fecha o la hora del sistema, que se actualizará cada vez que se abra el libro de trabajo, inserte una de estas funciones:

  **=HOY()** para insertar la fecha del sistema.

  **=AHORA()** para insertar la fecha y hora del sistema.

  Pulse [Intro] para confirmar.

## Modificar el contenido de una celda

- Haga doble clic en la celda cuyo contenido desea modificar o pulse [F2] después de seleccionarla.
- Realice los cambios y confírmelos con [↵].
- También puede activar la celda y hacer clic en la barra de fórmulas para realizar los cambios.

## Borrar el contenido de una celda

- Seleccione las celdas cuyo contenido desea eliminar.
- Pulse la tecla [Supr] o arrastre el tirador de relleno sobre la selección y «barra» todas las celdas cuyo contenido quiere borrar.

  *Esta técnica borra el contenido de las celdas, pero no los formatos.*
- Para elegir lo que desea borrar, pulse la tecla [←], marque las opciones que desee y pulse **Aceptar**.

## Copiar un contenido a celdas adyacentes

*Este método puede utilizarse para copiar una fórmula de cálculo.*

- Active la celda que desea copiar y señale el tirador de relleno de celda.

  *El puntero del ratón adopta la forma de una cruz.*

G3 =E3-C3

| DEPORTES | Año -1 | | Año actual | | Diferencia | |
|---|---|---|---|---|---|---|
| | Inscripciones | Cuotas | Inscripciones | Cuotas | Inscripciones | Cuotas |
| Tenis | 212 | 23.320,00 € | 218 | 23.980,00 € | 6 | 660,00 € |
| Gimnasia | 124 | 13.640,00 € | 124 | 13.640,00 € | 0 | |
| Danza | 209 | 22.990,00 € | 198 | 21.780,00 € | -11 | |
| Judo | 241 | 2.651,00 € | 252 | 27.720,00 € | 11 | |

- Haga clic y arrastre en la dirección de la última celda que desea copiar y, a continuación, suelte el botón del ratón.

  *Si la columna de la izquierda contiene datos, puede hacer doble clic en el tirador de relleno para copiar el contenido de la celda (solo verticalmente) hasta la primera celda vacía de la columna de la izquierda.*

## Copiar/mover celdas

### Copiar/mover varias celdas

- Seleccione las celdas que desea copiar/mover.
- Señale la selección.
- Si se trata de un simple desplazamiento, haga clic y arrastre hasta la ubicación de destino.
- Si se trata de una copia, haga clic en la selección y arrástrela hasta el lugar donde se duplicará; pulse la tecla Ctrl y manténgala pulsada antes de soltar el ratón.

### Copiar/mover una sola celda

- Seleccione la celda que desea copiar/mover.
- Mantenga pulsada la tecla Ctrl o Mayús y vuelva a hacer clic en la celda seleccionada; la celda quedará resaltada. Suelte la tecla Ctrl.
- Para mover, haga clic y arrastre hasta la ubicación de destino.
- Para copiar, haga clic y arrastre hasta la ubicación de destino; mantenga pulsada la tecla Ctrl antes de soltar el ratón.

Para mover un grupo de celdas a otra hoja, haga clic en la selección, arrástrela a la pestaña de la hoja correspondiente y, a continuación, a la primera celda de destino; en el caso de una copia, pulse la tecla Ctrl y manténgala pulsada justo antes de soltar el ratón en la ubicación de destino.

## Ordenar los datos de una tabla

*Para utilizar las funciones descritas, la tabla debe tener al menos dos filas: una fila de cabecera y una de datos, y estar separada de los demás datos de la hoja no incluidos en la tabla por una o más filas vacías.*

### Según un único criterio

- Si solo desea ordenar una parte de la tabla, seleccione las celdas correspondientes.
- Haga clic en una de las celdas de la columna en función de la cual desea ordenar; si ha realizado una selección, utilice las teclas ⇥ o Mayús ⇥ para acceder a esta celda.

- En la barra de herramientas **Estándar**, haga clic en la herramienta para ordenar de forma ascendente o en la herramienta para ordenar de forma descendente.

Para cancelar una ordenación, haga clic en la herramienta **Deshacer** de la barra de herramientas **Estándar**.

## Según varios criterios

- Haga clic en una celda de la tabla que desee ordenar, o seleccione las celdas pertinentes si desea ordenar parte de la tabla.
- Utilice el comando **Datos - Ordenar** o la herramienta de la barra de herramientas **Estándar**.

  En la pestaña **Criterios de ordenamiento**, abra la lista **Columna** en cada sección **Clave de ordenamiento** y seleccione el número o cabecera de columna que se utilizará como criterio de ordenación.
- A continuación, especifique si la ordenación debe ser **ascendente** o **descendente** activando la opción correspondiente.

*En este ejemplo, la lista de ventas se ordenará alfabéticamente por nombre de cliente y, para el mismo cliente, los datos se ordenarán alfabéticamente por nombre de país:*

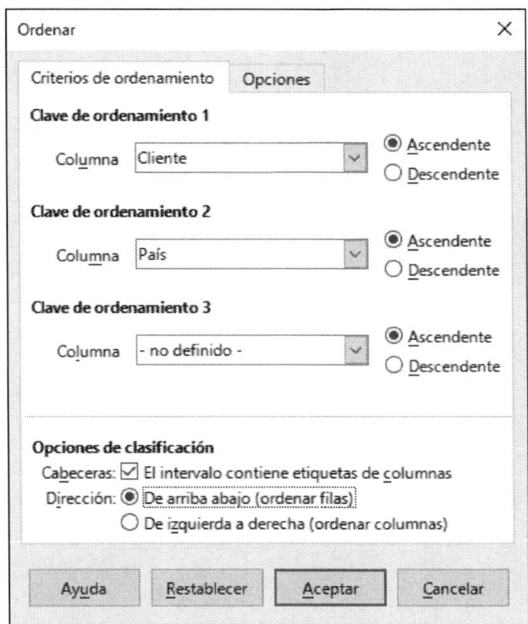

*La ordenación puede hacerse ahora **De arriba abajo (ordenar por filas)** y **De izquierda a derecha (ordenar por columnas)**, utilizando tantos criterios como cabeceras de columna o fila haya.*

- Marque la opción **Cabeceras** si su selección contiene cabeceras de columna. Si no contiene cabeceras, Calc propondrá la referencia (letra) de cada columna en las listas **Columna** de cada sección de **Clave de ordenamiento**.
- Si desea cambiar las opciones de ordenación, haga clic en la pestaña **Opciones** y especifique las opciones que desee.
- A continuación, haga clic en el botón **Aceptar** para que se aplique el orden definido.

## Filtrar un rango de datos con el filtro automático

### Filtros sencillos

- Si desea filtrar toda la lista de datos, haga clic en una de las celdas de la lista.

  Si solo deben ordenarse determinadas columnas de la lista de datos, seleccione las etiquetas de las columnas correspondientes.

- Utilice el comando **Datos - Filtro automático** o la herramienta de la barra de herramientas **Estándar**.

  *En cada celda de cabecera de columna aparece una lista desplegable simbolizada por una flecha.*

- Abra la lista desplegable asociada a la columna a la que desea aplicar el filtro.

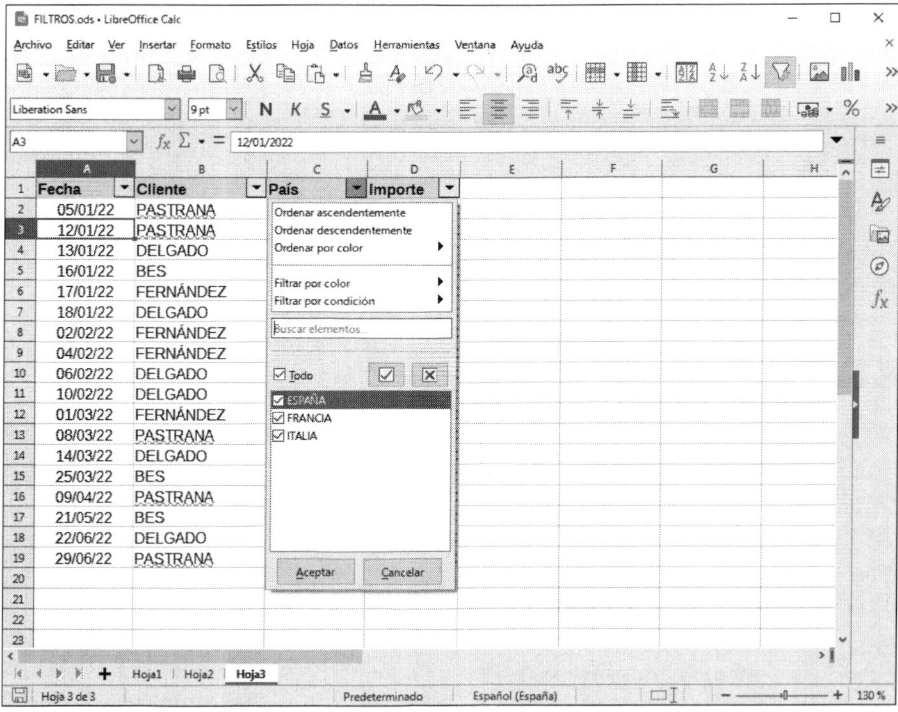


*La lista muestra todos los valores contenidos en la columna activa.*

- Para ocultar determinados valores, desmarque las casillas correspondientes o, para cada valor en cuestión, selecciónelo y haga clic en la herramienta **Ocultar solo el elemento actual** .

  Si la lista contiene muchos valores, para mostrar algunos de ellos es más rápido desmarcar la opción **Todo** y luego marcar los valores que se van a mostrar.

- Para buscar un valor concreto, introdúzcalo en el campo **Buscar elementos.**

  *Si el valor existe, se selecciona inmediatamente.*

- Para ocultar todos los valores excepto el seleccionado, haga clic en la herramienta **Mostrar solo el elemento actual** .

- Pulse el botón **Aceptar**.

  *Solo son visibles las filas correspondientes a los valores seleccionados. La flecha desplegable de la columna filtrada aparece en blanco sobre fondo azul* .

- Proceda de este modo para todas las columnas que desee filtrar.

  *Aquí se han activado dos filtros (**Cliente** y **País**). Calc filtra las filas de datos que cumplen el primer criterio y el segundo criterio. En este caso, se trata de ventas limitadas a los clientes de DELGADO y BES en España:*

| | A | B | C | D | E |
|---|---|---|---|---|---|
| 1 | Fecha | Cliente | País | Importe | |
| 7 | 18/01/22 | DELGADO | España | 204,00 € | |
| 10 | 06/02/22 | DELGADO | España | 1.708,00 € | |
| 14 | 14/03/22 | DELGADO | España | 1.812,00 € | |
| 15 | 25/03/22 | BES | España | 458,00 € | |
| 20 | | | | | |

- Para cancelar el filtro aplicado a una columna, abra la lista correspondiente, marque la opción **Todo** y pulse **Aceptar**.

- También puede cancelar el filtro desde el botón desplegable de la columna, haciendo clic en **Limpiar filtro.**

- Para eliminar todos los filtros aplicados a una tabla, utilice el comando **Datos - Más filtros - Restablecer el filtro.**

- Para desactivar el filtro automático, utilice el comando **Datos - Filtro automático** o haga clic en la herramienta de la barra de herramientas **Estándar**.

## Filtrar por color

*Ahora puede filtrar sus datos por color de fondo o de fuente.*

- Utilice el comando **Datos - Filtro automático** o la herramienta de la barra de herramientas **Estándar**.
- Abra la lista desplegable asociada a la columna a la que desea aplicar el filtro.
- Señale la opción **Filtrar por color**.

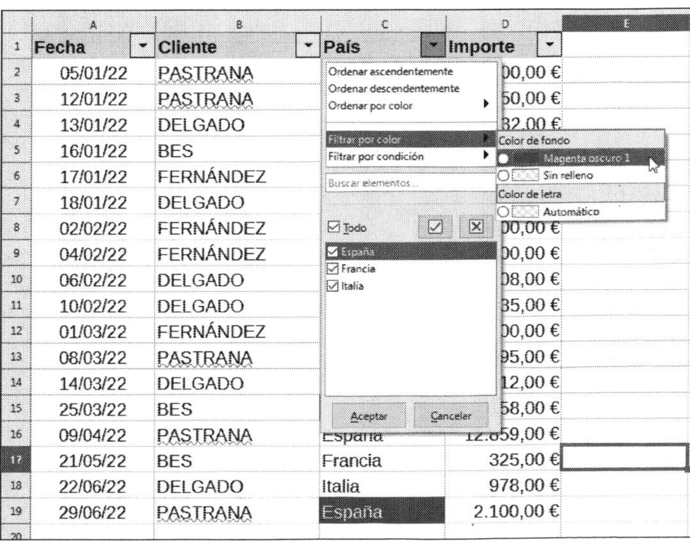


- A continuación, haga clic en el elemento deseado del grupo **Color de fondo** o **Color de letra**.

## Filtrar por condición

*Con la herramienta* ***Filtro automático****, puede hacer que se muestren solo los datos que cumplan una condición.*

- Una vez activado el filtro automático, seleccione la opción **Filtrar por condición.**

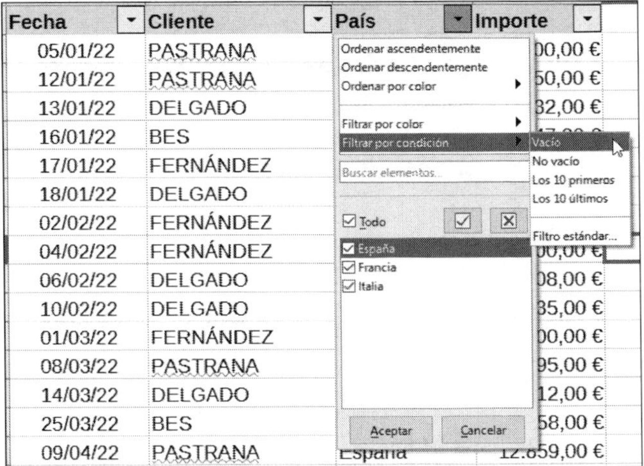


- Seleccione:

| | |
|---|---|
| **Vacío** | Para mostrar solo las celdas vacías de la columna. |
| **No vacío** | Para mostrar solo las celdas no vacías de la columna. |
| **Los 10 primeros** | Para visualizar los diez primeros valores de la columna (datos numéricos o solo fecha). |
| **Los 10 últimos** | Para visualizar los diez últimos valores de la columna (datos numéricos o solo fecha). |

**Filtro estándar** Para mostrar un cuadro de diálogo desde el que se pueden definir condiciones para todas las columnas:

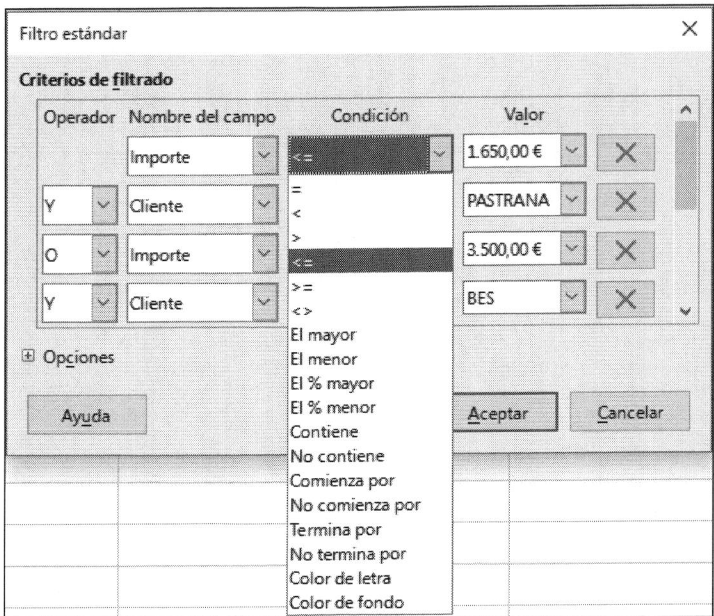


El área **Nombre de campo** muestra los nombres de las columnas de la lista.

El área **Condición** muestra las condiciones posibles.

El área **Valor** permite introducir o seleccionar el valor en cuestión (la lista desplegable se adapta en función del campo seleccionado).

El área **Operador** permite elegir entre los operadores **Y** (un registro debe cumplir todas las condiciones) y **O** (un registro debe cumplir al menos un criterio o grupo de criterios).

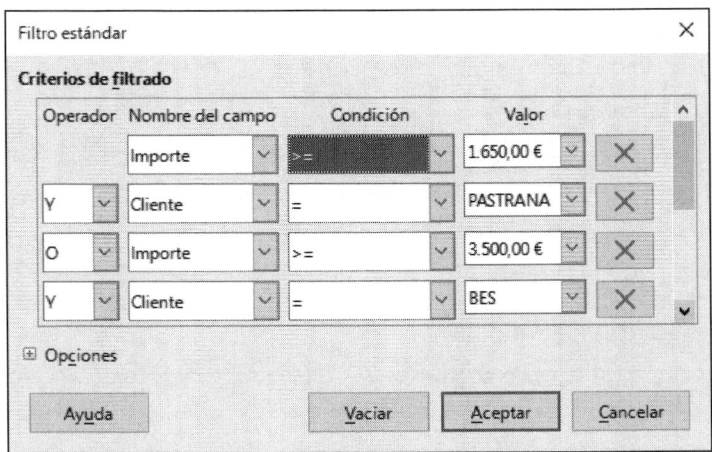


En este ejemplo, se mostrarán los registros que cumplan el primer grupo de condiciones (Importe mayor o igual a 1.650,00 € Y Cliente igual a PASTRANA) O los que cumplan el último grupo de condiciones (Importe mayor o igual a 3.500,00 € Y Cliente igual a BES).

## Utilizar una fórmula de cálculo

- Active la celda en la que se mostrará el resultado.
- Introduzca el signo =.
- Haga clic en la primera celda del cálculo o introduzca su referencia.
- Introduzca el operador matemático del cálculo que se va a realizar (+, -, /, *, % o ^ para elevar a una potencia).
- Haga clic en la siguiente celda que va a intervenir en el cálculo o introduzca una constante, introduzca un nuevo operador matemático si es necesario y continúe construyendo la fórmula.

*Puede seguir el progreso de la fórmula directamente en la celda y también en la barra de fórmulas.*

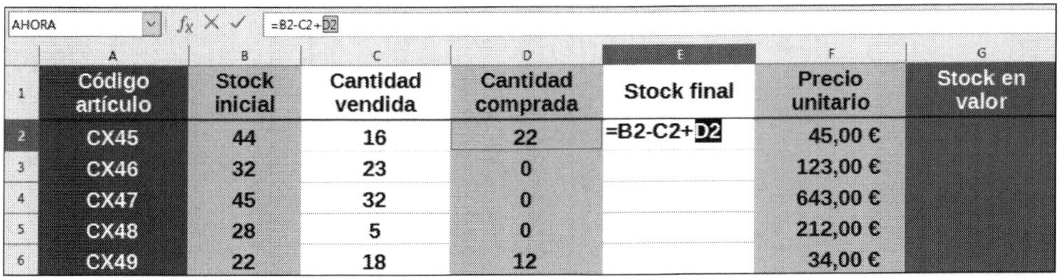

AHORA =B2-C2+D2

| | A | B | C | D | E | F | G |
|---|---|---|---|---|---|---|---|
| 1 | Código artículo | Stock inicial | Cantidad vendida | Cantidad comprada | Stock final | Precio unitario | Stock en valor |
| 2 | CX45 | 44 | 16 | 22 | =B2-C2+D2 | 45,00 € | |
| 3 | CX46 | 32 | 23 | 0 | | 123,00 € | |
| 4 | CX47 | 45 | 32 | 0 | | 643,00 € | |
| 5 | CX48 | 28 | 5 | 0 | | 212,00 € | |
| 6 | CX49 | 22 | 18 | 12 | | 34,00 € | |

- Una vez finalizado el cálculo, confirme haciendo clic en la herramienta ✓ de la barra de fórmulas o pulsando la tecla ↵.

Puede introducir una fórmula que haga referencia a celdas de otra hoja u otras hojas. Inicie la fórmula y, en el momento deseado, haga clic en la pestaña de la hoja en cuestión; a continuación, seleccione la celda o las celdas que desee. Termine la fórmula y confirme.

=$Stock_Zaragoza.A1+$Stock_Barcelona.A1

En este ejemplo, hemos añadido el contenido de la celda A1 de la hoja **Stock_Zaragoza** al contenido de la celda A1 de la hoja **Stock_Barcelona**.

En adelante, es el carácter **$** el que precederá al nombre de las hojas utilizadas en las fórmulas de cálculo, en lugar del apóstrofo.

## Añadir un conjunto de celdas

- Active la celda en la que se mostrará el resultado.
- Haga clic en la herramienta **Suma** Σ de la barra de fórmulas y, a continuación, en la opción **Suma**.

AHORA | =SUMA(G2:G7)

| | A | B | C | D | E | F | G |
|---|---|---|---|---|---|---|---|
| 1 | Código artículo | Stock inicial | Cantidad vendida | Cantidad comprada | Stock final | Precio unitario | Stock en valor |
| 2 | CX45 | 44 | 16 | 22 | 50 | 45,00 € | 2.250,00 € |
| 3 | CX46 | 32 | 23 | 0 | 9 | 123,00 € | 1.107,00 € |
| 4 | CX47 | 45 | 32 | 0 | 13 | 643,00 € | 8.359,00 € |
| 5 | CX48 | 28 | 5 | 0 | 23 | 212,00 € | 4.876,00 € |
| 6 | CX49 | 22 | 18 | 12 | 16 | 34,00 € | 544,00 € |
| 7 | | | | | | | |
| 8 | | | | Valor total | | | =SUMA(G2:G7) |
| 9 | | | | | | | |

*Las celdas numéricas situadas encima o a la izquierda de la celda activa se añaden automáticamente a la fórmula.*

- Si no está satisfecho con la selección de celdas, realice una o varias de las siguientes operaciones:
  - Modifique la selección existente utilizando el tirador de relleno.

  - Mueva la selección existente haciendo clic y arrastrando con el puntero en forma de mano.
  - Haga otra selección haciendo clic y arrastrando en las celdas concernientes (fuera del rango propuesto).

- Pulse ↵ para confirmar.

## Hacer absoluta una referencia de celda en una fórmula

*Esta técnica permite fijar la referencia a una celda en una fórmula para que esta referencia no cambie al copiar la fórmula.*

- Al introducir la fórmula, deténgase cuando aparezca la celda en cuestión.
- Pulse F4.
- Si es necesario, termine de introducir la fórmula y confirme.

*En una fórmula, las referencias absolutas se representan mediante el símbolo $, que aparece a la izquierda de la letra de la columna y a la izquierda del número de fila; en este ejemplo, es la referencia de la celda B8:*

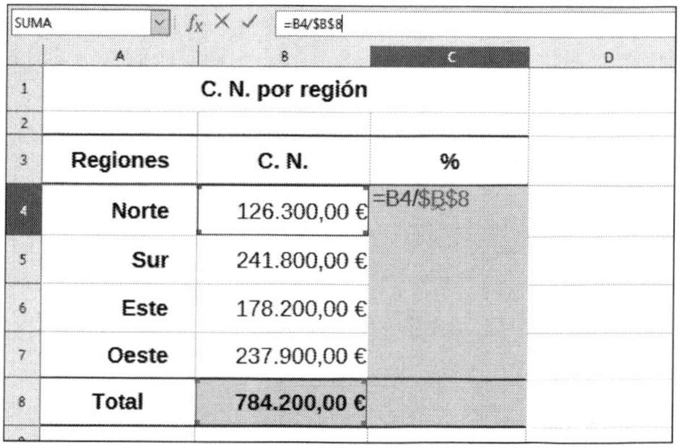

SUMA | =B4/$B$8

| | A | B | C | D |
|---|---|---|---|---|
| 1 | C. N. por región | | | |
| 2 | | | | |
| 3 | Regiones | C. N. | % | |
| 4 | Norte | 126.300,00 € | =B4/$B$8 | |
| 5 | Sur | 241.800,00 € | | |
| 6 | Este | 178.200,00 € | | |
| 7 | Oeste | 237.900,00 € | | |
| 8 | Total | 784.200,00 € | | |

- Para que todas las referencias de celdas de una fórmula de cálculo existente sean absolutas, seleccione la(s) referencia(s) de celda concerniente(s) en la fórmula y pulse F4.
- Pulse varias veces la tecla F4 para fijar solo la fila (B$8 fija la fila 8) o solo la columna ($B8 fija la columna B); se trata de una referencia mixta.
- También puede utilizar el comando **Hoja - Cambiar entre tipos de referencia de celda.**

## Utilizar las funciones estadísticas básicas

- Activar la celda en la que se mostrará el resultado.
- Introduzca el signo = (igual) seguido de una de las siguientes funciones y, a continuación, abra un paréntesis (:

| | |
|---|---|
| **PROMEDIO** | Calcula el promedio de un conjunto de celdas que contienen valores numéricos. |
| **CONTAR** | Cuenta el número de celdas que contienen valores numéricos en un conjunto de celdas. |
| **MAX** | Extrae el valor máximo de un conjunto de celdas que contienen valores numéricos. |
| **MIN** | Extrae el valor mínimo de un conjunto de celdas que contienen valores numéricos. |

- Haga clic y arrastre para seleccionar el rango de celdas que desea incluir en el cálculo y, a continuación, cierre el paréntesis: ).
- Confirme la fórmula con [Enter].

## Utilizar una función predefinida

Utilizando el cuadro de diálogo

- Active la celda en la que se mostrará el resultado.
- Utilice el comando **Insertar - Función** o la herramienta [fx] de la barra de fórmulas (o [Ctrl] [F2]).
- Si es necesario, seleccione la categoría de la fórmula que quiere utilizar en la lista **Categoría**.

 

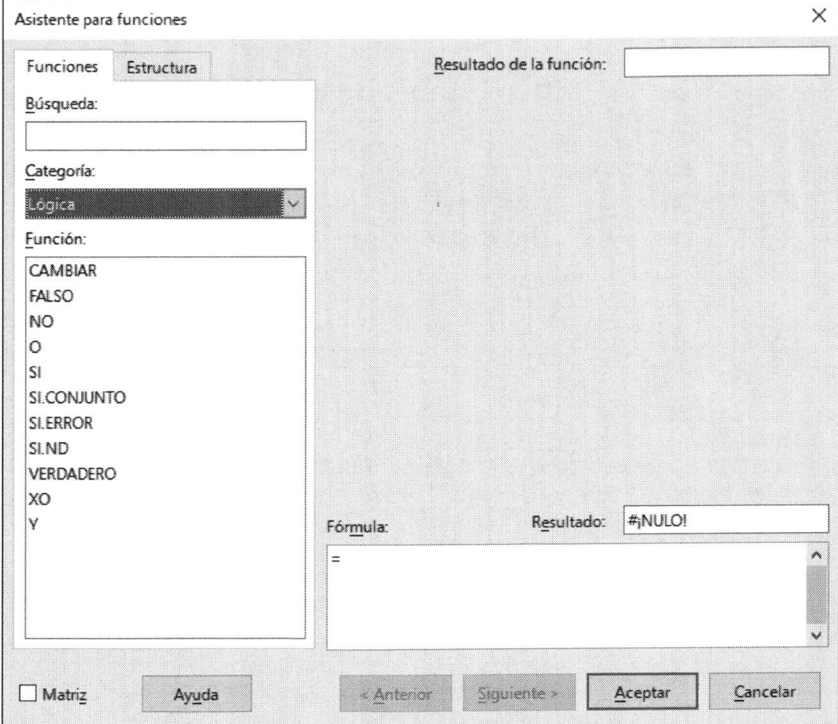


- Seleccione la función que desee en la lista **Función.**
- A continuación, haga clic en **Siguiente**.

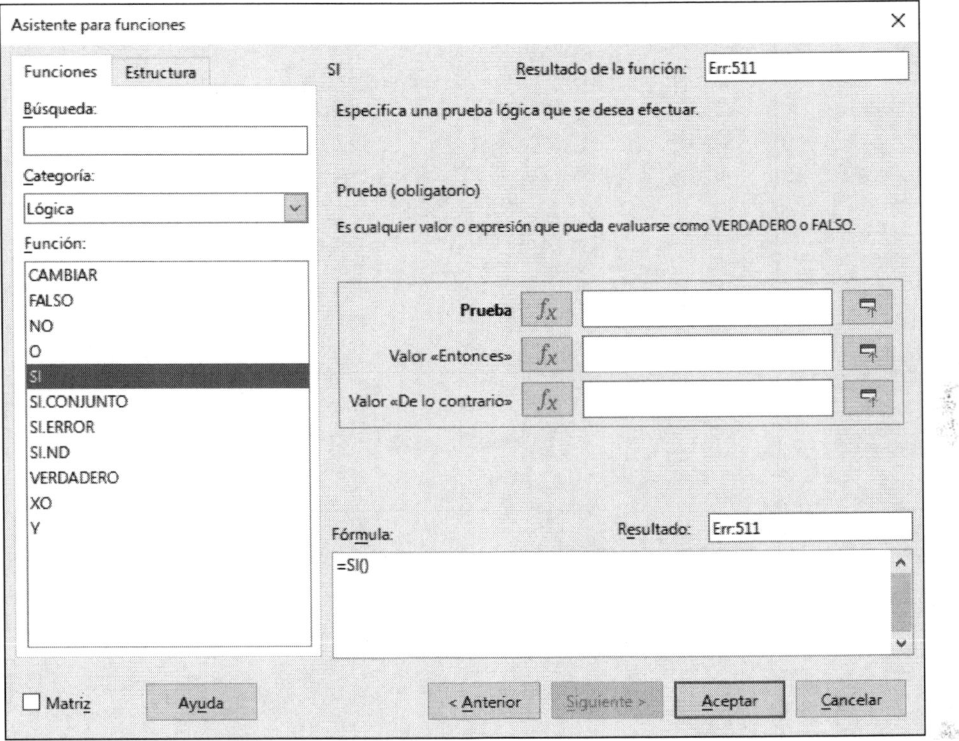


Para definir cada argumento de la función:

- Haga clic en el cuadro de entrada correspondiente y, a continuación, en el botón .
- Seleccione la celda o las celdas de la hoja de cálculo correspondientes al argumento.
- Haga clic en el botón para que aparezca de nuevo el cuadro de diálogo.

*La función **SI** se utiliza para crear una fórmula condicional. En este ejemplo, si el importe del pedido (celda **B5**) es mayor o igual que **9500**, se calculará un descuento del 20 %; en caso contrario, se mostrará el texto «**Sin descuento**».*

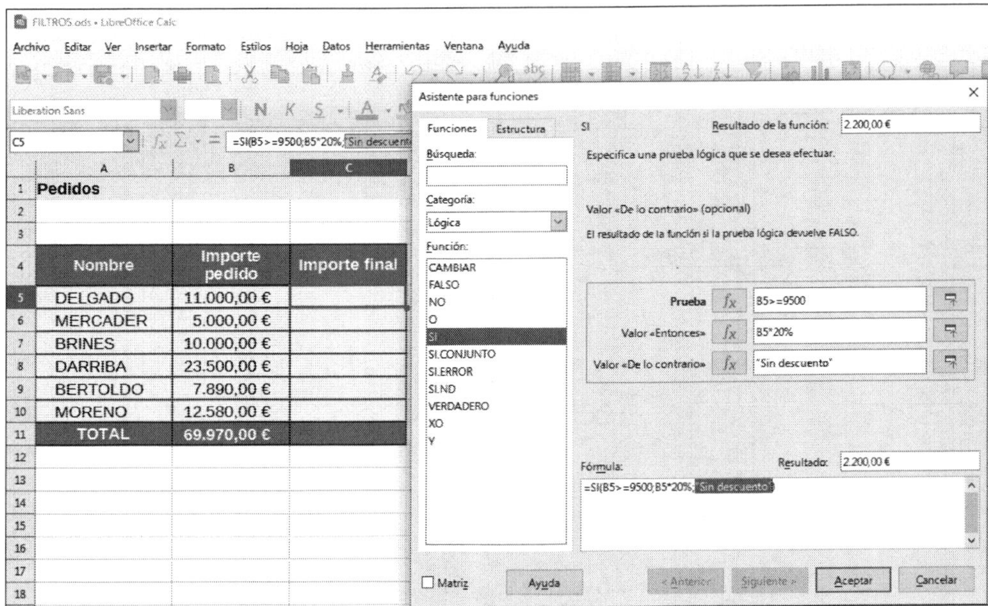

*La pestaña* ***Estructura*** *del cuadro de diálogo* ***Asistente para funciones*** *muestra la sintaxis detallada de la fórmula de cálculo. También puede ver los valores y resultados de cada cálculo.*

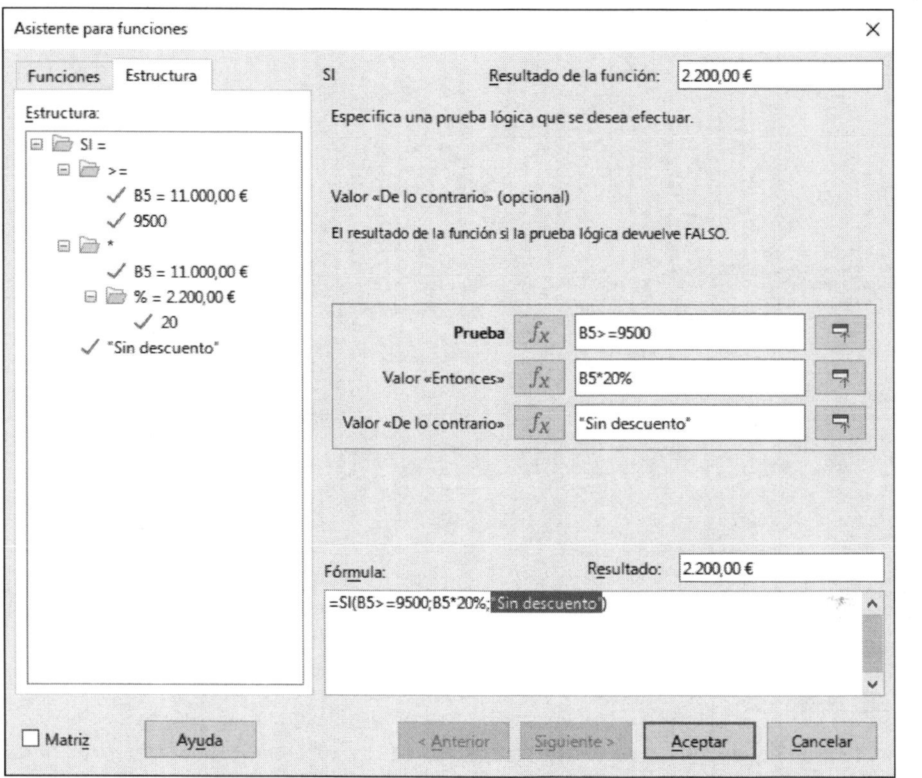


- Una vez definidos todos los argumentos, haga clic en **Aceptar**.

Utilizando el panel Funciones

- Seleccione la celda en la que se mostrará el resultado.
- Muestre el panel **Funciones** haciendo clic en el icono del panel lateral.

*Por defecto, se muestran las últimas funciones usadas:*

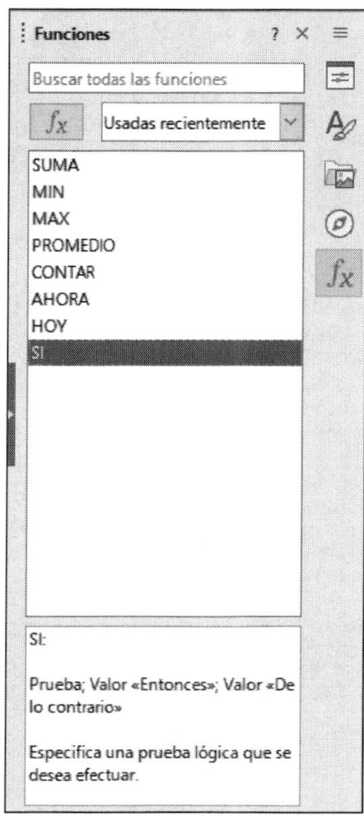


- Elija la categoría de la función que busca en la lista desplegable y, a continuación, haga doble clic en el nombre de la función.

*La función se inserta automáticamente en la celda. En este ejemplo, la función estadística es **PROMEDIO**:*

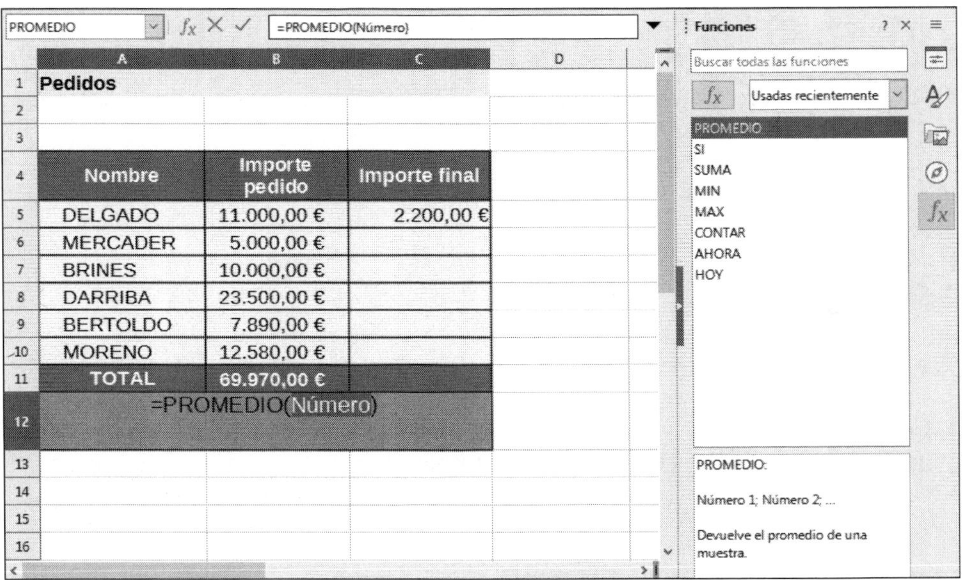


| | A | B | C | D |
|---|---|---|---|---|
| 1 | Pedidos | | | |
| 2 | | | | |
| 3 | | | | |
| 4 | Nombre | Importe pedido | Importe final | |
| 5 | DELGADO | 11.000,00 € | 2.200,00 € | |
| 6 | MERCADER | 5.000,00 € | | |
| 7 | BRINES | 10.000,00 € | | |
| 8 | DARRIBA | 23.500,00 € | | |
| 9 | BERTOLDO | 7.890,00 € | | |
| 10 | MORENO | 12.580,00 € | | |
| 11 | TOTAL | 69.970,00 € | | |
| 12 | =PROMEDIO(Número) | | | |
| 13 | | | | |
| 14 | | | | |
| 15 | | | | |
| 16 | | | | |

- Rellene los argumentos solicitados y pulse ⏎ para confirmar.

La opción **Estadísticas** del menú **Datos** ofrece una lista de funciones de análisis estadísticos.

## Insertar filas/columnas

- Seleccione toda la fila/columna (haciendo clic en el número de fila o en la letra de la columna) antes o después de la cual desea insertar la nueva fila/columna. Para insertar varias filas/columnas, seleccione tantas filas/columnas como desee insertar.
- Utilice el comando **Hoja - Insertar filas - Filas encima** o **Filas debajo** o el comando **Hoja - Insertar columnas - Columnas antes** o **Columnas después.**

  *También puede hacer clic con el botón derecho en la selección y elegir* ***Insertar filas encima*** *o* ***Insertar filas debajo*** *o* ***Insertar columnas antes*** *o* ***Insertar columnas después.***

- Para insertar filas, también puede hacer clic en la herramienta de la barra de herramientas **Estándar** o, para insertar columnas, haga clic en la herramienta y, a continuación, elija la opción que le interese.
- Para insertar filas encima de la selección o columnas a la izquierda de la selección, puede utilizar la combinación de teclas Ctrl+.

Al insertar una fila o una columna, esta adopta el formato de las celdas de la fila o la columna anterior.

## Eliminar filas/columnas

- Seleccione las filas o las columnas que desea eliminar.

- Haga clic en la herramienta y luego en la opción **Eliminar filas** para suprimir la(s) fila(s) seleccionada(s) o en la herramienta y luego en la opción **Eliminar columnas** para suprimir la(s) columna(s) seleccionada(s) (o Ctrl -).

  O utilice el comando **Hoja - Borrar filas** o **Borrar columnas.**

  *También puede hacer clic con el botón derecho en la selección y elegir* ***Eliminar filas*** *o* ***Eliminar columnas.***

## Modificar la anchura de columna/la altura de fila

- Seleccione cada columna que deba tener la misma anchura o cada fila que deba tener la misma altura; si la operación solo afecta a una columna/fila, no es necesario seleccionarla.
- Señale la línea vertical situada a la derecha de uno de los títulos de columna correspondientes o la línea horizontal situada bajo el número de una de las filas: el puntero adoptará la forma ⇔ o ⇕.
- Haga clic y arrastre.

Para ajustar la anchura de una columna o la altura de una fila en función de la entrada de celda más larga o más alta, haga doble clic en la línea vertical situada a la derecha de la letra de la columna correspondiente o en la línea horizontal situada debajo del número de fila.

El comando **Formato - Filas - Altura** o **Formato - Columnas - Anchura** se utiliza para especificar el alto o el ancho en centímetros.

El comando **Formato - Filas - Altura óptima** o **Formato - Columnas - Anchura óptima** se utiliza para ajustar la altura de la fila o la anchura de la columna a su contenido.

## Dar formato a valores numéricos/fechas/horas

Utilizando las herramientas

- Seleccione las celdas en cuestión.
- Elija uno de los siguientes formatos haciendo clic en la herramienta correspondiente de la barra de herramientas **Formato:**

Formato **Moneda:** 25000 se convierte en 25.000,00 euros

Novedad: utilice la lista de la herramienta para elegir la divisa.

Formato **Porcentaje:** 25000 se convierte en 2500000,00 %

Formato **Número:** 25000 se convierte en 25.000,00

Formato **Fecha:** 25000 se convierte en 11/06/68

**Añadir decimal**: muestra un decimal más 25.000,000

**Eliminar decimal**: muestra un decimal menos 25.000,0

- Si aparecen puntitos en determinadas celdas, aumente la anchura de la columna.
- Para cancelar un formato y volver al formato estándar, haga clic de nuevo en la herramienta correspondiente para desactivarla.

## Utilizando el menú

- Abra el menú **Formato** y seleccione la opción **Formato digital**.

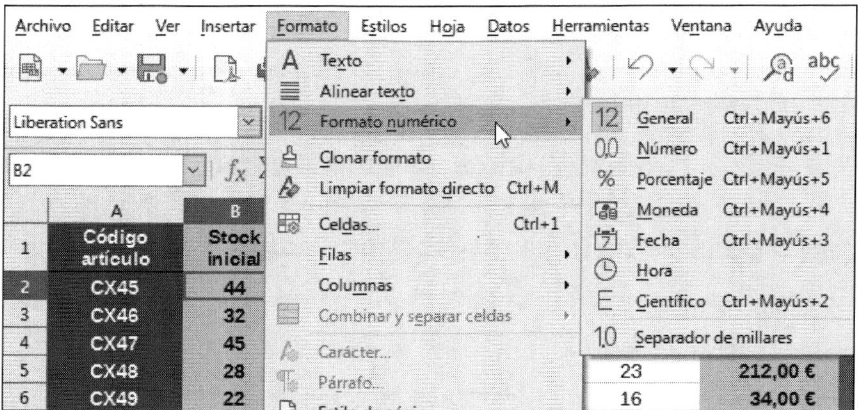


- Elija uno de los formatos propuestos.

## Usando el cuadro de diálogo

- Seleccione las celdas a las que desea dar formato.
- Utilice el comando **Formato - Celdas** o el método abreviado de teclado Ctrl **1**.
- Si es necesario, active la pestaña **Números**.

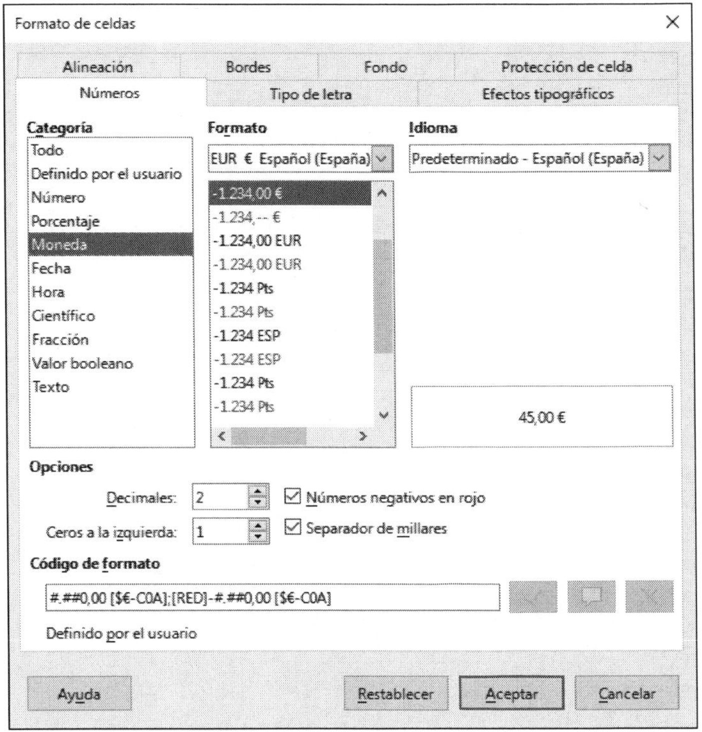


- Seleccione la **Categoría** que contiene el formato que quiere utilizar.
- En la lista **Formato**, seleccione el formato que desea aplicar.
- En el caso de un formato **Porcentaje** o **Moneda**, es posible que tenga que modificar la configuración del formato en el cuadro **Opciones**.
- Haga clic en **Aceptar** para aplicar el formato.

## Aplicar un formato de tabla automático

*Los formatos automáticos permiten presentar rápidamente una tabla con un formato predefinido.*

- Seleccione las celdas de la tabla a las que desea dar formato.
- Utilice el comando **Formato - Estilos de formato automático**.

- En la lista **Formato**, elija la plantilla que desea aplicar a las celdas.

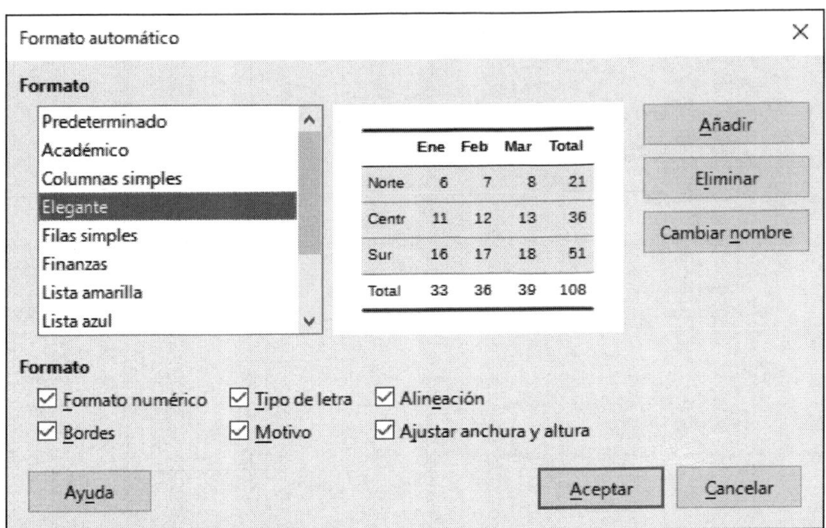


- En el cuadro **Formato**, desmarque las opciones correspondientes a los formatos que no desee aplicar a las celdas.
- Haga clic en **Aceptar** para aplicar el formato.

## Crear y aplicar estilos a las celdas

*Para dar formato rápidamente a las celdas, puede utilizar el nuevo menú **Estilos**. Puede aplicar/modificar un estilo existente, crear un nuevo estilo a partir de la selección o mostrar el panel Estilos para gestionar los estilos.*

### Aplicar estilos existentes

- Seleccione una o varias celdas.
- Haga clic en el menú **Estilos** y seleccione el estilo que desee; por ejemplo, **Realce 1**.

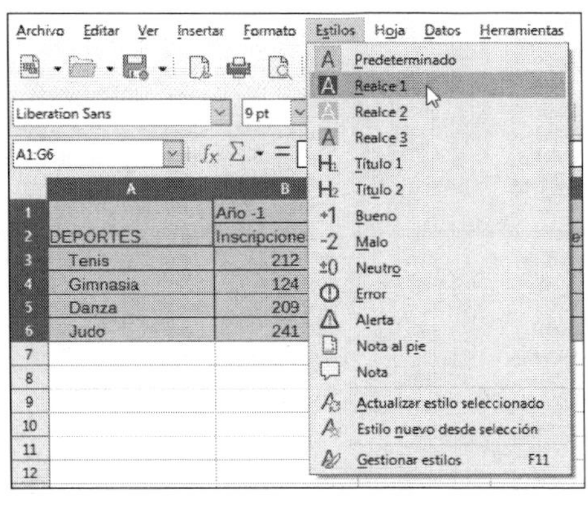


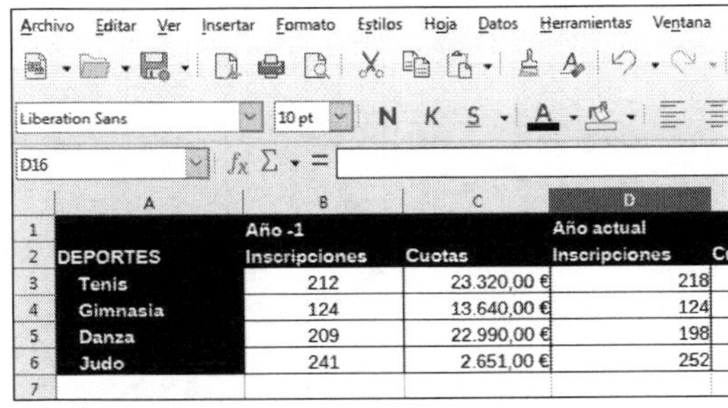


## Modificar y actualizar un estilo existente

- Seleccione una celda formateada con el estilo que desea cambiar.
- Aplique un nuevo formato a la celda, por ejemplo, color de fondo **Azul**, color de fuente **Amarillo.**

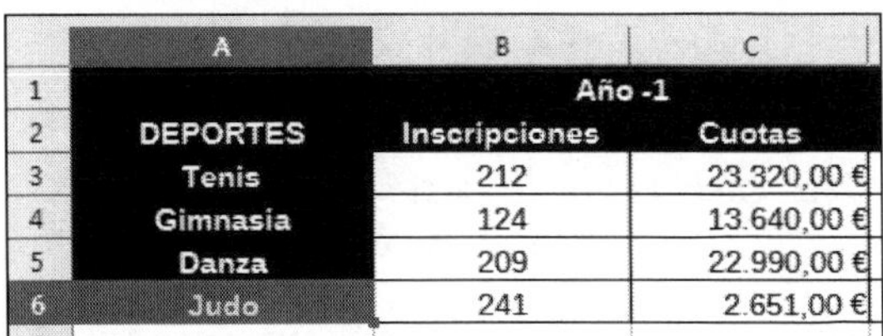

| | A | B | C |
|---|---|---|---|
| 1 | | Año -1 | |
| 2 | DEPORTES | Inscripciones | Cuotas |
| 3 | Tenis | 212 | 23.320,00 € |
| 4 | Gimnasia | 124 | 13.640,00 € |
| 5 | Danza | 209 | 22.990,00 € |
| 6 | Judo | 241 | 2.651,00 € |

- Elija el comando **Estilos - Actualizar el estilo seleccionado.**

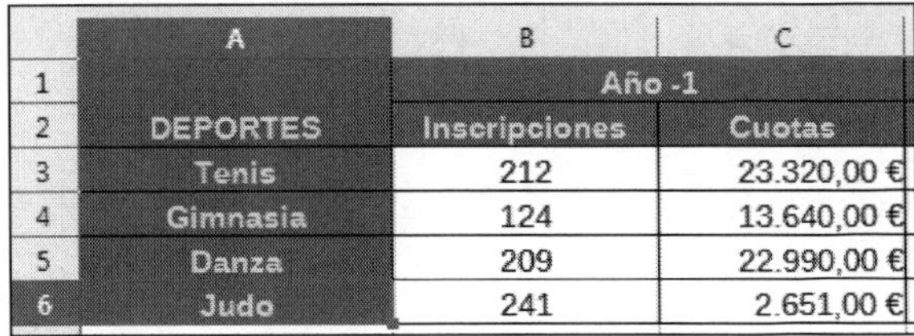

| | A | B | C |
|---|---|---|---|
| 1 | | Año -1 | |
| 2 | DEPORTES | Inscripciones | Cuotas |
| 3 | Tenis | 212 | 23.320,00 € |
| 4 | Gimnasia | 124 | 13.640,00 € |
| 5 | Danza | 209 | 22.990,00 € |
| 6 | Judo | 241 | 2.651,00 € |

*Todas las celdas con el mismo estilo (en este caso, Realce 1) se han modificado según el nuevo formato.*

## Crear un nuevo estilo a partir de la selección

- Seleccione una celda formateada.
- Elija **Estilos - Estilo nuevo desde selección.**
- En la ventana que aparece, introduzca el nombre del nuevo estilo.

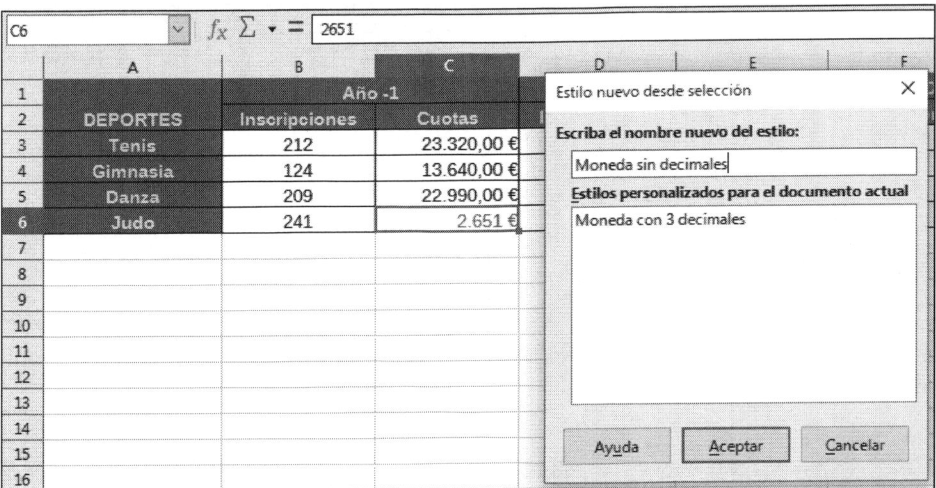


*En nuestro ejemplo, hemos aplicado a los caracteres de la celda C6 el color azul y un formato de moneda sin decimales, y hemos llamado al estilo **Moneda sin decimales**.*

- Haga clic en **Aceptar** para confirmar.

*Puede encontrar este estilo recién creado utilizando el comando **Estilos - Gestionar estilos**, que muestra el panel **Estilos**:*

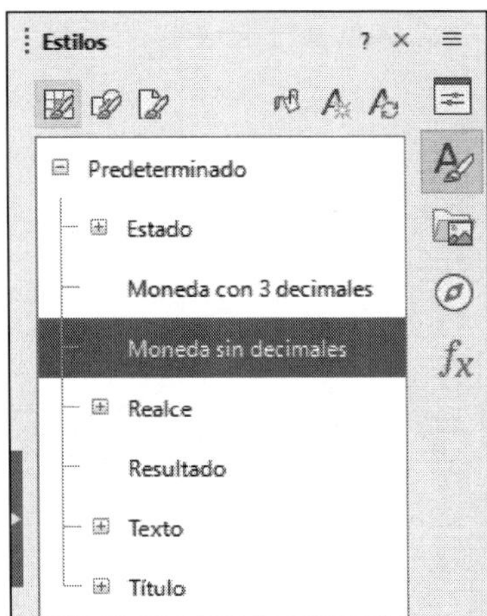


*También puede encontrarlo en el panel **Propiedades**, en la sección **Estilos**.*

## Aplicar bordes a las celdas

Primer método

*Este método no le permite elegir estilo ni color de borde.*

- Seleccione las celdas en cuestión.
- Haga clic en la herramienta **Bordes** de la barra de herramientas **Formato.**
- Haga clic en el tipo de borde que desea aplicar.

*Los bordes se aplican a la selección, y no a cada una de las celdas seleccionadas; por ejemplo, si ha hecho clic en el botón correspondiente al borde izquierdo y derecho, se aplica un borde a la izquierda y a la derecha de la selección y no a la izquierda y a la derecha de cada una de las celdas seleccionadas.*

## Segundo método

- Seleccione las celdas en cuestión.
- Utilice el comando **Formato - Celdas** o el método abreviado de teclado Ctrl **1**.
- Haga clic en la pestaña **Bordes**.

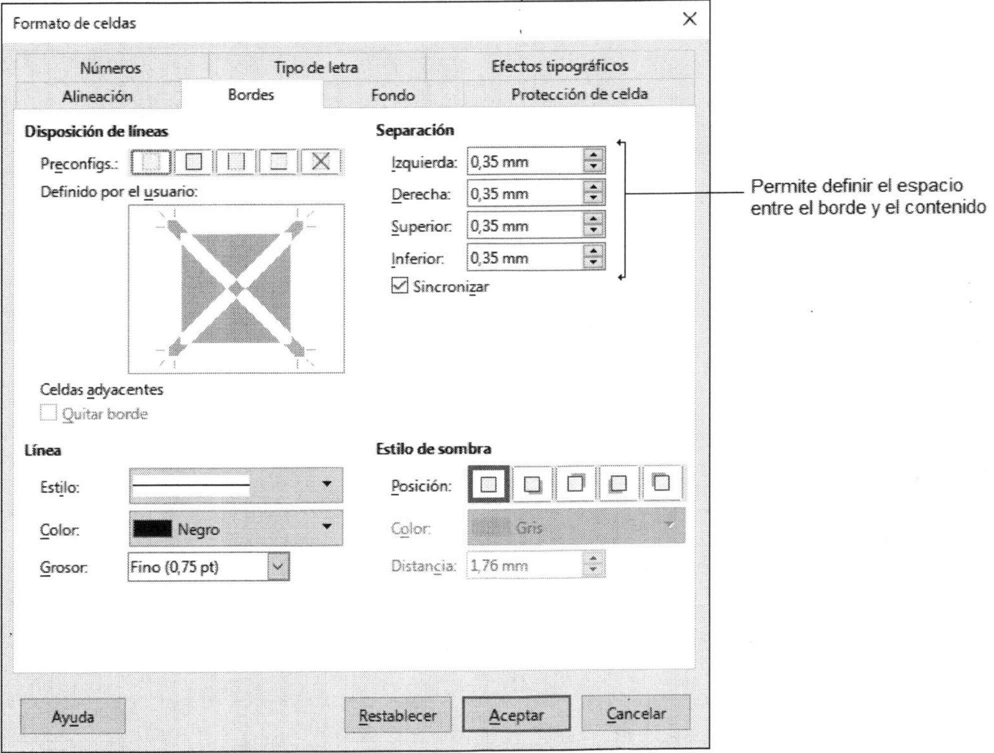


- En el cuadro **Preconfigs.**, haga clic en el tipo de borde que desea aplicar.
- En el cuadro **Línea**, seleccione el **Estilo**, el **Color** y el **Grosor** del borde.
- Si lo desea, personalice los bordes: para cada borde en cuestión, haga clic en su representación correspondiente en el área **Definido por el usuario** y, a continuación, elija el **Estilo**, el **Grosor** y el **Color** de la línea; si hace clic en el borde seleccionado, se eliminará el borde correspondiente.
- Pulse el botón **Aceptar**.

Tercer método

*Este método utiliza el panel **Propiedades**.*

- Seleccione las celdas en cuestión.
- Muestre el panel **Propiedades** haciendo clic en el icono de la barra lateral.
- Si es necesario, haga clic en la sección **Apariencia de celdas** para desplegarla.
- Abra la lista de bordes y elija el tipo de borde que desea aplicar.

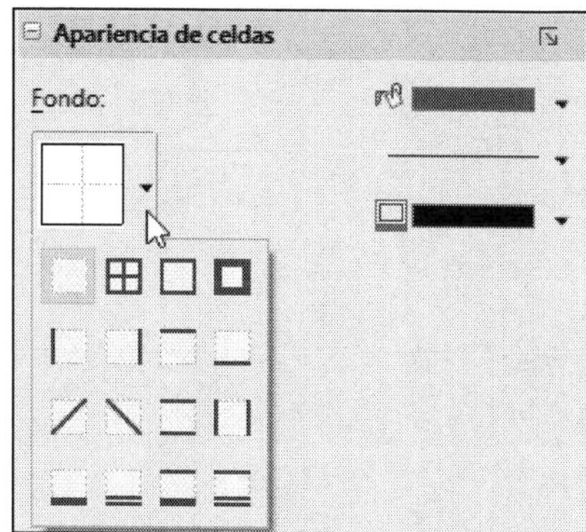


- A continuación, elija el grosor y el tipo de línea en la lista , y el color de línea en la lista .

## Aplicar un color a las celdas

- Seleccione las celdas en cuestión.
- Abra la lista asociada a la herramienta **Color de fondo** de la barra de herramientas **Formato** y haga clic en el color de fondo deseado.
  O bien
  En la sección **Apariencia de celdas** del panel **Propiedades**, elija un color de la lista **Color de fondo** .

En la herramienta se muestra el último color aplicado; para aplicarlo de nuevo, basta con hacer clic en la herramienta sin abrir la lista.

Para cancelar un color de fondo, seleccione las celdas y, a continuación, elija la opción **Sin relleno** de la lista asociada a la herramienta en la barra de herramientas **Formato** o a la herramienta en el panel **Propiedades.**

## Combinar celdas

- Seleccione las celdas en cuestión.
- Utilice el comando **Formato - Combinar y separar celdas - Combinar y centrar celdas** o **Combinar celdas** o haga clic en la herramienta **Combina y centra o separa celdas conforme al estado actual** en la barra de herramientas **Formato.**

*Si varias de las celdas seleccionadas contienen datos, Calc le ofrece la posibilidad de elegir cómo desea tratar el contenido de las celdas que se van a ocultar:*

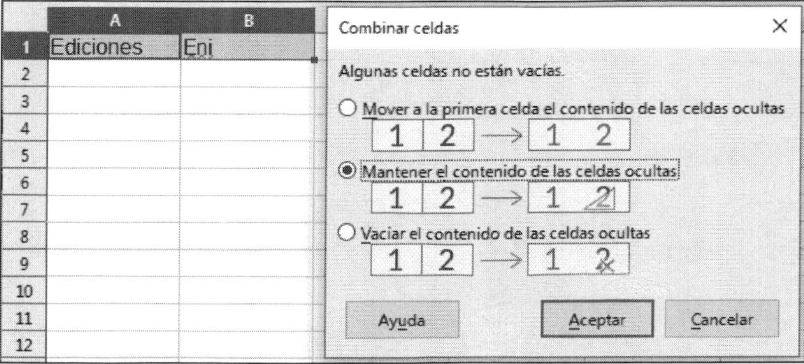

*La tabla siguiente muestra los resultados de la fusión y la separación en función de la opción elegida en el cuadro de diálogo **Combinar celdas**:*

| Opción elegida | Resultado tras la fusión | Resultado tras la separación |
|---|---|---|
| **Mover a la primera celda el contenido de las celdas ocultas** | A B / 1 Ediciones Eni | A B / 1 Ediciones Eni |
| **Mantener el contenido de las celdas ocultas** | A B / 1 Ediciones | A B / 1 Ediciones Eni |
| **Vaciar el contenido de las celdas ocultas** | A B / 1 Ediciones | A B / 1 Ediciones |

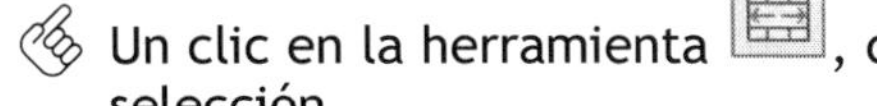
Un clic en la herramienta, combina o deshace la combinación, en función de la selección.

## Aplicar un formato condicional

### Formatear las celdas según una o más condiciones

*Puede aplicar estilos de formato a determinadas celdas bajo ciertas condiciones. Por ejemplo, puede aplicar el estilo **Alerta** solo a las celdas de una tabla que contenga un valor igual a **1250 €**.*

- Seleccione las celdas en cuestión.
- Utilice el comando **Formato - Condicional - Condición** o haga clic en la herramienta de la barra de herramientas **Formato** y elija **Condición**.

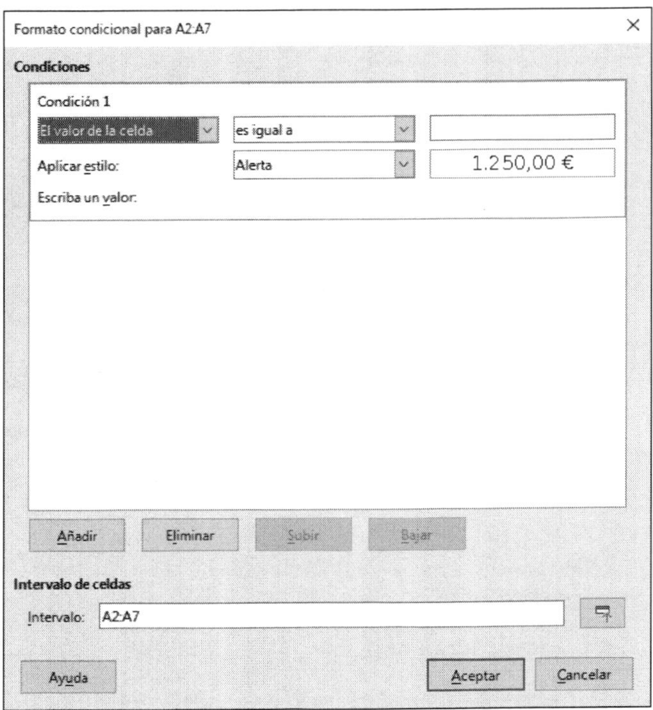


- En la primera lista, seleccione una de las siguientes opciones:

  **El valor de la celda**: si la condición se refiere al valor contenido en las celdas.

  **La fórmula es**: si la condición se refiere a una fórmula lógica.

  **La fecha es**: si la condición se refiere a la fecha contenida en las celdas.
- Dependiendo de la opción elegida, seleccione un operador de comparación de la segunda lista y, a continuación, especifique un valor de comparación en el siguiente cuadro de entrada, o seleccione una fecha o especifique la fórmula lógica.
- En la lista **Aplicar estilo**, seleccione el nombre del estilo que se aplicará a las celdas si se cumple la condición especificada; si no le conviene ninguno de los estilos propuestos, elija crear un estilo haciendo clic en la opción **Estilo nuevo**.
- Para cada condición que desee añadir, haga clic en el botón **Añadir** y, a continuación, especifique sus criterios y el estilo que debe aplicarse.

- Si se definen varios formatos condicionales, ordene las condiciones en la secuencia en que deben ejecutarse seleccionando una condición y desplazándola con los botones **Subir** o **Bajar**.
- Una vez definidas todas las condiciones, pulse **Aceptar**.

*El formato de la celda se modifica automáticamente en función de su contenido.*

Para aplicar formato condicional a celdas que contienen fechas, también puede utilizar la opción **Fecha** del comando **Formato - Condicional** o la herramienta de la barra de herramientas **Formato**.

## Aplicar un formato condicional del tipo Escala de colores

*Puede aplicar una escala de dos colores (el tono del color representa los valores más altos y más bajos) o una escala de tres colores (el tono del color representa los valores altos, intermedios y bajos).*

- Seleccione las celdas en cuestión.
- Utilice el comando **Formato - Condicional - Escala de colores**.

- También puede hacer clic en la herramienta de la barra de herramientas **Formato** y elegir la opción **Escala de colores**.

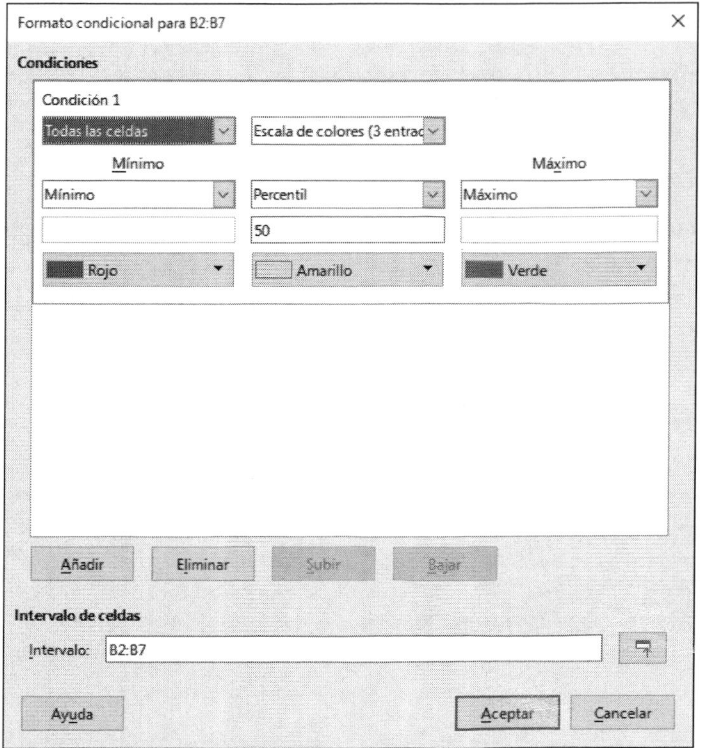


- Asegúrese de que la opción **Todas las celdas** esté seleccionada en la primera lista.
- Seleccione la opción **Escala de colores (2 entradas)** o **Escala de colores (3 entradas)** de la lista siguiente.
- Para cada entrada de color, elija la opción **Mínimo**, **Máximo**, **Percentil**, **Valor**, **Porcentaje** o **Fórmula**.
- Introduzca un valor en cada uno de los campos de entrada (número, porcentaje, percentil o fórmula de cálculo); las opciones **Mínimo** y **Máximo** no permiten introducir un valor.
- Seleccione un color para cada entrada en cada una de las listas de la última línea.
- Haga clic en **Aceptar**.

| | A | B |
|---|---|---|
| 1 | Concepto | Hotel 1 |
| 2 | Habitación individual | 1722,99 |
| 3 | Habitación doble | 926,28 |
| 4 | Desayuno | 687,33 |
| 5 | Media pensión | 1912,18 |
| 6 | Pensión completa | 998,46 |
| 7 | Suplemento niño | 231,65 |

## Aplicar un formato condicional de tipo Barra de datos

*Las barras de datos le permiten comparar los valores de distintas celdas, de modo que puede identificar rápidamente los valores más altos y más bajos. La longitud de la barra de datos representa el valor de la celda: cuanto más larga sea la barra, mayor será el valor.*

- Seleccione las celdas en cuestión.
- Utilice el comando **Formato - Condicional - Barra de datos.**

  También puede hacer clic en la herramienta de la barra de herramientas **Formato.**
- Asegúrese de que la opción **Todas las celdas** está seleccionada en la primera lista.
- Asegúrese de que la opción **Barra de datos** está activa en la siguiente lista.
- Elija la opción **Mínimo**, **Máximo**, **Percentil**, **Valor**, **Porcentaje** o **Fórmula** dependiendo de cómo se vayan a aplicar las barras a las celdas.
- Introduzca un valor en cada uno de los campos (número, porcentaje, percentil o fórmula de cálculo); las opciones **Mínimo** y **Máximo** no permiten introducir un valor.

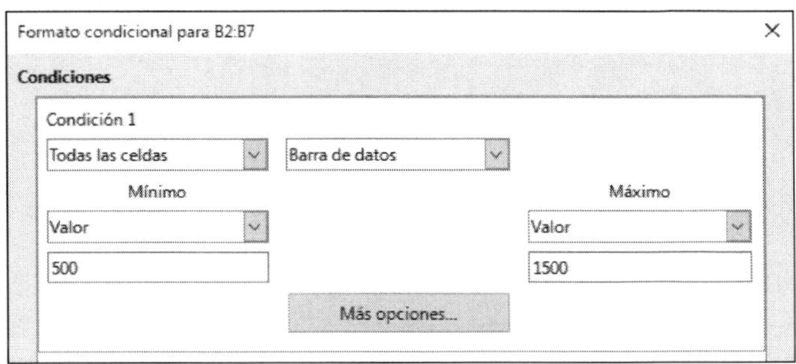

- Haga clic en el botón **Más opciones** para cambiar el color de la barra si es necesario; por defecto, el color es azul para los valores positivos y rojo para los negativos. A continuación, haga clic en **Aceptar**.
- Haga clic en **Aceptar**.

| | A | B |
|---|---|---|
| 1 | **Concepto** | **Hotel 1** |
| 2 | Habitación individual | 1722,99 |
| 3 | Habitación doble | 926,28 |
| 4 | Desayuno | 687,33 |
| 5 | Media pensión | 1912,18 |
| 6 | Pensión completa | 998,46 |
| 7 | Suplemento niño | 231,65 |

## Aplicar un formato condicional de tipo Conjunto de iconos

*Los iconos permiten anotar y clasificar los datos en tres a cinco categorías, separadas por un valor umbral. Cada icono representa un rango de valores. Por ejemplo, en el conjunto denominado* ***3 flechas****, la flecha verde que apunta hacia arriba representa los valores más altos; la flecha amarilla horizontal, los valores intermedios, y la flecha roja que apunta hacia abajo, los valores más bajos.*

- Seleccione las celdas en cuestión.
- Utilice el comando **Formato - Condicional - Conjunto de iconos.**

También puede hacer clic en la herramienta de la barra de herramientas **Formato.**

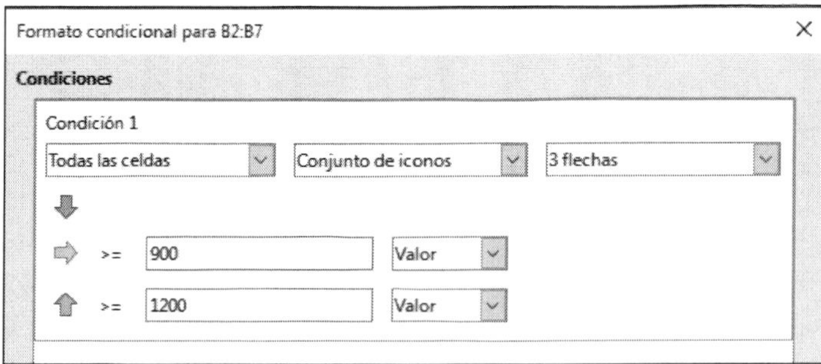

- Seleccione la opción **Todas las celdas** en la primera lista.
- Seleccione la opción **Conjunto de iconos** en la siguiente lista.
- A continuación, elija el conjunto de iconos que más le convenga en la última lista.
- Para cada icono, seleccione el tipo de valor (a) y, a continuación, introduzca el valor, el porcentaje, el percentil o cree la fórmula de cálculo (b).
- Haga clic en **Aceptar**.

| | A | B |
|---|---|---|
| 1 | **Concepto** | **Hotel 1** |
| 2 | Habitación individual | ⇧ 1722,99 |
| 3 | Habitación doble | ⇨ 926,28 |
| 4 | Desayuno | ⇩ 687,33 |
| 5 | Media pensión | ⇧ 1912,18 |
| 6 | Pensión completa | ⇨ 998,46 |
| 7 | Suplemento niño | ⇩ 231,65 |

 Para eliminar el formato condicional, utilice el comando **Formato - Condicional - Gestionar** o haga clic en la herramienta de la barra de herramientas **Formato**; seleccione el rango de celdas para el que desea eliminar el formato condicional y, a continuación, haga clic en el botón **Quitar**. El botón **Editar** de este cuadro de diálogo se utiliza para modificar el formato condicional del rango de celdas seleccionado, mientras que el botón **Añadir** se usa para aplicar un nuevo formato condicional.

## Definir el formato de página, la orientación o los márgenes

- Utilice el comando **Formato - Estilo de página**.
- Haga clic en la pestaña **Página**.

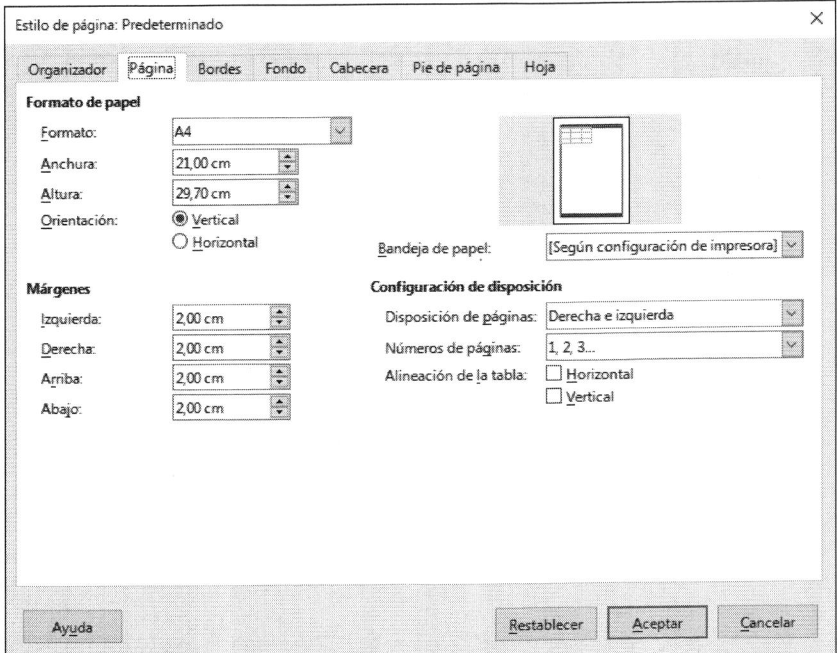


- En el área **Formato de papel**, elija el tamaño del papel en la lista o introduzca la anchura y la altura deseadas en los campos correspondientes si no le conviene ninguno de los tamaños propuestos.
- Si es necesario, cambie la **Orientación** del papel.
- Especifique los **Márgenes** de página deseados.
- Para cambiar la escala de impresión, haga clic en la pestaña **Hoja** y, a continuación, utilice las opciones del área **Escala**: podrá **Reducir/ampliar impresión** al porcentaje especificado, o aplicar una de las otras dos opciones: **Restringe el tamaño de la zona de impresión a la anchura/altura** según el número de páginas deseado en anchura y altura, o **Restringe la zona de impresión a un número de páginas** especificado.
- Pulse el botón **Aceptar**.

## Insertar/eliminar un salto de página manual

- Active la celda situada encima o a la izquierda de aquella en la que se ha de insertar el salto de página.
- Utilice el comando **Hoja - Insertar salto de página.**
- Elija la opción **Salto de fila** para insertar un salto de página horizontal o la opción **Salto de columna** para insertar un salto de página vertical.

  *El salto de página se indica con una línea de puntos azul.*
- Para eliminar un salto de página manual, active una celda en la fila o columna que le sigue y seleccione **Hoja - Eliminar salto de página - Salto de fila** o **Salto de columna.**

En el modo de vista **Salto de página** (menú **Ver**), los saltos de página se representan mediante líneas azules que pueden moverse. En este modo de visualización también se pueden añadir o eliminar saltos de página.

## Repetir filas/columnas en cada página

*Si su tabla se imprime en varias páginas, puede repetir los títulos de las columnas o de las filas en las distintas páginas.*

- Utilice el comando **Formato - Zonas de impresión - Editar.**
- Seleccione una celda de la fila o las filas (o columnas) que se han de repetir en cada página.

  *En este ejemplo, las tres primeras filas se imprimirán en todas las páginas de la tabla.*

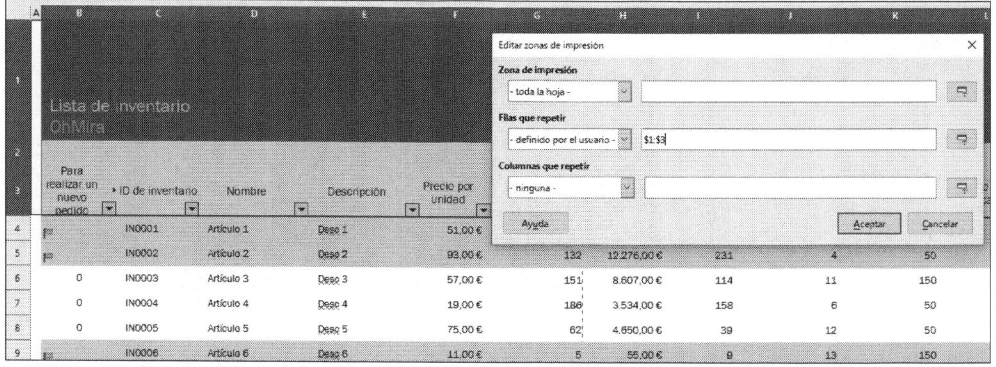


 

- Pulse el botón **Aceptar**.

Para cancelar las filas/columnas repetidas, elija ninguna en la lista de las zonas **Filas que repetir** o **Columnas que repetir** del cuadro de diálogo **Editar zonas de impresión** (**Formato - Zonas de impresión - Editar**).

## Gestionar las cabeceras y pies de página

- Utilice el comando **Insertar - Cabeceras y pies.**

  También puede hacer clic en la herramienta de la barra de herramientas **Estándar.**

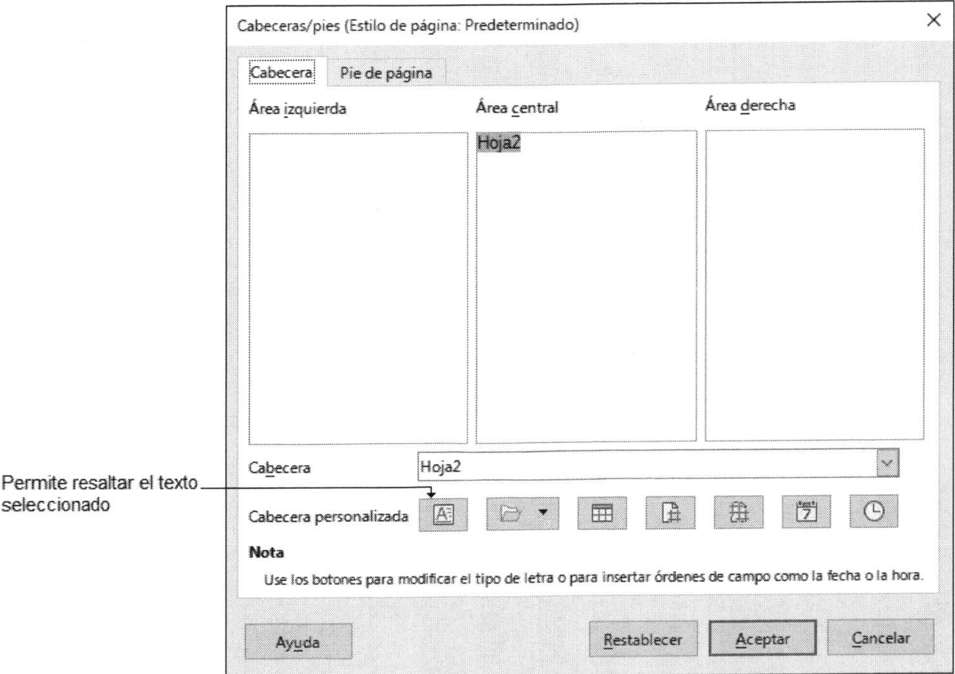


- Elija la pestaña **Cabecera** para crear una cabecera o la pestaña **Pie de página** para crear un pie de página.

- Seleccione una cabecera/pie predefinido en la lista **Cabecera** (o **Pie de página**) o introduzca cada elemento que quiera imprimir en la zona correspondiente a la posición prevista; utilice la tecla ⏎ para crear varias líneas.
- En caso necesario, inserte contenidos específicos pulsando el botón o los botones que correspondan tras situar el cursor en la zona de la posición prevista:

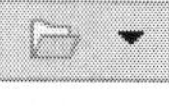 para insertar el nombre de la carpeta.

 para insertar el nombre de la hoja.

 para insertar el número de página.

 para insertar el número total de páginas.

 para insertar la fecha de hoy.

 para insertar la hora de impresión.

- Confirme la creación de las cabeceras o pies de página pulsando **Aceptar**.

Para eliminar una cabecera o pie de página, seleccione (ninguna) en la lista **Cabecera** o **Pie de página** del cuadro de diálogo **Cabeceras/Pies**.

## Previsualizar la impresión

- Para previsualizar varias hojas de cálculo, seleccione las hojas en cuestión.
- Utilice el comando **Archivo - Previsualizar impresión** o haga clic en la herramienta

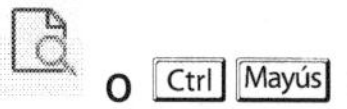 o Ctrl Mayús **O**.

*A continuación, se muestra la imagen reducida de las hojas del libro tal y como Calc las imprimirá.*

Utilice las herramientas de la barra de herramientas **Vista previa:**

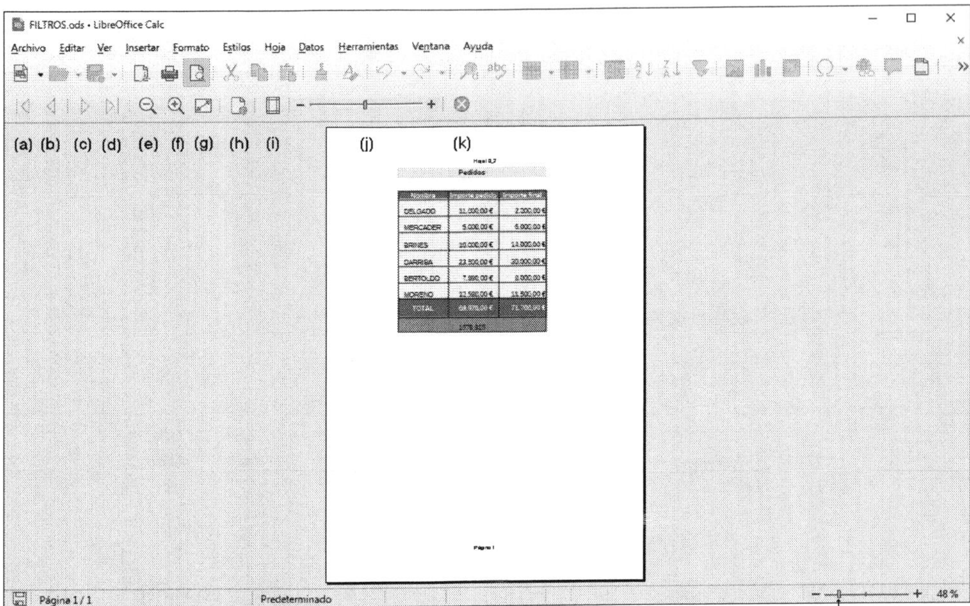


Arrastre el cursor para modificar el valor de zum o haga clic en los botones + o -

(a) Muestra la primera página.

(b) Muestra la página anterior.

(c) Muestra la página siguiente.

(d) Muestra la última página.

(e) Disminuye el valor del zum en un 20 %.

(f) Aumenta el valor del zum en un 20 %.

(g) Muestra la(s) página(s) visible(s) en la ventana en modo de pantalla completa para ocultar los menús, las barras de herramientas y la barra de estado; para salir del modo de pantalla completa, haga clic en el botón **Pantalla completa** de la barra de herramientas **Pantalla completa**.

(h) Abre el cuadro de diálogo **Estilo de página**.

(i) Muestra/oculta los marcadores de margen.

(j) Reduce/amplía la escala de impresión.

(k) Sale de la previsualización de impresión.

## Imprimir un libro/una hoja/una selección

Si es necesario, seleccione las celdas o las hojas que desea imprimir.

Utilice el comando **Archivo - Imprimir** o la herramienta de la barra de herramientas **Estándar** (o Ctrl **P**).

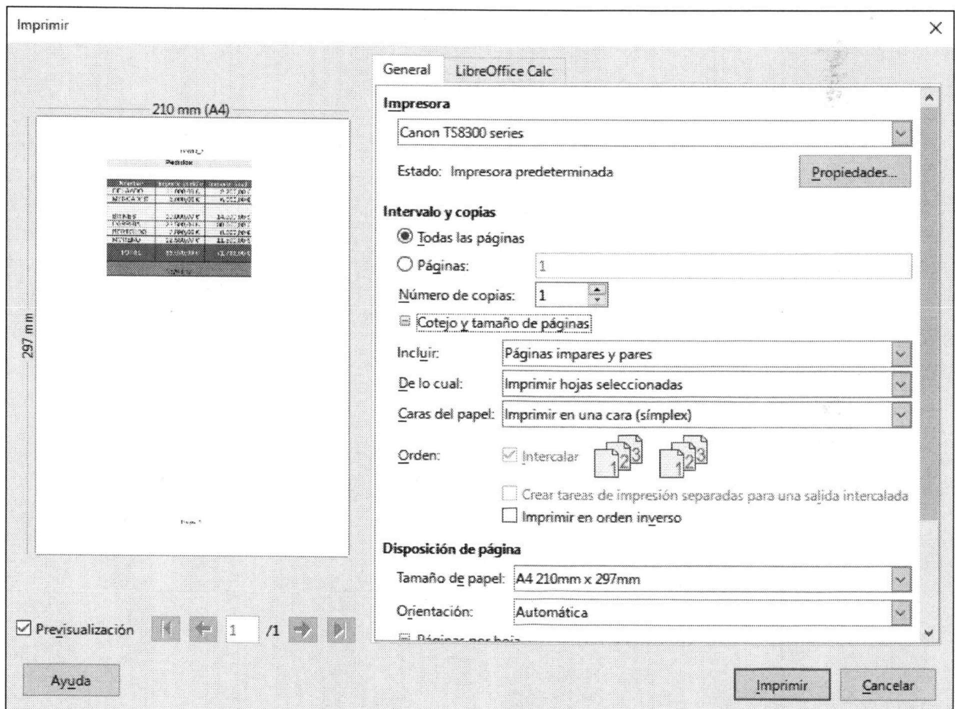


Si es necesario, en la lista **Impresora**, seleccione una impresora distinta de la predeterminada.

- En el cuadro de grupo **Intervalo y copias**, especifique las páginas que desea imprimir activando la opción correspondiente:

  **Todas las páginas** o **Páginas** especificadas en el cuadro de entrada; para imprimir páginas consecutivas, escriba el número de la primera página, un guion y a continuación el número de la última página (p. ej., 2-4 para imprimir las páginas 2, 3 y 4). Si las páginas que se van a imprimir no son consecutivas, separe sus números con punto y coma (por ejemplo, 2;4 para imprimir las páginas 2 y 4).
- En la lista desplegable Incluir, especifique si desea imprimir **Páginas impares y pares** o sólo **Páginas pares** o **impares**.
- En la lista desplegable **De lo cual**, elija la opción correspondiente a lo que desea imprimir: **Imprimir todas las hojas**, **Imprimir hojas seleccionadas** o **Imprimir celdas seleccionadas.**
- Especifique el **Número de copias** que desea imprimir.
- Marque la opción **Imprimir en orden inverso** para imprimir de la última página a la primera.
- Si va a imprimir varias páginas en varias copias, marque la opción **Intercalar** si las páginas se van a intercalar (secuencia de impresión 1-2-1-2-1-2...) o desmarque la opción si se van a desintercalar (secuencia de impresión 1-1-1-2-2-2...).
- También puede configurar el tamaño del papel, la orientación y el número de páginas que se imprimirán por hoja.
- Haga clic en **Imprimir** para iniciar la impresión del documento.

# Los gráficos

## Crear un gráfico

*En Calc, los gráficos se utilizan para representar gráficamente los datos de una hoja de cálculo.*

- Seleccione las celdas que contienen los datos que desea visualizar; si las celdas no son adyacentes, utilice la tecla Ctrl para seleccionar los distintos bloques, procurando que formen un rectángulo.
- Utilice el comando **Insertar - Gráfico** o la herramienta de la barra de herramientas **Estándar**.

*Aparece en pantalla el cuadro de diálogo **Asistente para gráficos** y se ve el gráfico en el fondo de la hoja de cálculo.*

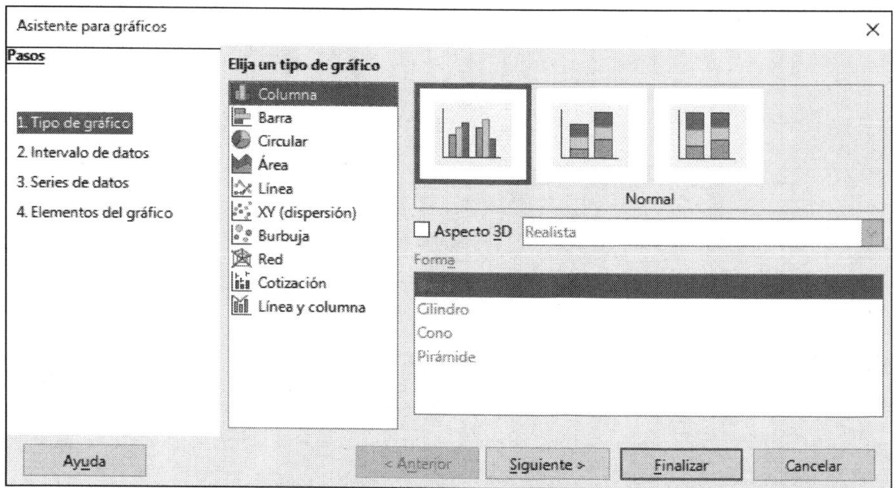


- Seleccione el tipo de gráfico que desee: **Columna**, **Barra**, **Circular**, etc.
- Seleccione la variante deseada (subtipo) para el tipo seleccionado.
- Marque la opción **Aspecto 3D** para mostrar una vista tridimensional para el subtipo de gráfico seleccionado. A continuación, seleccione el tipo de vista 3D y la forma del gráfico 3D en las listas siguientes.

*La opción 3D no está disponible para todos los tipos de gráficos.*

- Pulse el botón **Finalizar**.

*El gráfico aparece en la hoja, su selección se materializa por cuadrados negros llamados tiradores. La barra de herramientas* ***Formato*** *contiene herramientas específicas para gráficos.*

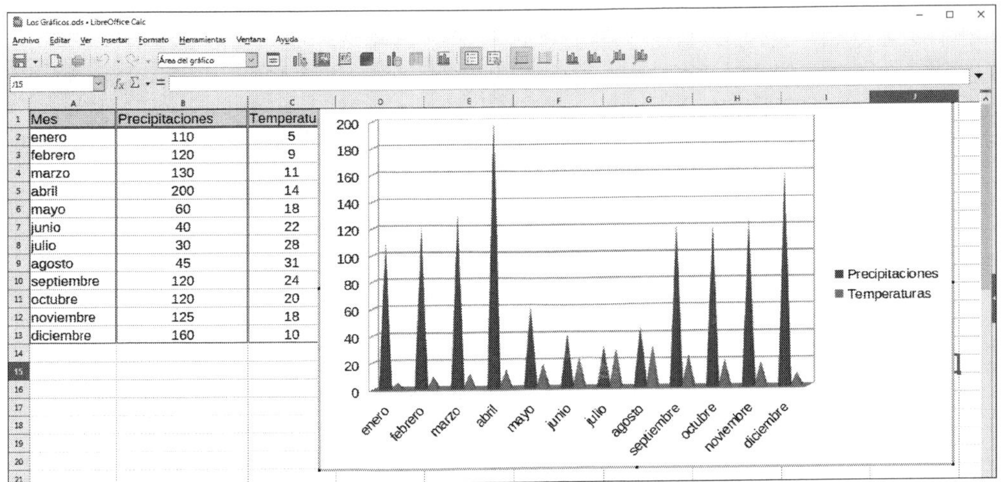


*El gráfico se crea en la hoja de cálculo; se trata de un gráfico incrustado.*

- Mueva el gráfico si es preciso: apunte a uno de los bordes del objeto gráfico y arrástrelo.
- Si es necesario, cambie sus dimensiones arrastrando uno de sus tiradores.
- Para desactivar el gráfico incrustado, haga clic en una celda fuera del gráfico.

*El gráfico aparece ahora como cualquier otro objeto. Haga doble clic para activar el gráfico de nuevo.*

Al crear un gráfico, se puede intervenir en el rango de datos, las series de datos y determinados elementos del gráfico. Para ello, en el cuadro de diálogo **Asistente para gráficos**, debe acceder a los pasos correspondientes pulsando el botón **Siguiente**.

## Modificar el tipo de gráfico

- Active el gráfico haciendo doble clic en él.
- Utilice el comando **Formato - Tipo de gráfico** o la herramienta de la barra de herramientas **Formato**.
- Elija el tipo de gráfico y luego su variante (subtipo) como hizo al crear el gráfico.
- Para visualizar su gráfico en **3D**, marque la opción correspondiente y, a continuación, seleccione el tipo de aspecto 3D y la **Forma** del gráfico.
- Pulse el botón **Aceptar**.

Para mostrar/ocultar la rejilla horizontal o vertical y la leyenda, utilice las herramientas y de la barra de herramientas **Formato**.

## Añadir títulos al gráfico

- Active el gráfico haciendo doble clic en él.
- Utilice el comando **Insertar - Títulos** o haga clic en la herramienta de la barra de herramientas **Formato**.
- Introduzca el texto de los títulos deseados en los cuadros correspondientes.

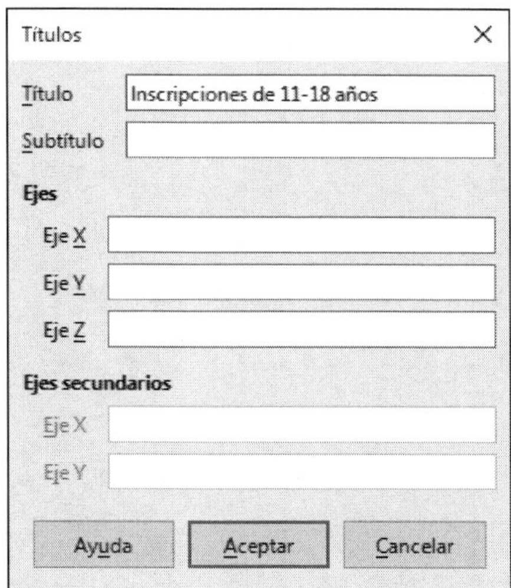

- Pulse el botón **Aceptar**.

Para cambiar el título de un gráfico directamente en el gráfico, haga doble clic en el título correspondiente, realice los cambios y confírmelos haciendo clic fuera del cuadro de texto.

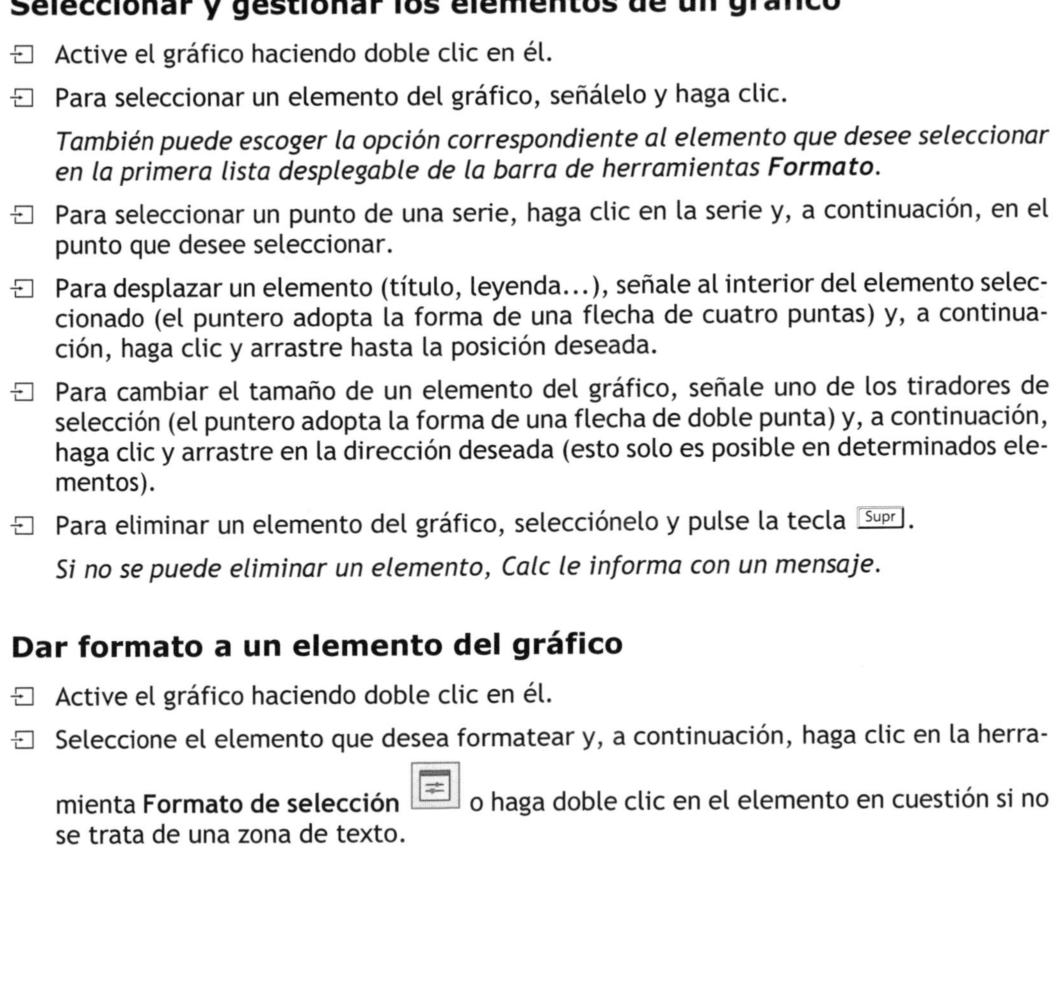

## Seleccionar y gestionar los elementos de un gráfico

- Active el gráfico haciendo doble clic en él.
- Para seleccionar un elemento del gráfico, señálelo y haga clic.

  *También puede escoger la opción correspondiente al elemento que desee seleccionar en la primera lista desplegable de la barra de herramientas **Formato**.*
- Para seleccionar un punto de una serie, haga clic en la serie y, a continuación, en el punto que desee seleccionar.
- Para desplazar un elemento (título, leyenda...), señale al interior del elemento seleccionado (el puntero adopta la forma de una flecha de cuatro puntas) y, a continuación, haga clic y arrastre hasta la posición deseada.
- Para cambiar el tamaño de un elemento del gráfico, señale uno de los tiradores de selección (el puntero adopta la forma de una flecha de doble punta) y, a continuación, haga clic y arrastre en la dirección deseada (esto solo es posible en determinados elementos).
- Para eliminar un elemento del gráfico, selecciónelo y pulse la tecla [Supr].

  *Si no se puede eliminar un elemento, Calc le informa con un mensaje.*

## Dar formato a un elemento del gráfico

- Active el gráfico haciendo doble clic en él.
- Seleccione el elemento que desea formatear y, a continuación, haga clic en la herramienta **Formato de selección** o haga doble clic en el elemento en cuestión si no se trata de una zona de texto.

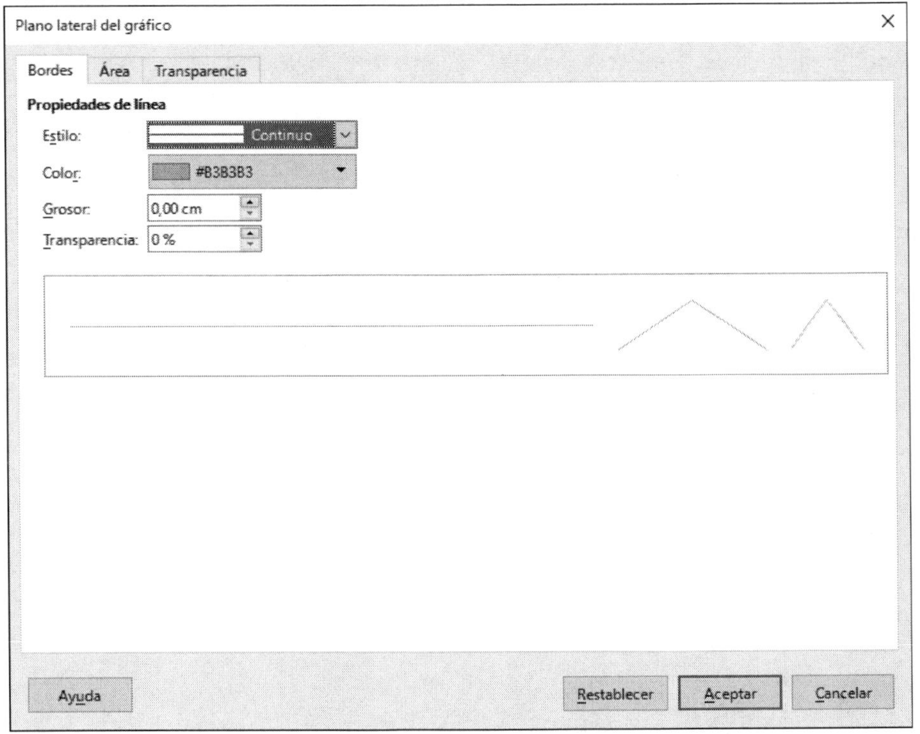


*El contenido del cuadro de diálogo cambia en función del elemento seleccionado.*

- Utilice las pestañas para realizar los cambios de formato deseados.
- Haga clic en **Aceptar** para aplicar el nuevo diseño.
- Para cambiar el formato de los ejes X, Y, Z o de todos los ejes, haga clic en la herramienta **Eje X**, **Eje Y**, **Eje Z** o en el botón **Todos los ejes** de la barra de herramientas **Formato**.

## Exportar un gráfico al formato de imagen

- Haga clic una vez en el gráfico para seleccionarlo; tenga cuidado de no hacer doble clic en él, ya que no debe estar activado.

  *Aparecen tiradores cuadrados rodeando el gráfico.*

- Haga clic con el botón derecho en el gráfico y elija **Exportar como imagen**.
- Si es necesario, cambie la carpeta en la que se va a guardar el archivo de imagen y, a continuación, introduzca su nombre en el cuadro **Nombre**.
- Seleccione el formato de imagen deseado en la lista **Tipo**.
- Haga clic en el botón **Guardar**.

## Crear una tabla dinámica

- Haga clic en una de las celdas del rango de datos a partir del cual desea crear la tabla dinámica; si solo interesa una parte del rango de datos, selecciónela sin olvidar las cabeceras de las columnas.
- Utilice el comando **Insertar - Tabla dinámica** o haga clic en la herramienta de la barra de herramientas **Estándar**.
- Mantenga activa la opción **Selección actual** y haga clic en **Aceptar**.

  *Aparece en pantalla el cuadro de diálogo **Disposición de tabla dinámica**. Las etiquetas de las columnas, llamadas campos, aparecen en la lista **Campos disponibles**.*

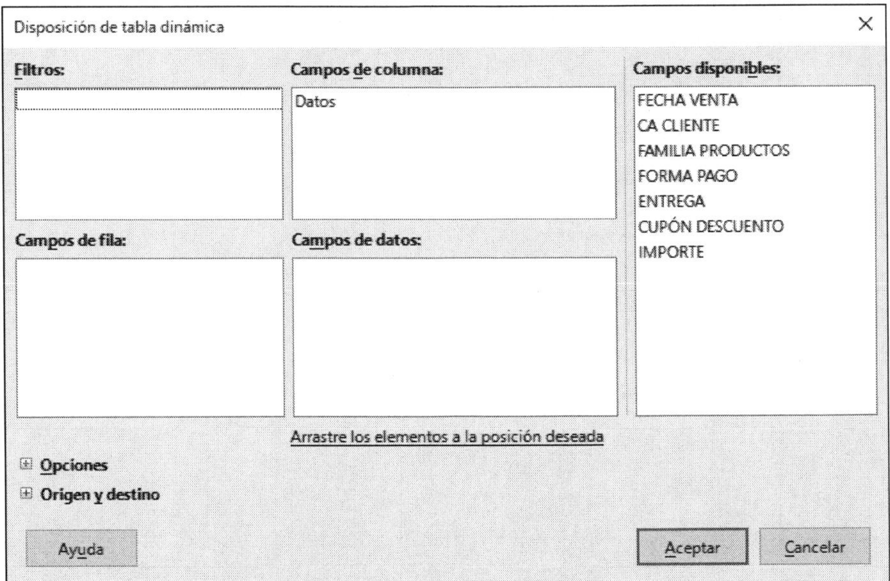


- Para cada campo que desee colocar en la tabla, haga clic en su nombre en el área **Campos disponibles** y, a continuación, arrástrelo al área correspondiente:

| | |
|---|---|
| **Filtros** | Para filtrar la tabla según el campo añadido en esta zona, cuyos valores se seleccionarán de una lista desplegable. |
| **Campos de columna** | Para mostrar los valores de este campo como cabeceras de columna en la tabla. |

| | |
|---|---|
| **Campos de fila** | Para mostrar los valores de este campo como cabeceras de fila de la tabla. |
| **Campos de datos** | Para que los valores de este campo se utilicen para rellenar las distintas celdas de la tabla dinámica; por defecto, Calc suma los valores de este campo. |

*Una tabla dinámica puede contener varios campos de página, columna, fila o datos.*

- Haga clic en **Opciones**.

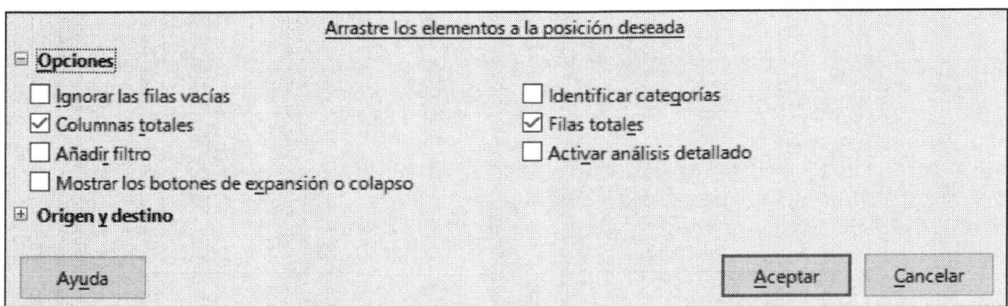


- Defina las opciones de visualización de la tabla dinámica:

| | |
|---|---|
| **Ignorar las filas vacías** | Para ignorar las filas vacías en el rango de datos. |
| **Columnas totales** | Para visualizar el total de las columnas. |
| **Añadir filtro** | Para añadir el botón **Filtro** a la tabla; un clic en él hará que aparezca el cuadro de diálogo **Filtro**. |
| **Identificar categorías** | Para asignar a las filas sin título la categoría inmediatamente superior. |
| **Filas totales** | Para mostrar el total de las filas. |
| **Activar análisis detallado** | Para mostrar los detalles de los datos asociados a un valor de la tabla mediante un doble clic en la celda en cuestión. |

- Haga clic en **Origen y destino**.

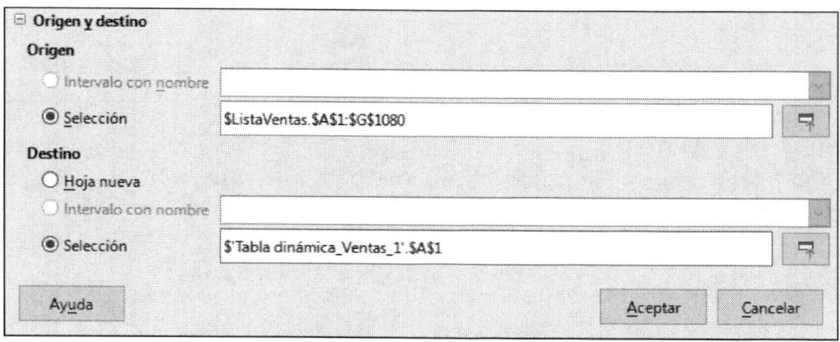


- En el área **Origen**, marque el intervalo de datos que desea analizar y modifíquelo si es necesario.
- En el área **Destino**, especifique la ubicación de la tabla dinámica: para insertarla en una **Hoja nueva**, elija la opción correspondiente; para insertarla en una hoja de cálculo existente, elija la opción **Selección** y, a continuación, utilice el botón para activar la primera celda de la tabla.
- Haga clic en **Aceptar** para crear la tabla dinámica.

*La tabla dinámica que contiene los datos seleccionados aparece en la pantalla:*

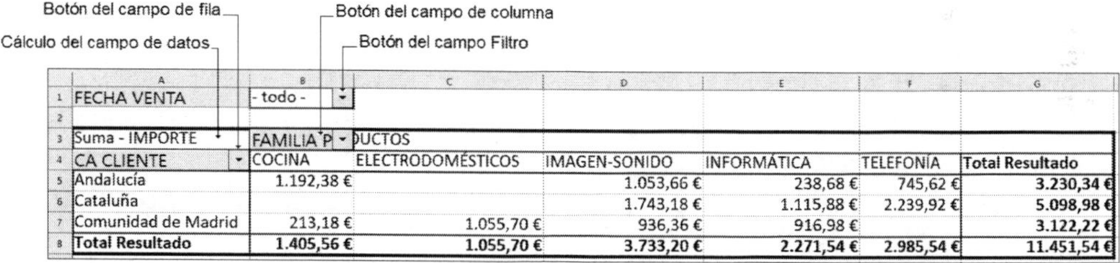


| | A | B | C | D | E | F | G |
|---|---|---|---|---|---|---|---|
| 1 | FECHA VENTA | - todo - | | | | | |
| 2 | | | | | | | |
| 3 | Suma - IMPORTE | FAMILIA P UCTOS | | | | | |
| 4 | CA CLIENTE | COCINA | ELECTRODOMÉSTICOS | IMAGEN-SONIDO | INFORMÁTICA | TELEFONÍA | Total Resultado |
| 5 | Andalucía | 1.192,38 € | | 1.053,66 € | 238,68 € | 745,62 € | 3.230,34 € |
| 6 | Cataluña | | | 1.743,18 € | 1.115,88 € | 2.239,92 € | 5.098,98 € |
| 7 | Comunidad de Madrid | 213,18 € | 1.055,70 € | 936,36 € | 916,98 € | | 3.122,22 € |
| 8 | Total Resultado | 1.405,56 € | 1.055,70 € | 3.733,20 € | 2.271,54 € | 2.985,54 € | 11.451,54 € |

- Si es necesario, modifique la anchura de las columnas para mostrar todos los datos.

Para eliminar una tabla dinámica, haga clic en una celda de la tabla y utilice el comando **Datos - Tabla dinámica - Eliminar**.

## Modificar una tabla dinámica

- Haga clic en la tabla y, a continuación, utilice el comando **Insertar - Tabla dinámica** o haga clic en la herramienta .

  *También puede hacer clic con el botón derecho del ratón en la tabla y, a continuación, escoger **Propiedades**.*

- Para añadir un campo, haga clic en el nombre del campo correspondiente y arrástrelo a la zona deseada.
- Para eliminar un campo, selecciónelo y pulse [Supr] o arrastre el nombre del campo a la lista **Campos disponibles**.
- Para mover un campo, arrástrelo a su nueva ubicación.
- Para cambiar la función utilizada para el cálculo de la tabla, haga doble clic en el campo de la zona **Campos de datos** y, a continuación, en la función correspondiente al cálculo deseado (**Recuento**, **Promedio**, **Mínimo**...).
- Haga clic en **Aceptar** para confirmar los cambios.

También puede eliminar un campo directamente en la tabla dinámica arrastrándolo fuera de la tabla.

## Filtrar una tabla dinámica

- Haga clic en la flecha asociada al nombre del campo de la fila, la columna o del campo de filtro por el que desee filtrar.

  *La lista que aparece muestra todos los datos del campo; por defecto, todos los datos están marcados porque aparecen en la tabla.*

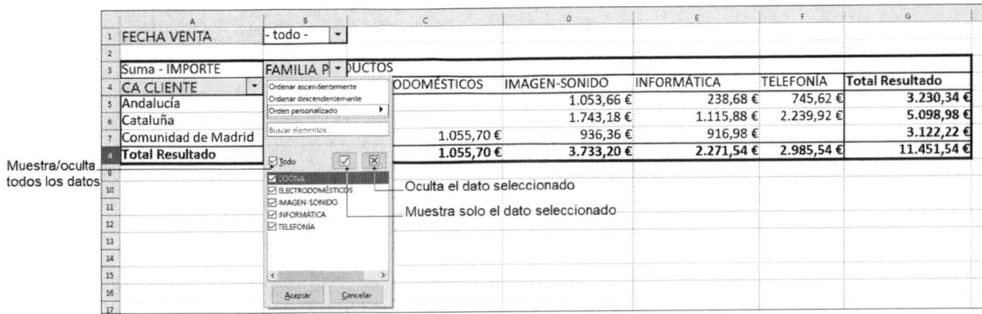

- Marque los datos que se mostrarán en la tabla y desmarque los que se ocultarán.

  Si la lista contiene muchos valores, es más rápido desmarcar la opción **Todo** y luego marcar los valores que se van a mostrar.

  Para buscar un valor concreto, introdúzcalo en el campo **Buscar elementos**: si el valor existe, se selecciona inmediatamente.

- Haga clic en **Aceptar** para aplicar el filtro.

## Actualizar una tabla dinámica

*Si modifica los datos del rango de datos que constituye el origen de la tabla dinámica, estos cambios no se reflejarán automáticamente en la tabla: tendrá que actualizarla.*

- Haga clic en la tabla dinámica que desea actualizar.
- Utilice el comando **Datos - Tabla dinámica - Actualizar**.

  *También puede hacer clic con el botón derecho del ratón en una celda de la tabla y, a continuación, escoger la opción* ***Actualizar***.

# El entorno de Impress

## Iniciar LibreOffice Impress

- En Windows 10, haga clic en el menú **Inicio** y en la aplicación **LibreOffice Impress** si está visible en la lista **Más usadas** o como miniatura en el panel derecho del menú **Inicio.**

  Si no es así, desplácese por la lista de aplicaciones hasta la letra **L** (o haga clic en una de las letras situadas en la parte superior de cada lista alfabética para mostrar el directorio de iniciales y, a continuación, haga clic en la letra **L**). Abra la carpeta **LibreOffice 24.2** (o la versión que haya descargado) y haga clic en la aplicación **LibreOffice Impress.**

- Desde Windows 11, abra el menú **Inicio** y haga clic en el icono de **LibreOffice 24.2** (o la versión que haya descargado); si no está en la sección **Anclado**, escriba **LibreOffice Impress** en el cuadro de búsqueda y haga clic en el icono.

  *El entorno de la aplicación LibreOffice Impress ha cambiado significativamente desde versiones anteriores. Ahora se abre en la ventana **Seleccione una plantilla**.*

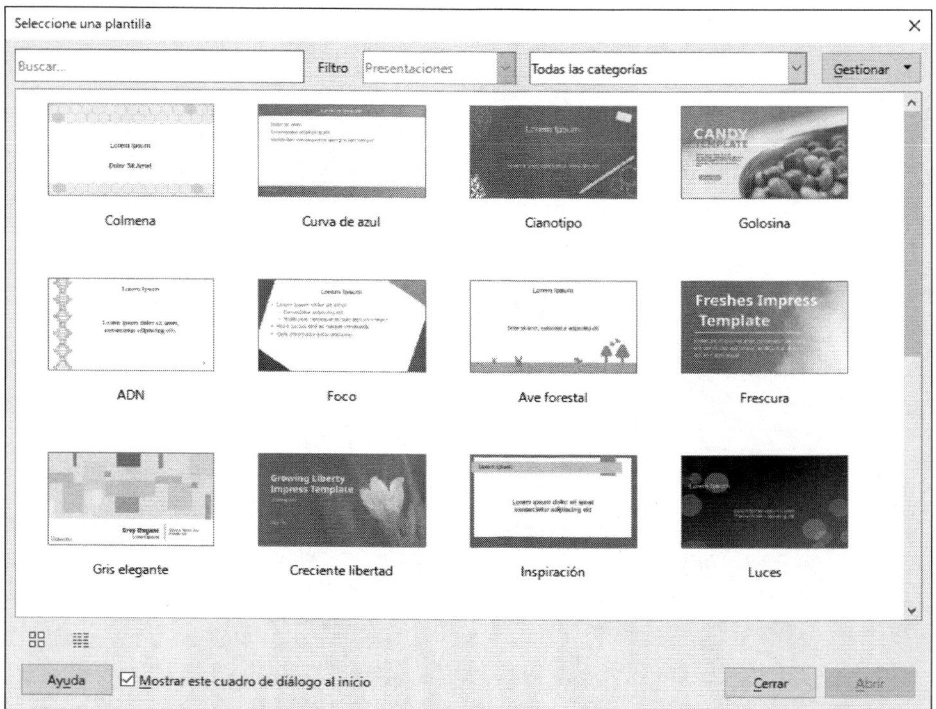

- Desde esta ventana, puede seleccionar una de las plantillas que se ofrecen o buscar una plantilla concreta utilizando la barra **Buscar**. Haga clic en **Abrir** para crear una presentación basada en la plantilla elegida. Puede hacer clic en **Cerrar** si prefiere crear una presentación sin utilizar ninguna plantilla.

  *Si no desea que esta ventana se muestre cada vez que se inicie el software, desmarque la opción **Mostrar este cuadro de diálogo al inicio**.*

- Haga clic en **Cerrar**.

  *La pantalla de trabajo se compone de distintos elementos.*

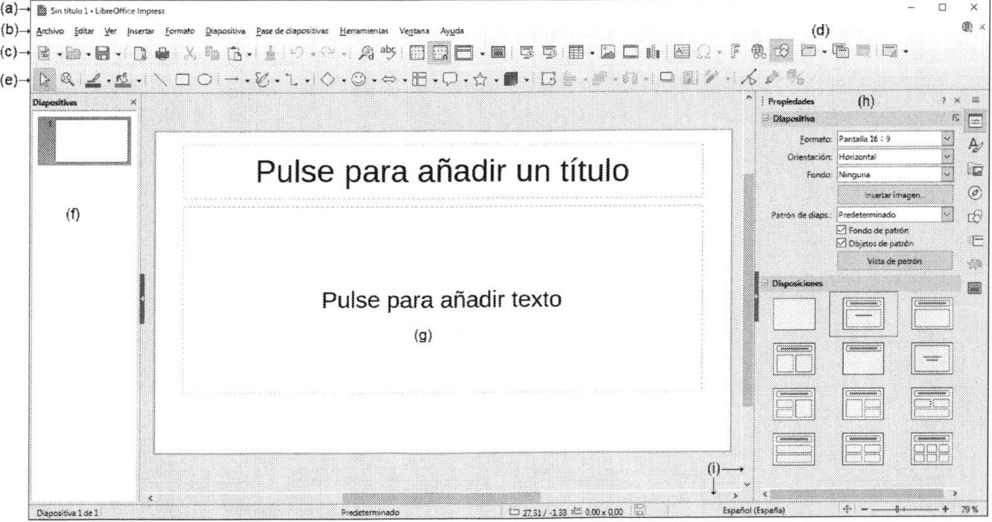


La **barra de título** (a): a la izquierda, el icono de la aplicación LibreOffice Impress seguido del nombre de la presentación activa (en este caso, **Sin título 1**, ya que se trata de una presentación nueva). A la derecha, las herramientas **Minimizar**, **Minimiz. Tamaño** o **Maximizar** sirven para reducir o restaurar el tamaño de la ventana; la herramienta **Cerrar** sirve para cerrar la aplicación.

La **barra de menús** (b) muestra los nombres de los distintos menús de la aplicación Impress.

Las barras de herramientas **Estándar** (c), **Presentación** (d) y **Dibujo** (e) se muestran por defecto; reúnen diversas herramientas para acceder rápidamente a los comandos más utilizados. Pueden ocultarse mediante el comando **Ver - Barras de herramientas.**

El panel **Diapositivas** (f) muestra miniaturas de las diapositivas de la presentación. El panel **Diapositivas** puede moverse arrastrando su barra de título a la posición deseada. Puede ocultarse utilizando el comando **Ver - Panel de diapositivas** o haciendo clic en su herramienta de cierre ☒. Para ocultarlo, haga clic en ▮; para mostrarlo de nuevo, haga clic en ▮.

El **área de trabajo** (g) es el área de diseño de la diapositiva.

La **barra lateral** (h) muestra, por defecto, el panel **Propiedades** con los grupos **Diapositiva** y **Disposiciones**; el primero de ellos se utiliza para establecer los parámetros de la presentación y el segundo, para elegir el diseño de la diapositiva activa. Para mostrar otro panel, haga clic en el icono correspondiente:

 Panel **Propiedades**

 Panel **Estilos**

 Panel **Galería**

 Panel **Navegador**

 Panel **Formas**

 Panel **Transición entre diapositivas** (elección de efectos de transición)

 Panel **Animación** (gestión de animaciones)

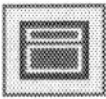 Panel **Patrones de diapositivas** (elección de plantillas)

Cada panel puede minimizarse haciendo clic de nuevo en su icono. La barra lateral puede mostrarse u ocultarse mediante el comando **Ver - Barra lateral**. Para ocultarla, haga clic en ▮ y, para mostrarla de nuevo, haga clic en ▮.

Las **barras de desplazamiento** (i) permiten desplazar el contenido del área de trabajo para el modo de visualización activo.

La **barra de estado** (j) muestra el número de la diapositiva activa y el número total de diapositivas, el patrón utilizado (aquí, **Predeterminado**), la posición del puntero en la diapositiva y el zum de visualización.

## Salir de LibreOffice Impress

- Haga clic en la herramienta **Cerrar** ☒ situada en la parte superior derecha de la ventana de cada presentación que desee cerrar: Impress se cierra cuando se cierra la última presentación.
- Si intenta cerrar una presentación que no se ha guardado, aparecerá un mensaje de advertencia: haga clic en **Guardar**, **No guardar** o **Cancelar** para no cerrar.

No se pueden cerrar todas las presentaciones de Impress en una sola operación.

La posición del panel **Diapositivas** en la ventana se guarda cuando se cierra Impress.

La opción **Salir de LibreOffice** del menú **Archivo** (o Ctrl **Q**) se utiliza para salir de todas las aplicaciones abiertas de LibreOffice.

## Cambiar el modo de visualización

*Impress dispone de cuatro modos de visualización:* ***Normal****,* ***Esquema****,* ***Notas*** *y* ***Clasificador de diapositivas****.*

Los modos de visualización son accesibles a través de pestañas que pueden visualizarse en la parte superior del área de trabajo mediante el comando **Ver - Pestañas de vistas:**

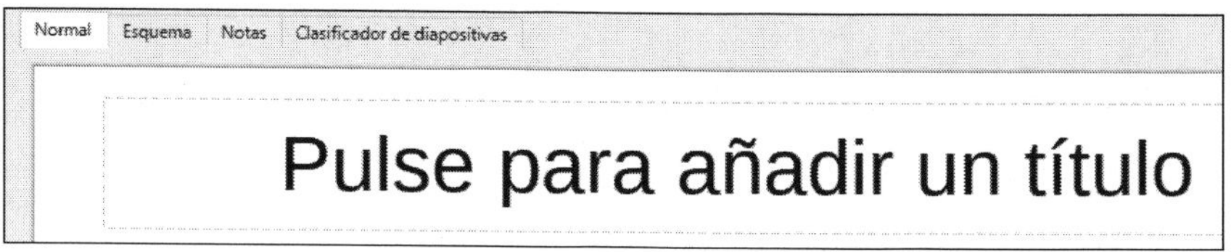


o haciendo clic en la herramienta **Modos de visualización** de la barra de herramientas **Estándar**.

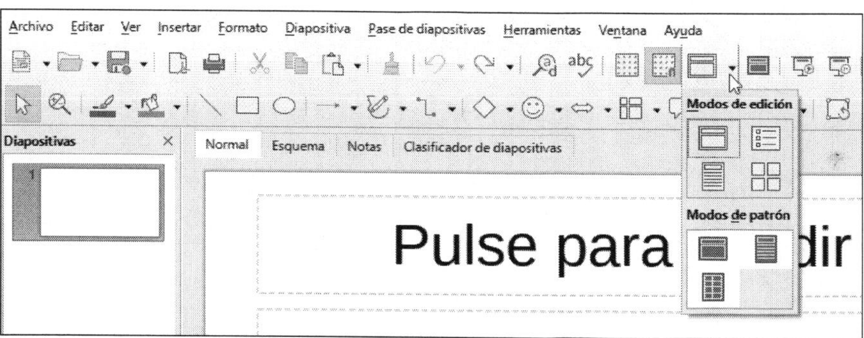


### El modo Normal

*El modo Normal es el modo de visualización por defecto y permite completar las diapositivas una a una.*

Para activar el modo **Normal**, utilice el comando **Ver - Normal** o haga clic en la herramienta de la barra de herramientas **Estándar** y en la miniatura **Normal** de la sección **Modos de edición.**

## El modo Esquema

Para activar el modo **Esquema**, utilice el comando **Ver - Esquema** o haga clic en la herramienta y en la miniatura **Esquema** de la sección **Modos de edición.**

*Este modo muestra el texto de las diapositivas en forma de esquema, permitiéndole introducir directamente las ideas principales.*

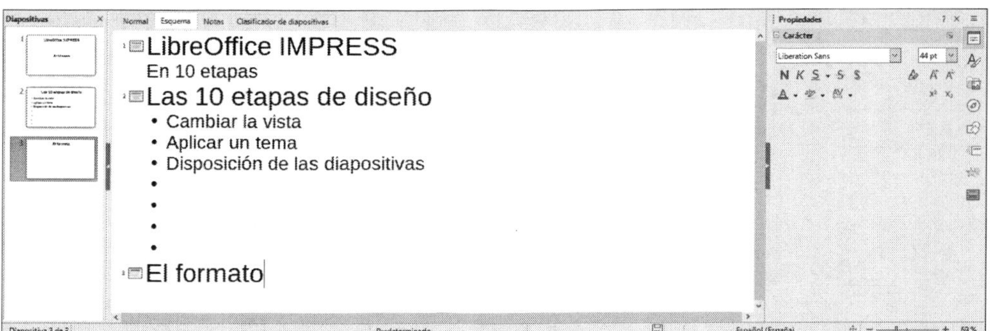


## El modo Notas

Para activar el modo **Notas**, utilice el comando **Ver - Notas** o haga clic en la herramienta y en la miniatura **Notas** de la sección **Modos de edición.**

*Este modo se utiliza para introducir comentarios asociados a la diapositiva activa.*

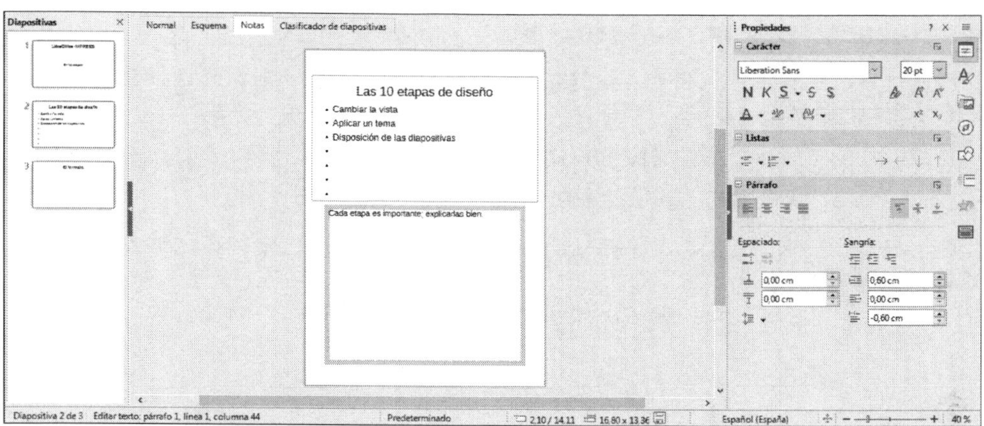


## El modo Clasificador de diapositivas

Para activar el modo **Clasificador de diapositivas**, utilice el comando **Ver - Clasificador de diapositivas** o haga clic en la herramienta y en la miniatura **Clasificador de diapositivas** de la sección **Modos de edición**.

*Este modo muestra miniaturas de todas las diapositivas de la presentación.*

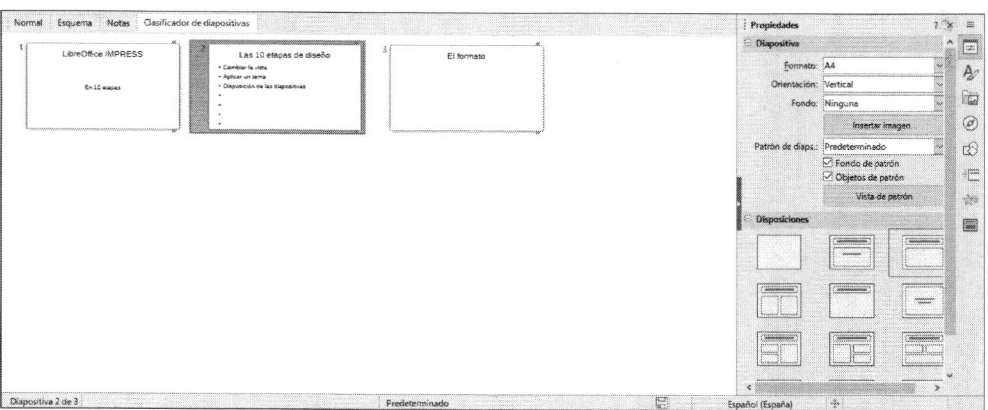


*La diapositiva activa aparece resaltada.*

## Desplazarse por las diapositivas

- Con el teclado, active el panel **Diapositivas** haciendo clic en él y, a continuación, utilice las siguientes teclas:

| | |
|---|---|
| AvPág / RePág | diapositiva anterior/siguiente |
| Inicio / Fin | primera/última diapositiva |

- Con el ratón, en modo **Normal**, haga clic en la miniatura de la diapositiva en el panel **Diapositivas**.

  O bien, utilice el comando **Diapositiva - Navegar** y elija la opción deseada:

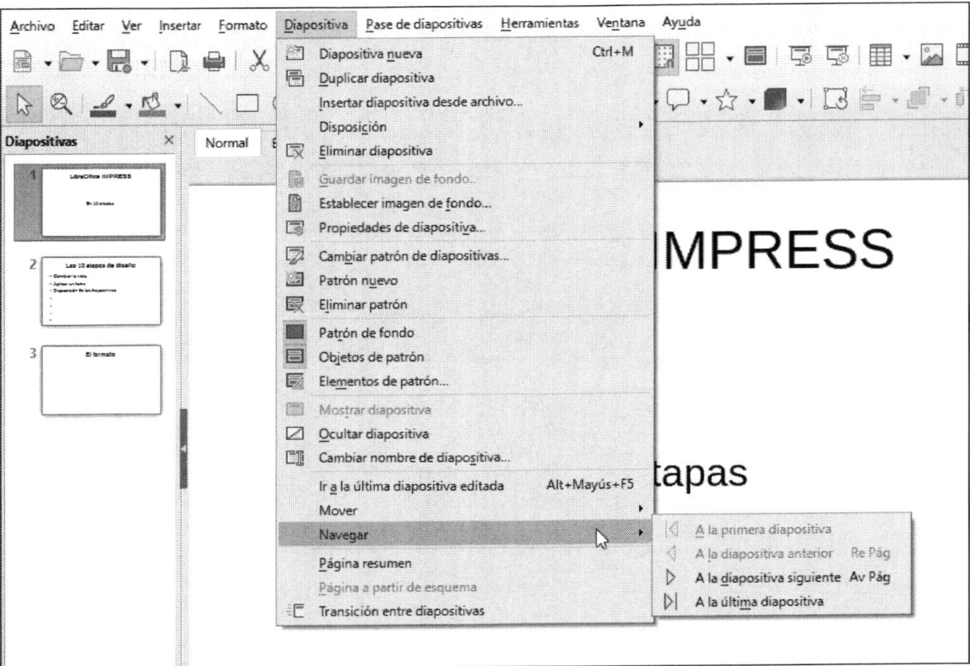

Puede utilizar las herramientas o la lista del panel **Navegador** para desplazarse por las diapositivas (icono de la barra lateral).

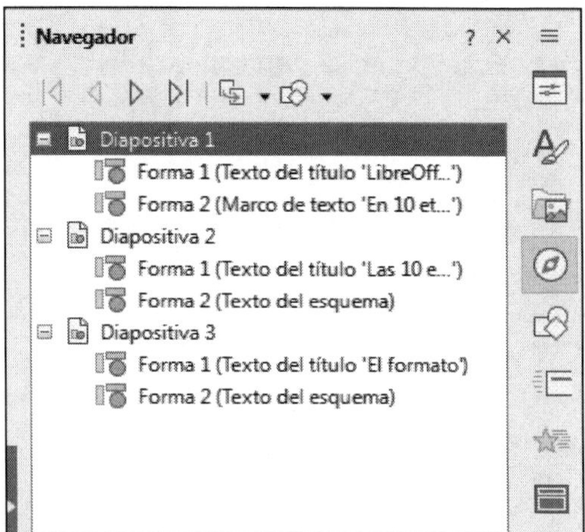


## Seleccionar diapositivas

*Estas operaciones pueden realizarse en el panel Diapositivas o en el modo Clasificador de diapositivas.*

- Para seleccionar diapositivas adyacentes, haga clic en la miniatura de la primera diapositiva que desee seleccionar, mantenga pulsada la tecla Mayús y, a continuación, haga clic en la miniatura de la última diapositiva que desee seleccionar.
- Para seleccionar diapositivas no adyacentes, haga clic en la miniatura de la primera diapositiva que desee seleccionar, mantenga pulsada la tecla Ctrl y haga clic en cada una de las miniaturas de las diapositivas que quiera seleccionar.

  *Si ha seleccionado una diapositiva por error, elimínela de la selección haciendo clic en su miniatura mientras mantiene pulsada la tecla Ctrl.*
- Para seleccionar todas las diapositivas de la presentación, utilice el comando **Editar - Seleccionar todo** o el atajo de teclado Ctrl **E**.

## Crear una diapositiva

- Seleccione la diapositiva tras la que desea insertar la nueva diapositiva.
- Para insertar una diapositiva con el mismo diseño que la seleccionada, utilice el comando **Diapositiva - Diapositiva nueva** o haga clic en la herramienta de la barra de herramientas **Presentación** (o Ctrl ↵).
- Para insertar una diapositiva y elegir su diseño, abra la lista de la herramienta **Diapositivas** de la barra de herramientas **Presentación**.

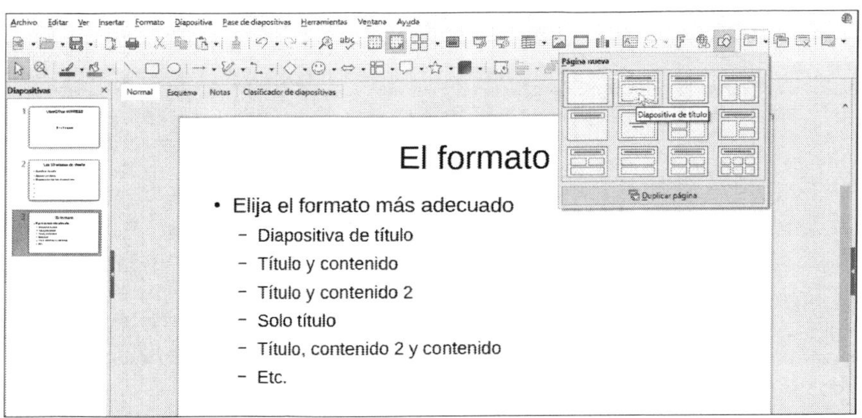


Para crear una nueva diapositiva, también puede hacer clic con el botón derecho del ratón en la diapositiva tras la que desea insertar la nueva diapositiva en el panel **Diapositivas** (en el modo **Normal**) o en el modo **Clasificador de diapositivas** y, a continuación, hacer clic en la opción **Diapositiva nueva**.

## Modificar la disposición de contenidos en las diapositivas

*Una disposición contiene información sobre la ubicación y el número de espacios reservados en una diapositiva.*

- En el modo **Normal** o **Clasificador de diapositivas**, seleccione las diapositivas a las que se aplicará la misma disposición de página.
- En la **barra lateral**, si es necesario, haga clic en el icono **Propiedades** para mostrar el panel **Propiedades - Disposiciones**.

- Haga clic en la disposición de página que desee aplicar.

  *Impress adapta automáticamente la disposición de los elementos de las diapositivas seleccionadas a la nueva disposición elegida.*

## Eliminar una o varias diapositivas

- En el panel **Diapositivas** o en el modo **Clasificador de diapositivas**, seleccione las diapositivas que desea eliminar.
- Utilice el comando **Diapositiva - Eliminar diapositiva** o pulse la tecla Supr.

También puede hacer clic con el botón derecho en la selección y elegir la opción **Eliminar diapositiva**, o utilizar la herramienta de la barra de herramientas **Presentación.**

## Copiar/mover diapositivas

- En el modo **Normal** o **Clasificador de diapositivas**, seleccione las diapositivas que desea mover o copiar.

Haciendo clic y arrastrando

- Para mover las diapositivas, arrastre la selección a la nueva posición.
- Para copiar las diapositivas, mantenga pulsada la tecla Ctrl y arrastre la selección a la nueva posición.

Usando el portapapeles

- Para moverlas, utilice el comando **Editar - Cortar** o la herramienta (o Ctrl **X**).
- Para hacer una copia, utilice el comando **Editar - Copiar** o la herramienta (o Ctrl **C**).
- Seleccione la diapositiva tras la que desea colocar la selección.
- Utilice el comando **Edición - Pegar** o la herramienta , sin abrir la lista de la herramienta (o Ctrl **V**).

## Usando el menú

*Este procedimiento solo permite mover diapositivas.*

Utilice el comando **Diapositiva - Mover.**

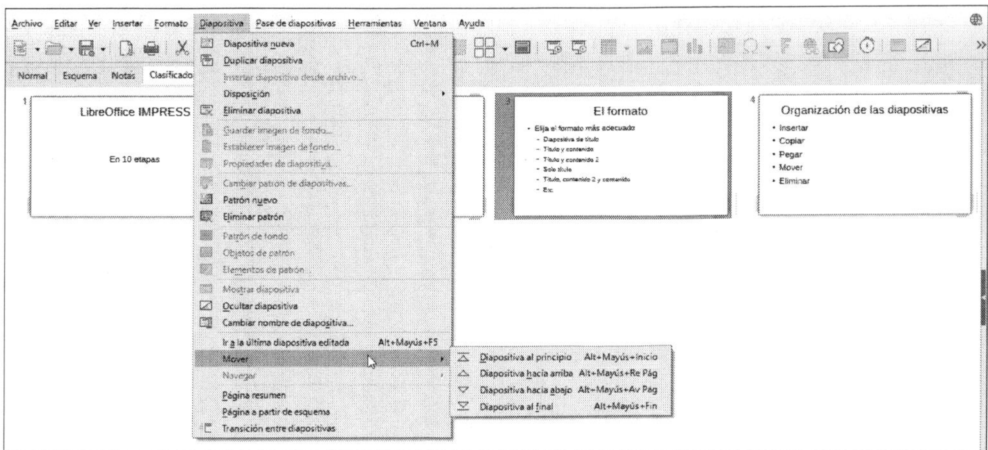


A continuación, haga clic en la opción que desee.

Para duplicar diapositivas, selecciónelas y utilice el comando **Diapositiva - Duplicar diapositiva** o la herramienta (barra de herramientas **Presentación**).

## Insertar vídeo/audio en una diapositiva

Seleccione la diapositiva correspondiente.

Utilice el comando **Insertar - Audio o vídeo** o la herramienta de la barra de herramientas **Estándar** y, para las diapositivas cuya disposición incluya un tipo de contenido, haga clic en el icono .

- Seleccione la carpeta que contiene el archivo de vídeo o audio que desea insertar y, a continuación, haga doble clic en su nombre.

  *Un clip de audio se presenta en forma de altavoz, mientras que un clip de vídeo se presenta en un cuadro. Cuando se selecciona uno de estos objetos, el panel lateral muestra las **Propiedades**:*

- Para reproducir el archivo, utilice los botones de la sección **Reproducción multimedia**:

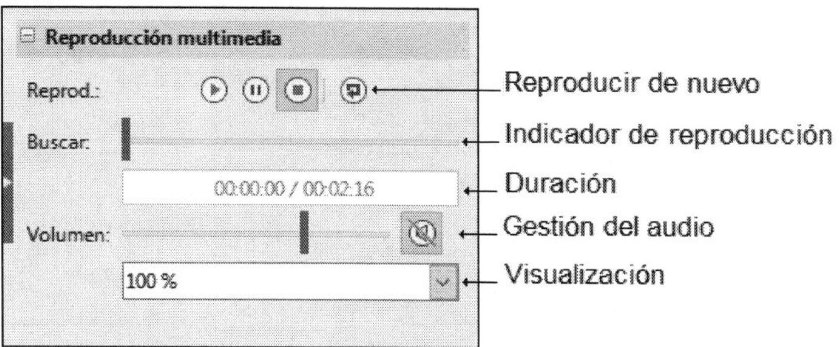


- Los archivos de audio y vídeo se reproducen automáticamente cuando se proyecta el pase de diapositivas.

## Imprimir una presentación

- Utilice el comando **Archivo - Imprimir** o la herramienta de la barra de herramientas **Estándar** (o Ctrl **P**).

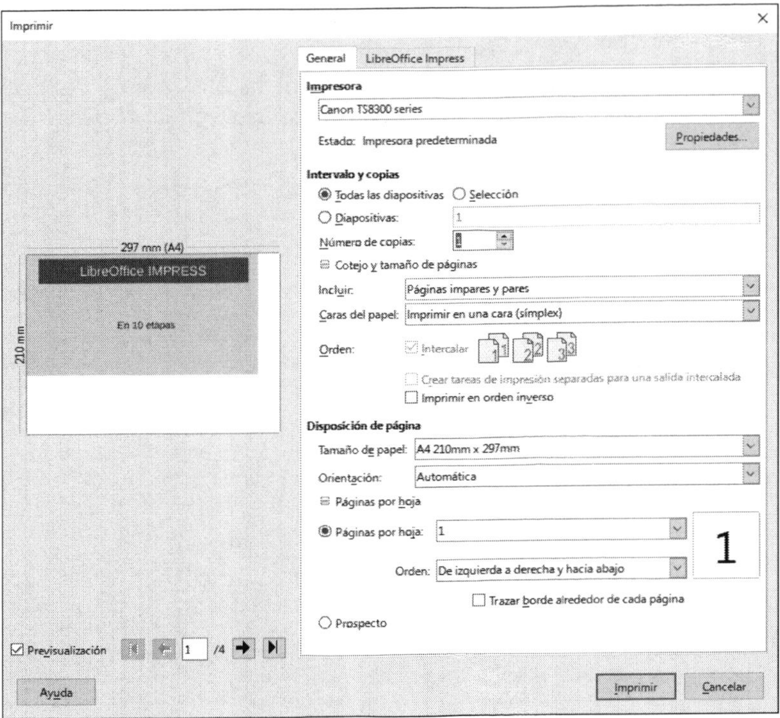


- Si es necesario, seleccione una impresora distinta de la predeterminada en la lista **Impresora.**
- Especifique las diapositivas que desea imprimir activando las siguientes opciones:

**Todas las diapositivas** Para imprimir todas las diapositivas.

**Diapositivas** Para imprimir las diapositivas especificadas en el cuadro de entrada; para imprimir diapositivas consecutivas, escriba el número de la primera diapositiva, un guion y, a continuación, el número de la última diapositiva (por ejemplo, 2-4 para imprimir las diapositivas 2, 3 y 4). Si las diapositivas que desea imprimir no son consecutivas, separe sus números con punto y coma (por ejemplo, 2;4 para imprimir las diapositivas 2 y 4).

**Selección** Para imprimir un cuadro de texto o los objetos seleccionados previamente.

- Especifique el **Número de copias** que hay que imprimir.
- Marque la opción **Imprimir en orden inverso** para imprimir desde la última diapositiva hasta la primera.
- En la lista **Páginas por hoja**, elija el número de diapositivas por página que desea imprimir.
- También puede elegir la opción **Prospecto**.
- En el caso de varias diapositivas en varios ejemplares, marque la opción **Intercalar** si es necesario intercalar las diapositivas (secuencia de impresión 1-2-1-2-1-2...) o desmarque la opción si no es necesario intercalarlas (secuencia de impresión 1-1-1-2-2...).
- Puede elegir el tipo de elemento que desea imprimir (**Diapositivas**, **Notas**, **Folleto**, **Esquema**) en la pestaña **LibreOffice Impress**, sección **Documento**, lista **Tipo**.
- Inicie la impresión haciendo clic en **Imprimir**.

## Crear un álbum fotográfico

*Un álbum fotográfico es una presentación especial que permite mostrar imágenes como si estuvieran en un álbum. Por defecto, cada imagen insertada constituye una diapositiva.*

- Cree una nueva presentación (**Archivo - Nuevo - Presentación** o Ctrl **U**) o abra la presentación a la que desea añadir el álbum de fotos (por defecto, las diapositivas del álbum se añadirán al final de la presentación).
- Utilice el comando **Insertar - Multimedia - Álbum fotográfico.**

  *Aparecerá el cuadro de diálogo **Crear un álbum fotográfico**.*
- Para añadir imágenes al álbum, haga clic en el botón **Añadir**.
- En el cuadro de diálogo **Abrir** que aparece, desplácese a la carpeta que contiene el archivo o los archivos de imagen que desea añadir, selecciónelos utilizando la técnica Mayús clic para una selección continua o la técnica Ctrl clic para una selección discontinua y, a continuación, haga clic en el botón **Abrir**.

  *De vuelta en el cuadro de diálogo **Crear un álbum fotográfico**, aparece la lista de archivos de imagen seleccionados. Por defecto, cada archivo de imagen insertado crea una diapositiva.*

  Para previsualizar una imagen del álbum de fotos, haz clic en su nombre en la lista.

*El archivo de imagen aparece en el área* ***Previsualización****.*

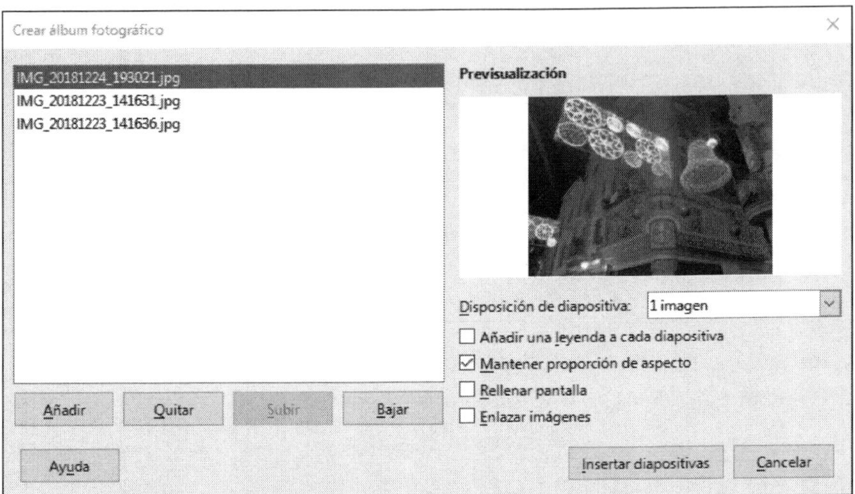


- Para cambiar el orden de visualización de las imágenes, seleccione la imagen que desea mover y, a continuación, utilice los botones **Subir** y **Bajar**.
- Para borrar una imagen, selecciónela y haga clic en el botón **Quitar**.
- En la lista **Disposición de diapositivas**, elija el número de imágenes que se mostrarán por diapositiva: **1 imagen**, **2 imágenes** o **4 imágenes**.
- Marque la opción **Mantener proporción de aspecto** si quiere conservar el tamaño y las proporciones de las imágenes.
- Deje marcada la opción **Añadir una leyenda a cada diapositiva** para agregar un cuadro de texto debajo de cada diapositiva en el que podrá añadir un título o leyenda.
- Cuando haya insertado todas las imágenes y elaborado la distribución, haga clic en el botón **Insertar diapositivas** para crear las diapositivas del álbum.

# Patrón de diapositiva y fondo

## Activar el modo Patrón de diapositiva

*Si desea hacer cambios a varias diapositivas juntas, necesita trabajar en el **modo Patrón de diapositiva**.*

Para activar el modo **Patrón de diapositiva**, utilice el comando **Ver - Patrón de diapositiva** o la herramienta de la barra de herramientas **Estándar** o la herramienta y el icono de la sección **Modos de patrón.**

*Para cada patrón de diapositiva utilizado en la presentación, aparece una miniatura en el panel **Patrones de diapositivas** - sección **Utilizados en esta presentación**. Por defecto, solo es visible la miniatura del patrón de diapositiva **Predeterminado**.*

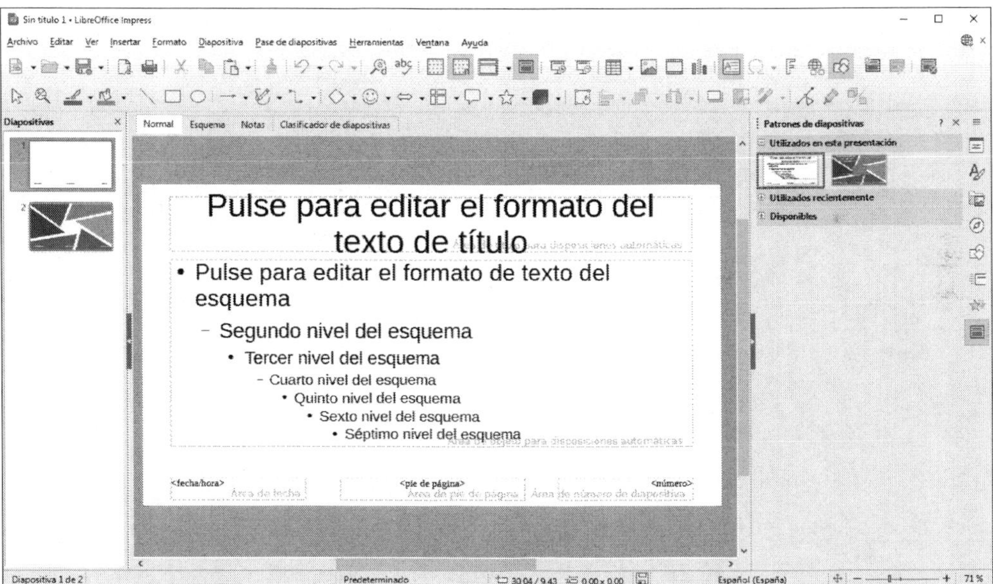

*En nuestro ejemplo, el panel **Patrones de diapositivas - Utilizados en esta presentación** contiene dos patrones de diapositivas, la predeterminada (denominada precisamente **Predeterminada**), y la denominada **Focus**, que se ha creado aplicando la diapositiva patrón **Focus** a una de las diapositivas (para más detalles sobre los patrones de diapositivas, consulte la sección Aplicar un patrón de diapositiva).*

- Para salir del modo **Patrón de diapositiva**, cambie la visualización y pase al modo de edición **Normal** haciendo clic en la herramienta .

También puede activar el **Patrón de notas** o el **Patrón de folleto** (varias diapositivas por página) utilizando el menú **Ver - Patrón de notas** o **Patrón de folleto** o mediante la herramienta de la barra de herramientas estándar.

## Uso del modo Patrón de diapositiva

*El modo Patrón de diapositiva permite cambiar el patrón de las diapositivas.*

- Activar el modo **Patrón de diapositiva** (ver apartado anterior).

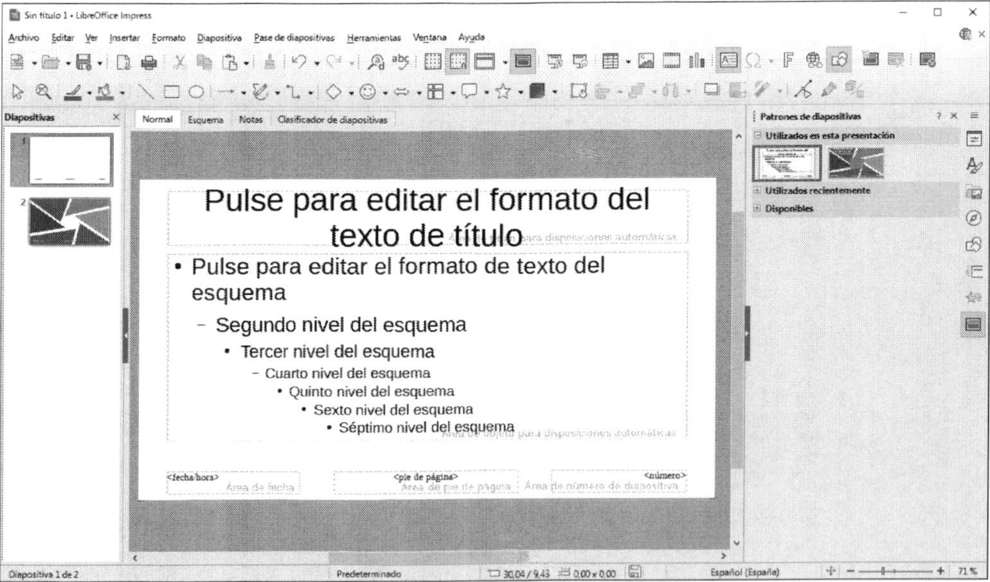

# Patrón de diapositiva y fondo

- Para modificar un patrón de diapositiva, haga clic en la miniatura correspondiente en el panel **Diapositivas**.

  Realice los cambios que desee utilizando las mismas técnicas que para una diapositiva: cambie los estilos de letra, el fondo, añada objetos gráficos, desplace, redimensione los espacios reservados al texto...

  *Para gestionar los espacios reservados al texto, proceda del mismo modo que para cualquier otro objeto.*

- Para salir del modo **Patrón de diapositiva**, cambie al modo **Normal** haciendo clic en la herramienta de la barra de herramientas estándar.

## Aplicar un patrón de diapositiva

*Un **patrón de diapositiva** (en otros programas también recibe el nombre de «diapositiva maestra») es un conjunto de elementos de formato que incluye colores, fuentes y efectos gráficos que conforman un conjunto coherente en la presentación. Por defecto, en las presentaciones se aplica el patrón de diapositiva **Predeterminado**.*

- Si solo se trata de unas pocas diapositivas, selecciónelas.
- Si es necesario, muestre la barra lateral (**Ver - Barra lateral**) y, a continuación, haga clic en el icono **Patrones de diapositivas** .
- Para aplicar el patrón de diapositiva a todas las diapositivas de la presentación, haga clic con el botón derecho del ratón en el patrón de diapositiva que desee de la categoría **Utilizados recientemente** o **Disponibles** y elija la opción **Aplicar a todas las diapositivas.**

  Para aplicar el patrón de diapositiva a las diapositivas seleccionadas, haga clic con el botón derecho el patrón de diapositiva y luego en **Aplicar a diapositivas seleccionadas** o simplemente haga clic en el patrón de diapositiva.

Puede utilizar varios patrones de diapositivas en la misma presentación.

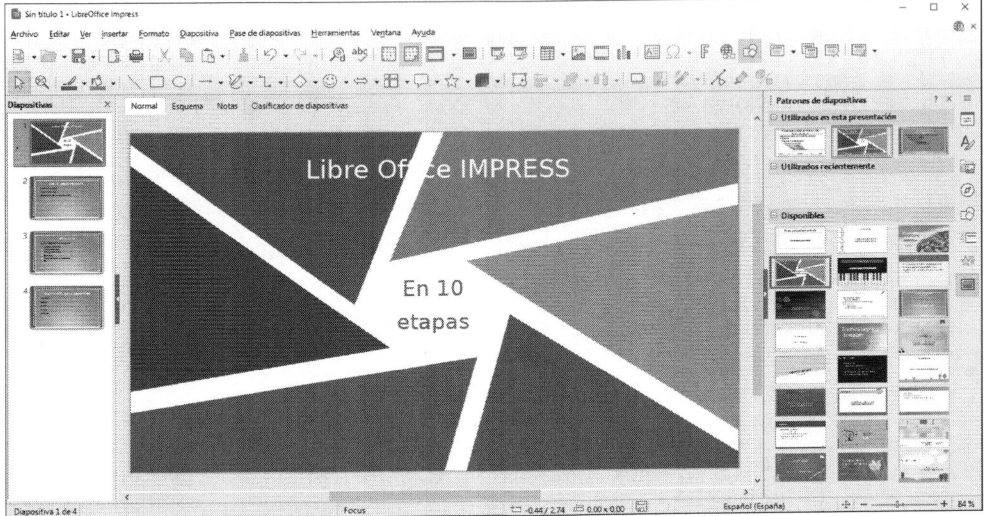


*En la pantalla anterior, el patrón de diapositiva Focus se ha aplicado a la primera diapositiva, y el patrón de diapositiva Sunset se ha aplicado a las demás diapositivas.*

Para volver a la presentación estándar, aplique el patrón de diapositiva **Predeterminado** a las diapositivas de la presentación (primer patrón de diapositiva en el área **Disponibles**).

## Aplicar un fondo

### Aplicar un fondo predeterminado

*Consiste en aplicar un color, un patrón, una trama, un relleno de degradado o una imagen de mapa de bits al fondo de una o varias diapositivas.*

- Seleccione la diapositiva correspondiente.
- Utilice el comando **Diapositiva - Propiedades de diapositiva** y haga clic en la pestaña **Fondo.**

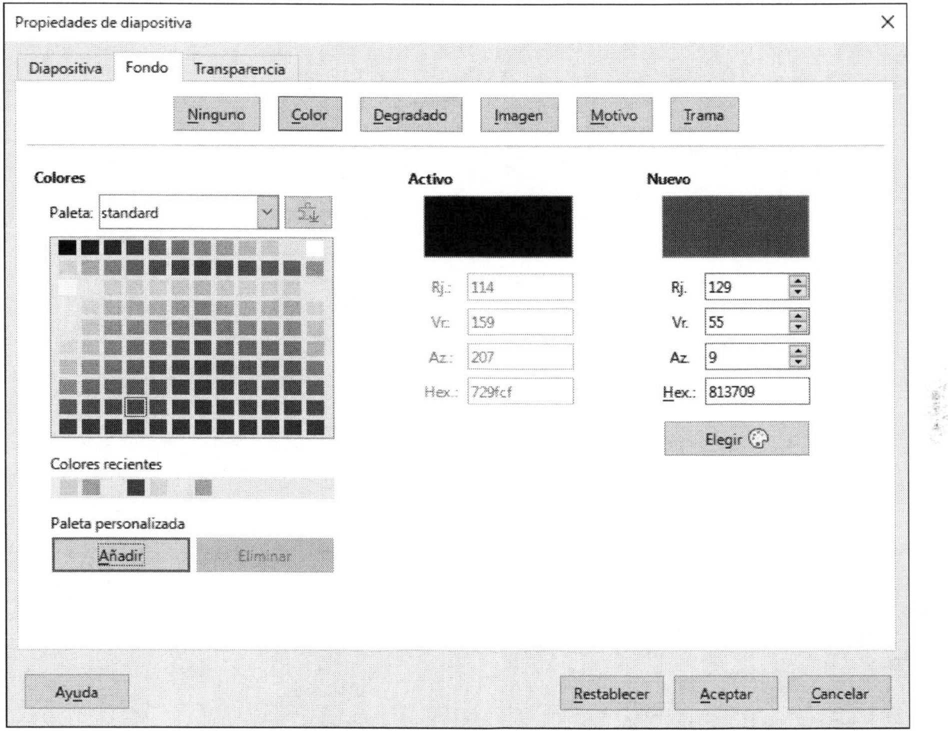


- Active el botón correspondiente al tipo de relleno deseado: **Color**, **Degradado**, **Imagen**, **Motivo** o **Trama**; la opción **Ninguno** elimina el fondo.

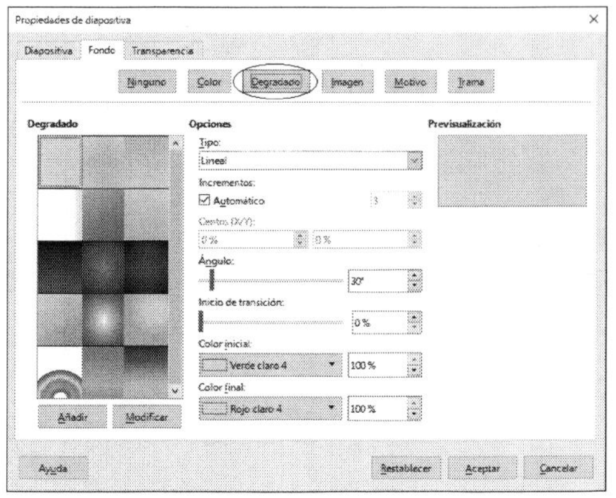


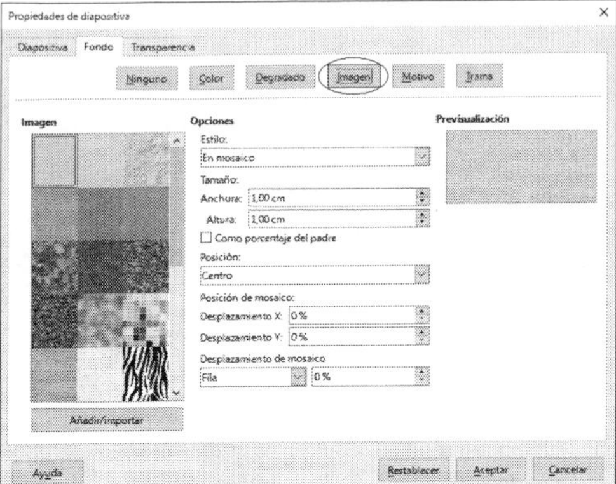


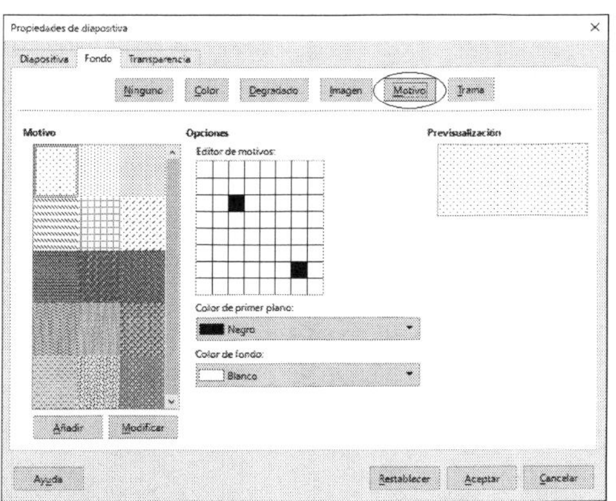


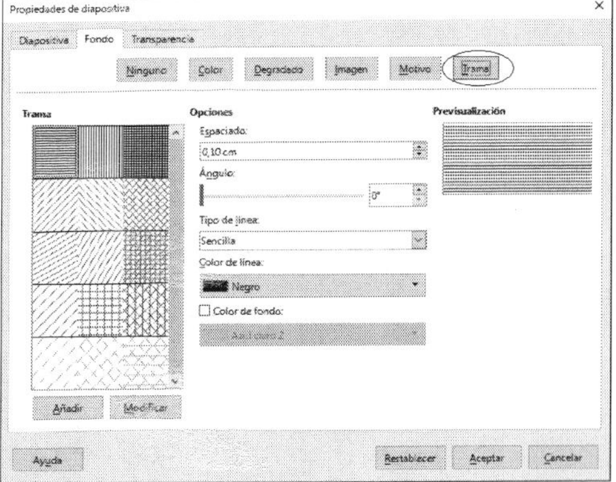


- De entre las opciones disponibles, haga clic en el color, degradado, motivo o imagen que desee.
- Modifique las opciones vinculadas a su elección si es necesario; por ejemplo, en el caso de una imagen, puede modificar su **Tamaño**, **Posición** y **Desplazamiento**.
- Haga clic en **Aceptar** para aplicar el fondo.

  *El fondo solo se aplica a la diapositiva seleccionada.*

Si se han utilizado varios patrones de diapositivas en una presentación y el fondo afecta a todas las diapositivas de un patrón de diapositiva, aplique el fondo en modo patrón de diapositiva patrón (véase Uso del modo Patrón de diapositiva).

# Patrón de diapositiva y fondo

## Aplicar una imagen desde un archivo

*Este procedimiento permite aplicar una imagen proveniente de un archivo como fondo.*

- Seleccione la diapositiva correspondiente.
- Utilice el comando **Diapositiva - Establecer imagen de fondo.**
- Acceda a la carpeta que contiene el archivo de imagen y haga doble clic en el archivo.

## Guardar la imagen de fondo como archivo

*Si ha elegido establecer una imagen como fondo, esta función permite guardar el fondo como un archivo de imagen.*

- Seleccione una diapositiva a la que se haya aplicado la imagen de fondo.
- Utilice el comando **Diapositiva - Guardar imagen de fondo.**

  *También puede hacer clic con el botón derecho en la diapositiva y elegir **Guardar imagen de fondo**.*
- Acceda a la carpeta en la que desea guardar el archivo, introduzca el nombre del archivo en el área **Nombre** y, en la lista **Tipo**, elija el formato del archivo de imagen (PNG, JPG...).
- A continuación, haga clic en el botón **Guardar.**

También puede gestionar el fondo (color, degradado, imagen, etc.) desde la barra lateral, botón **Propiedades** , sección **Diapositiva**.

## Introducir texto en una diapositiva

### Introducir un título/texto sin viñetas

- Haga clic en el espacio reservado para un título o texto sin viñeta que indique **Pulse para añadir un título** o **Pulse para añadir texto** (cuando el texto no va precedido de una viñeta).
- Introduzca el texto; para crear un nuevo párrafo, pulse .
- Confirme su entrada haciendo clic fuera del espacio reservado o pulsando la tecla esc.

### Introducir texto con viñetas

- Haga clic en el espacio reservado para el texto con viñetas que indique **Pulse para añadir texto** (cuando va precedido de una viñeta).

  *Aparece un recuadro con bordes gruesos en el que parpadea el punto de inserción, precedido de una viñeta.*

- Introduzca el texto sin preocuparse de los saltos de línea y pulse:

| | |
|---|---|
| | Para crear un nuevo punto (o párrafo) en el mismo nivel. |
| Mayús | Para insertar un salto de línea y crear una segunda línea sin viñeta en el mismo párrafo. |

- Para cambiar el nivel de un párrafo, sitúe el punto de inserción al principio del párrafo y pulse:

| | |
|---|---|
| o, si está en modo Esquema, 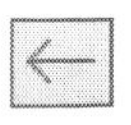 | Para bajar al siguiente nivel |
| Mayús o, si está en modo Esquema, | Para volver al nivel anterior |

*Puede cambiar el nivel de un párrafo antes de introducir el texto.*

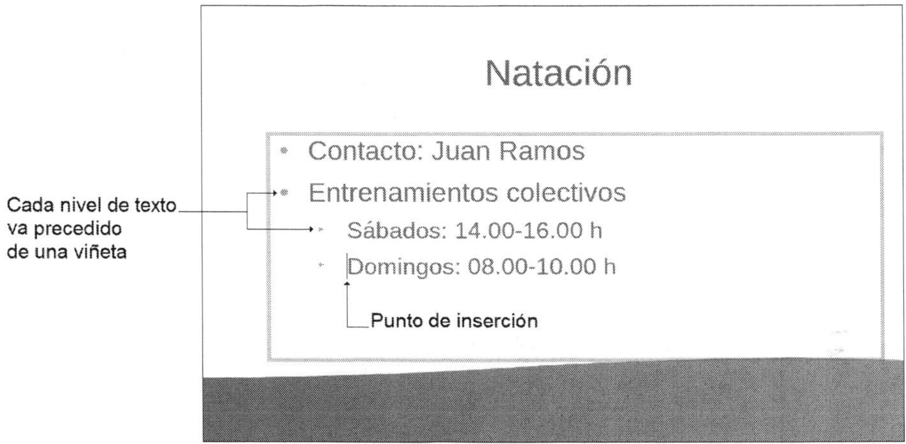


*Hay diez niveles de párrafo disponibles. Según el nivel asignado, cambian el tamaño de letra y las viñetas al principio de los puntos; además, los textos se desplazan unos respecto a otros.*

## Introducir una página de notas

- Active la diapositiva correspondiente.
- Active el modo de vista **Notas** mediante el comando **Ver - Notas** o la herramienta y la miniatura en la sección **Modos de edición**.
- Para facilitar la escritura, aumente el zum de la pantalla.
- Haga clic en el espacio reservado para el texto en el que se indica **Pulse para añadir notas.**
- Introduzca el texto «de corrido», sin preocuparse por los finales de línea. Para insertar un tabulador al principio de una línea, pulse la tecla . Pulse la tecla para crear un nuevo párrafo.

## Administrar las diapositivas en modo Esquema

### Introducir texto

- Active el modo de vista **Esquema** mediante el comando **Ver - Esquema** o la herramienta y el icono en la sección **Modos de edición.**
- Haga clic en la línea del título (a la derecha del icono ) de la diapositiva que desea completar.
- Introduzca el título y, a continuación, en función del contenido que vaya a introducir, utilice uno de los siguientes métodos:

  - Utilice las teclas Mayús para crear una nueva línea sin viñeta en el mismo párrafo.
  - Utilice la tecla seguida de la tecla para crear texto con viñetas.

  *Al pulsar la tecla desde una línea de título, se crea una nueva diapositiva. Al pulsar la tecla , se crea la viñeta y se borra la nueva diapositiva.*
- Dé jerarquía a las listas del siguiente modo: sitúe el punto de inserción al principio de un punto y pulse para hacer que el punto descienda hasta el siguiente nivel o Mayús para que ascienda hasta el nivel anterior.

  *Puede utilizar las teclas y Mayús antes de empezar a introducir un punto.*

  *También puede utilizar las herramientas **Decrementar el nivel de esquema de los párrafos seleccionados** e **Incrementar el nivel de esquema de los párrafos seleccionados** en la barra de herramientas **Esquema**.*
- Para crear una nueva diapositiva, utilice uno de los siguientes métodos:

  - Desde una línea de título, pulse la tecla .
  - Desde otra línea, pulse la tecla y después las teclas Mayús una o varias veces, o utilice la herramienta una o varias veces.

# Introducción y presentación de textos

## Administrar los párrafos

- Para seleccionar un párrafo, haga clic en su viñeta; si contiene párrafos subordinados, también se seleccionan.

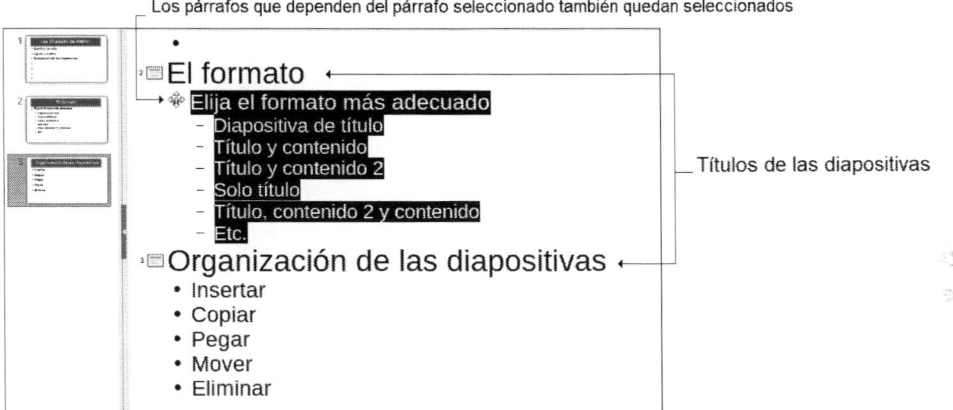


- Para desplazar un párrafo y sus párrafos subordinados, haga clic en la viñeta que precede al párrafo principal, señale la viñeta (el puntero adopta la forma de una cruz flechada) y arrástrela hasta su nueva posición.
- Para mover un párrafo sin el texto subordinado, haga clic en el párrafo que desea mover y, a continuación, haga clic en las herramientas **Mover un párrafo hacia arriba los párrafos seleccionados** o **Mover un párrafo hacia abajo los párrafos seleccionados** tantas veces como sea necesario.
- Para reducir la visualización del contenido de una diapositiva a su título, haga doble clic en el icono de la diapositiva correspondiente. De nuevo, haga doble clic en el icono para mostrar todo el contenido de la diapositiva.

- Para ocultar los párrafos subordinados de un párrafo, haga doble clic en la viñeta del párrafo en cuestión. De nuevo, haga doble clic en la viñeta para mostrar sus párrafos subordinados.
- Para mostrar solo los títulos de todas las diapositivas de la presentación, haga clic en la herramienta **Solo mostrar primer nivel** en la barra de herramientas **Estándar**; si hace clic en la herramienta **Mostrar todos los niveles**, se volverá a mostrar todo el texto de todas las diapositivas de la presentación.

## Destacar caracteres

### Usando el ratón

- Asegúrese de que el panel **Propiedades** de la barra lateral está visible y, a continuación, seleccione los caracteres correspondientes o el espacio reservado en su diapositiva.

  *Si ha seleccionado un espacio reservado, la sección **Carácter** del panel lateral se amplía para mostrar los botones de control correspondientes.*

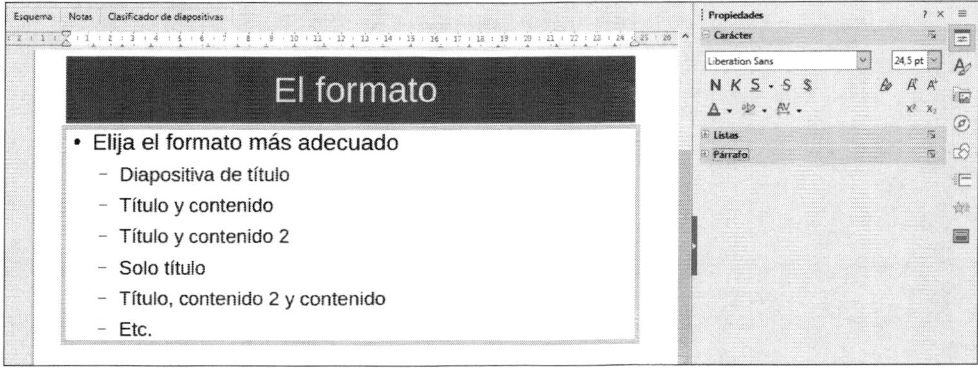

*Si selecciona texto, también se ampliarán las secciones* ***Listas*** *y* ***Párrafo****, además de* ***Carácter****.*

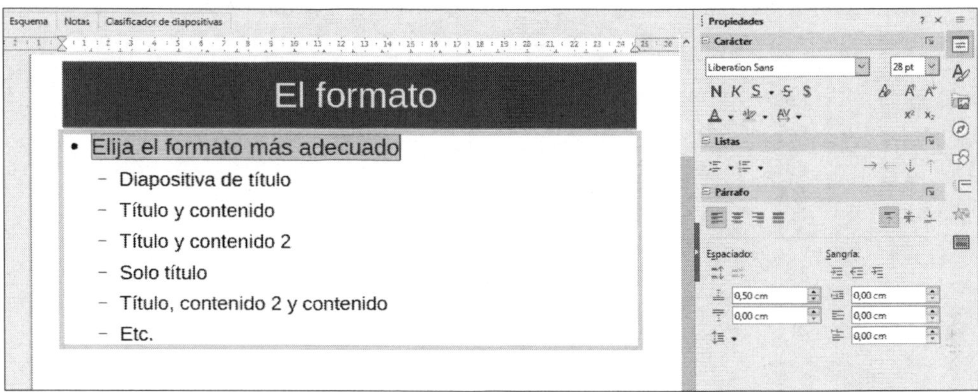


*También puede trabajar desde la barra de herramientas* ***Formato de texto****.*

Haga clic en **Ver - Barras de herramientas - Formato de texto**

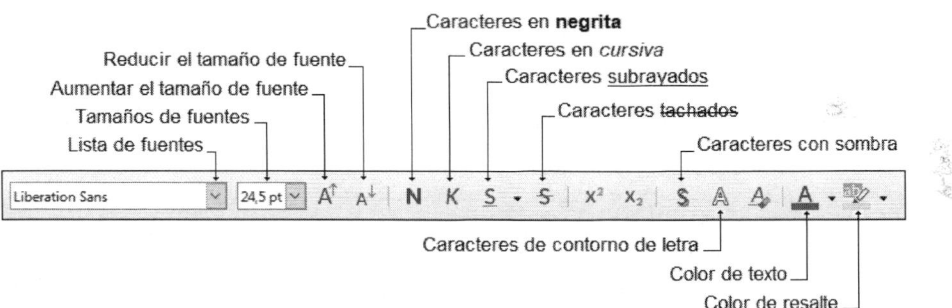


Haga clic en la(s) herramienta(s) de la barra **Formato de texto** según el énfasis que desee aplicar.

*La herramienta* ***Color de resalte de caracteres****, que aparece en la barra de herramientas* ***Formato de texto*** *o en la sección* ***Carácter*** *del panel* ***Propiedades****, se utiliza para aplicar un color de resaltado al texto seleccionado.*

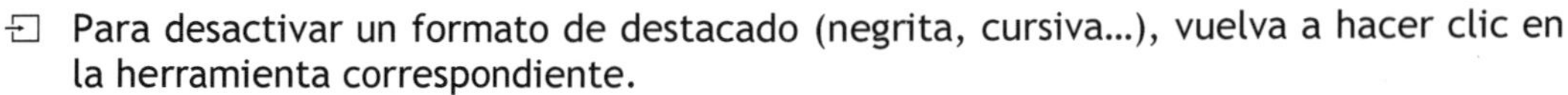

- Para desactivar un formato de destacado (negrita, cursiva...), vuelva a hacer clic en la herramienta correspondiente.
- Para encontrar más rápidamente una fuente en la lista **Nombre del tipo de letra**, abra la lista e introduzca el primer carácter o caracteres de la fuente que busca.

## Usando el teclado

- Seleccione los caracteres en cuestión o el espacio reservado.
- Para activar o desactivar el formato de destacado, utilice las siguientes combinaciones de teclas:

| | |
|---|---|
| Ctrl **N** | **Negrita** |
| Ctrl **I** | *Cursiva* |
| Ctrl **S** | Subrayado |
| Ctrl Mayús **P** | Posición $^{\text{superíndice}}$ |
| Ctrl Mayús **B** | Posición $_{\text{subíndice}}$ |

## Usando el cuadro de diálogo

- Seleccione los caracteres en cuestión o el espacio reservado.
- Utilice el comando **Formato - Carácter**.
- Para cambiar la fuente, el estilo y el tamaño de los caracteres, active la pestaña **Tipos de letra** y realice los cambios mediante las opciones correspondientes.
- Para cambiar los efectos en los caracteres, haga clic en la pestaña **Efectos tipográficos**.

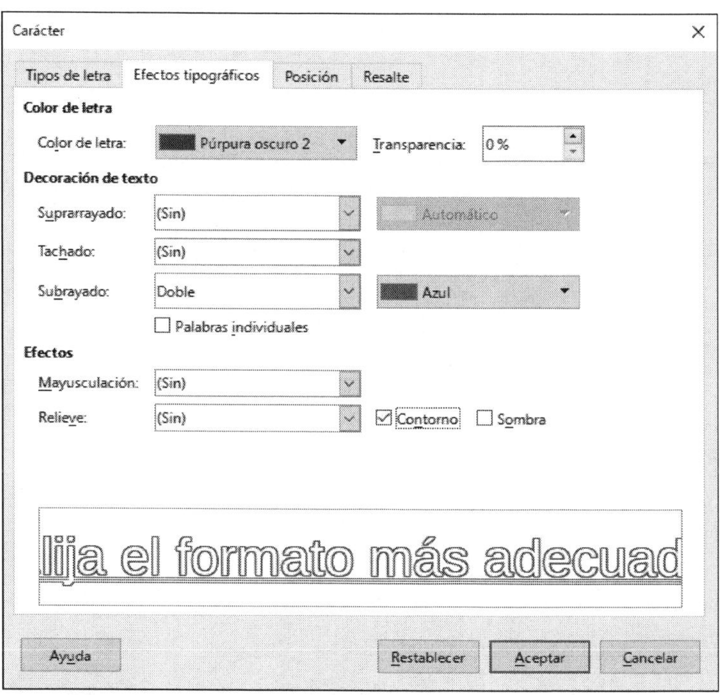


● Novedad

- Para aplicar un color de resalte, active la pestaña **Resalte**, haga clic en el botón **Color** y, a continuación, en el color que desee aplicar de la paleta de colores.
- Realice los cambios deseados y pulse **Aceptar**.

## Usando el menú

- Seleccione los caracteres en cuestión o el espacio reservado.
- Haga clic en el menú **Formato** y seleccione la opción **Texto**.

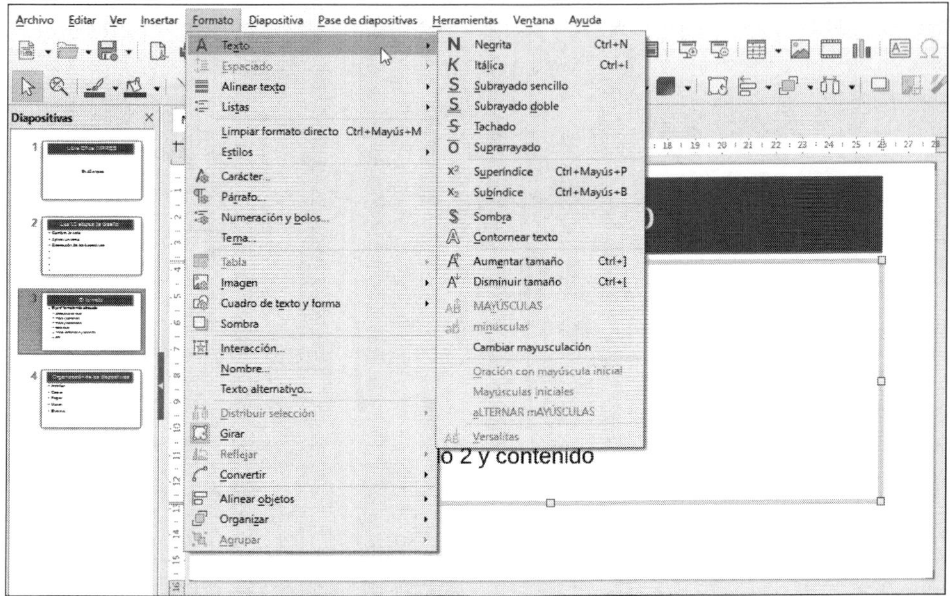


- Haga clic en el formato de destacado que desee aplicar.
- Para convertir el texto seleccionado de mayúsculas a minúsculas y viceversa, utilice el comando **Formato - Texto** y, a continuación, haga clic en la opción correspondiente.

Para cancelar el formato de caracteres, utilice el comando **Formato - Limpiar formato directo.**

Puede activar el resaltado antes de empezar a escribir. En este caso, cualquier nuevo carácter introducido adoptará automáticamente el resaltado activado.

## Administrar las viñetas de los párrafos

- Seleccione los párrafos correspondientes.
- Para ocultar o mostrar las viñetas, haga clic en la herramienta de la barra de herramientas **Formato de texto** o en el panel **Propiedades.**
- Para elegir otra viñeta, abra la lista de la herramienta y haga clic en el modelo de viñeta que desea aplicar.

También puede utilizar el comando **Formato - Listas - Lista no ordenada** (viñetas) o **Lista ordenada** (números).

- Para personalizar la viñeta de los párrafos, utilice el comando **Formato - Numeración y bolos** o elija la opción **Personalizar** en la lista de la herramienta en la barra de herramientas **Formato de texto**.

  Seleccione el tipo de viñeta que desea en la lista desplegable **Tipo** (**Bolo**, **Imágenes**, etc.), seleccione el carácter o imagen que desea aplicar.

  También puede cambiar el color, el tamaño, la posición y la alineación de las viñetas.

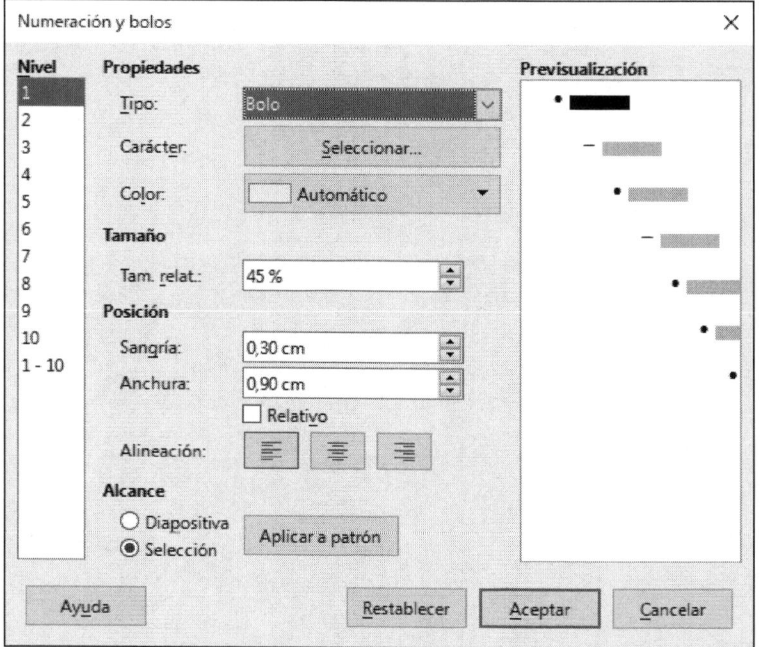


- Seleccione un **Color** de viñeta en la lista.
- En el campo **Tam. relat.**, especifique el tamaño de la viñeta en relación con los caracteres del párrafo (100 % corresponde al tamaño normal).
- Haga clic en **Aceptar**.

Puede sustituir las viñetas por números: haga clic en la herramienta o abra la lista de esta herramienta para elegir la numeración deseada.

## Cambiar la alineación de los párrafos

- Seleccione los párrafos en cuestión o el espacio reservado.
- Para cambiar la alineación horizontal de los párrafos, haga clic en una de las siguientes herramientas de la barra de herramientas **Formato de texto** o del panel **Propiedades**, o utilice el atajo de teclado correspondiente:

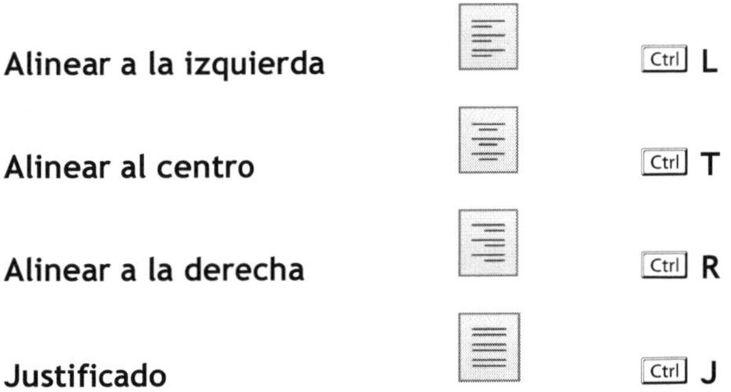


- Para cambiar la alineación vertical de los párrafos, utilice una de las siguientes herramientas de la barra de herramientas **Formato de texto** o del panel **Propiedades:**

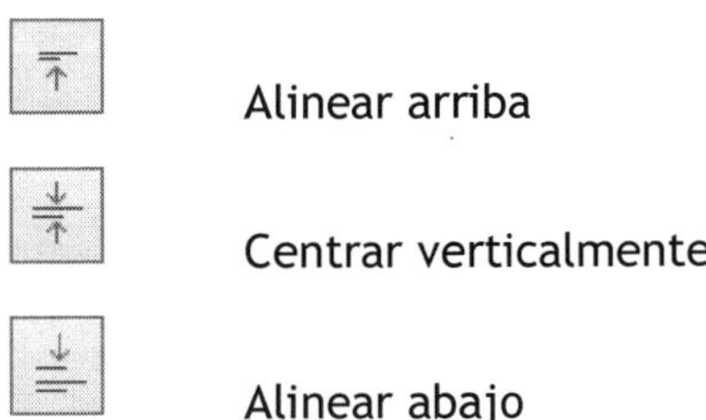


También puede utilizar el comando **Formato - Alinear texto**, o el comando **Formato - Párrafo**, pestaña **Alineación**.

## Cambiar el interlineado/espaciado entre párrafos

- Seleccione los párrafos en cuestión o el espacio reservado.
- Abra la lista de la herramienta **Ajustar interlineado** .
- Seleccione uno de los valores de interlineado propuestos o, para cambiar el interlineado, elija una opción de la lista **Interlineado.**
- Para elegir un interlineado sencillo, un interlineado y medio o un interlineado doble, haga clic en el menú **Formato**, señale la opción **Espaciado** y elija el interlineado deseado.
- Para especificar un valor de espaciado, utilice el comando **Formato - Párrafo.**
- Haga clic en la pestaña **Sangrías y espaciado.**

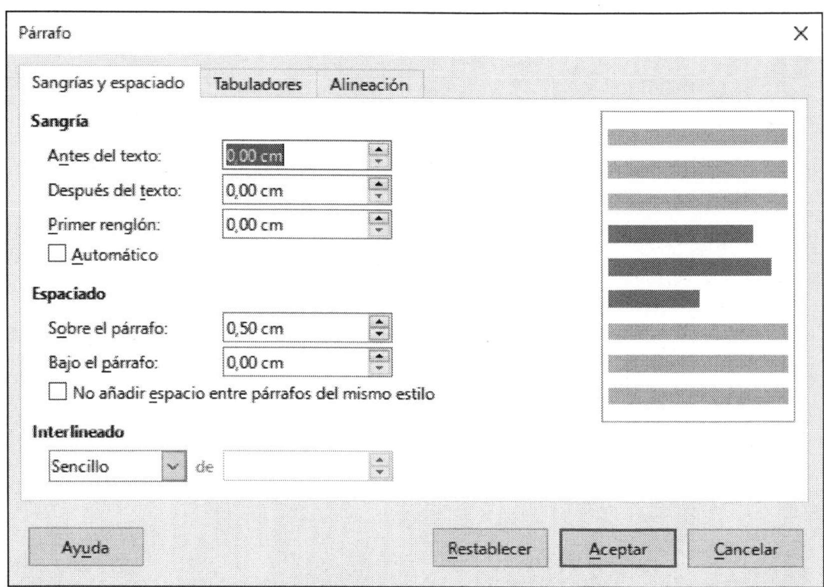


Especifique un valor en los campos **Antes del texto** y **Después del texto.**
Haga clic en **Aceptar.**

- Para aumentar o disminuir el espaciado en 0,10 cm, utilice el comando **Formato - Espaciado** y elija la opción **Aumentar espaciado entre párrafos** o **Disminuir espaciado entre párrafos.**

También puede utilizar las herramientas **Aumentar espaciado entre párrafos** 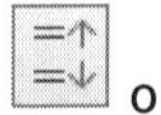 o **Reducir espaciado entre párrafos** de la barra de herramientas **Formato de texto** para aumentar o reducir el espaciado en 0,10 cm con cada clic.

## Modificar las sangrías de párrafo

*La sangría de un párrafo es la distancia entre el texto y el margen.*

- Seleccione los párrafos correspondientes.
- Muestre la regla: **Ver - Reglas** (o Ctrl Mayús **R**).
- Arrastre la marca de sangría que desea modificar a lo largo de la regla horizontal.

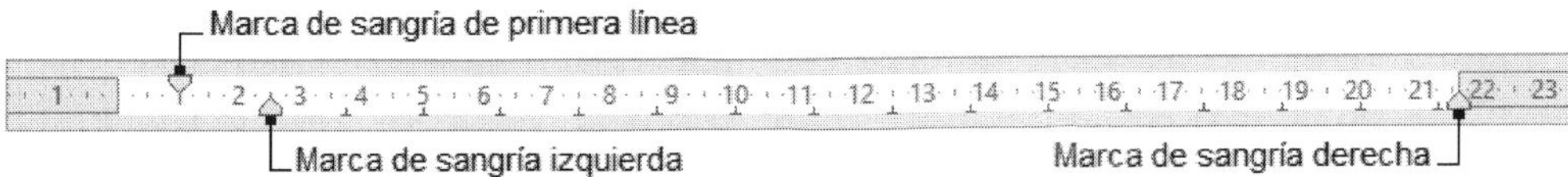


Los valores de sangría también pueden introducirse en las zonas **Antes del texto**, **Después del texto** o **Primer renglón** del cuadro de diálogo **Párrafo** (**Formato - Párrafo**, pestaña **Sangrías y espaciado**).

## Aplicar un efecto de animación

*Impress permite aplicar efectos visuales predefinidos a los objetos de una diapositiva. Estos efectos de animación son visibles cuando se proyecta la presentación.*

- Seleccione el objeto en cuestión o, para aplicar el mismo efecto de animación a varios objetos al mismo tiempo, seleccione los objetos en cuestión.

  *En el caso de un elemento reservado al texto, puede seleccionarlo total o parcialmente.*

- En la barra lateral, haga clic en el icono **Animación** para mostrar el panel correspondiente.

  o utilice el comando **Ver - Animación**.

- En la sección **Efectos**, haga clic en el botón 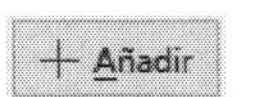
.

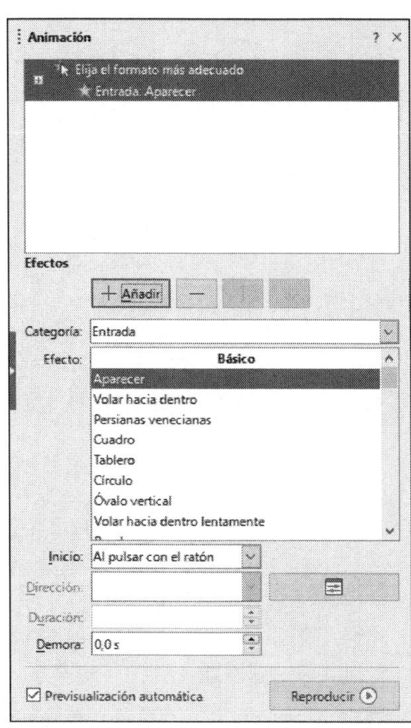

- Seleccione la categoría correspondiente al tipo de efecto que desea aplicar:

| | |
|---|---|
| **Entrada** | Para definir cómo debe llegar el objeto a la diapositiva. |
| **Énfasis** | Para definir cómo debe animarse el objeto cuando se muestra la diapositiva. |
| **Salida** | Para definir cómo debe desaparecer el objeto de la diapositiva. |
| **Trayectorias** | Para definir una trayectoria descrita por el objeto. |

| | |
|---|---|
| **Efectos varios** | Para definir el efecto sobre un medio (inicio, parada, pausa). |

- Marque la opción **Previsualización automática** para ver, a continuación, el efecto que ha elegido directamente sobre el objeto de la diapositiva.
- Haga clic en el efecto que desee aplicar; en el caso de una trayectoria, puede definir una trayectoria personalizada eligiendo uno de los tres primeros efectos.

  *Si la opción **Previsualización automática** está marcada, verá el efecto seleccionado sobre el objeto en la diapositiva.*
- Elija cómo quiere que se active la animación en la lista **Inicio: Al pulsar con el ratón**, con el efecto anterior (**Con anterior**) o **Después del anterior**.
- Si es necesario, seleccione la **Dirección**, la **Duración** y la **Demora** del efecto.
- Si ha optado por crear una trayectoria personalizada, trace la trayectoria correspondiente en la diapositiva.

  *El efecto de animación aparece en la lista del panel **Animación**. Al efecto de animación se le asocia un símbolo correspondiente al tipo de efecto elegido.*

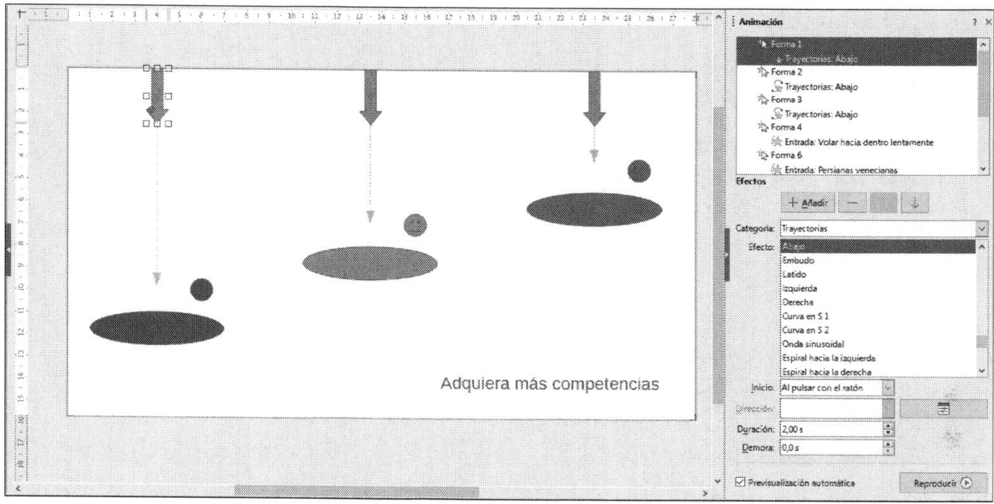


- Si se van a agregar uno o varios efectos más al mismo objeto, proceda como se ha indicado anteriormente para cada nuevo efecto que se vaya a añadir.

## Personalizar las opciones de los efectos de animación

- Muestre el panel **Animación** haciendo clic en el icono de la barra lateral.
- Seleccione el efecto de animación que desea personalizar.
- Marque la opción **Previsualización automática** si es necesario para ver el efecto modificado en la diapositiva.
- Modifique los parámetros del efecto utilizando las opciones disponibles en la parte inferior del panel.

  *Dependiendo del tipo de efecto que elija, las opciones pueden ser diferentes. Además de las opciones de* ***Inicio****,* ***Duración*** *y* ***Demora****, para algunos efectos tendrá que definir el* ***Color****,* ***Color de relleno****,* ***Color de línea****,* ***Estilo****,* ***Tamaño****,* ***Dirección****,* ***Rayos****,* ***Zum****, etc.*

## Administrar los efectos de animación

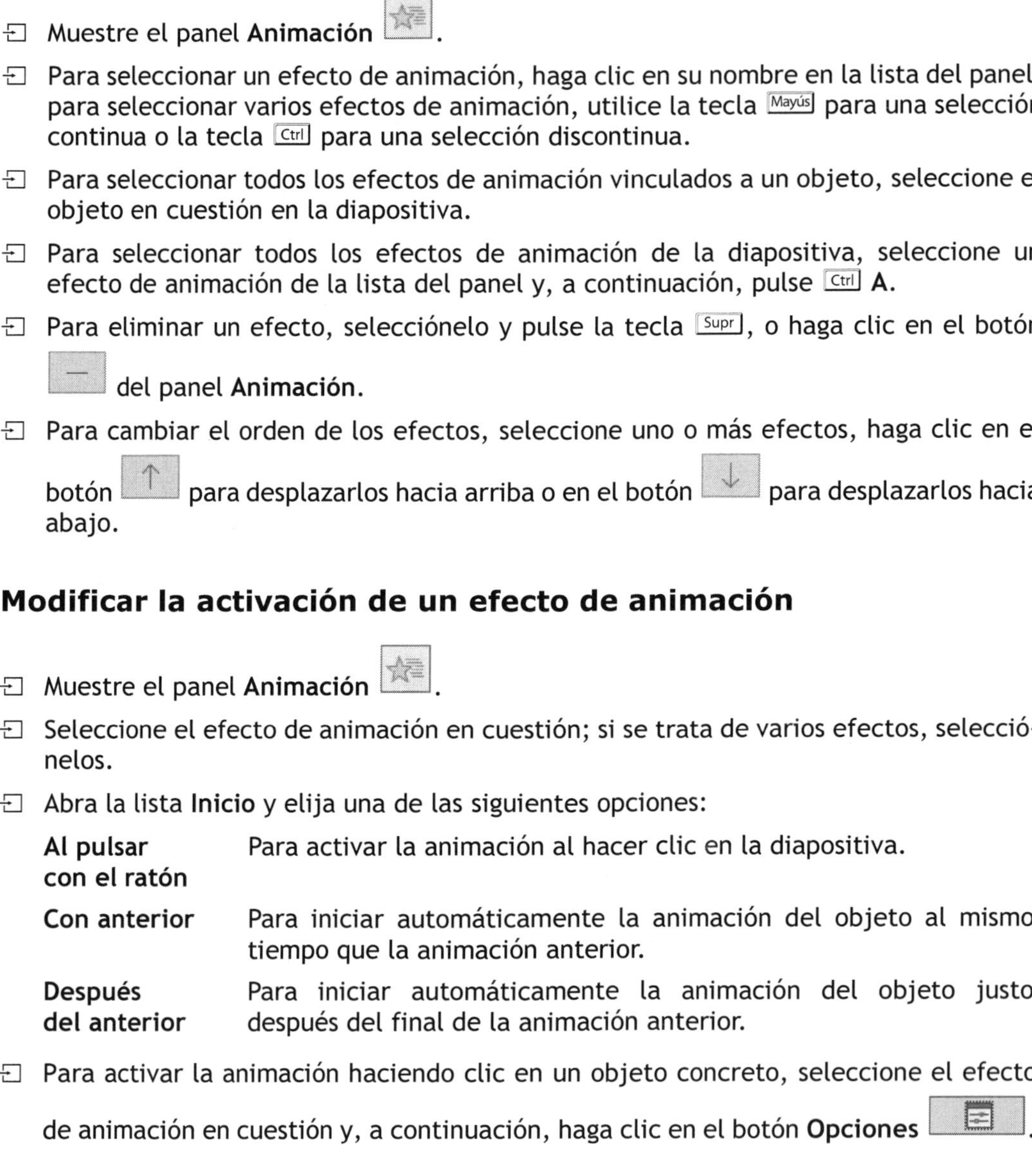

- Muestre el panel **Animación** .
- Para seleccionar un efecto de animación, haga clic en su nombre en la lista del panel; para seleccionar varios efectos de animación, utilice la tecla Mayús para una selección continua o la tecla Ctrl para una selección discontinua.
- Para seleccionar todos los efectos de animación vinculados a un objeto, seleccione el objeto en cuestión en la diapositiva.
- Para seleccionar todos los efectos de animación de la diapositiva, seleccione un efecto de animación de la lista del panel y, a continuación, pulse Ctrl **A**.
- Para eliminar un efecto, selecciónelo y pulse la tecla Supr, o haga clic en el botón del panel **Animación**.
- Para cambiar el orden de los efectos, seleccione uno o más efectos, haga clic en el botón para desplazarlos hacia arriba o en el botón para desplazarlos hacia abajo.

## Modificar la activación de un efecto de animación

- Muestre el panel **Animación** .
- Seleccione el efecto de animación en cuestión; si se trata de varios efectos, selecciónelos.
- Abra la lista **Inicio** y elija una de las siguientes opciones:

| | |
|---|---|
| **Al pulsar con el ratón** | Para activar la animación al hacer clic en la diapositiva. |
| **Con anterior** | Para iniciar automáticamente la animación del objeto al mismo tiempo que la animación anterior. |
| **Después del anterior** | Para iniciar automáticamente la animación del objeto justo después del final de la animación anterior. |

- Para activar la animación haciendo clic en un objeto concreto, seleccione el efecto de animación en cuestión y, a continuación, haga clic en el botón **Opciones** .

- Haga clic en la pestaña **Temporización.**

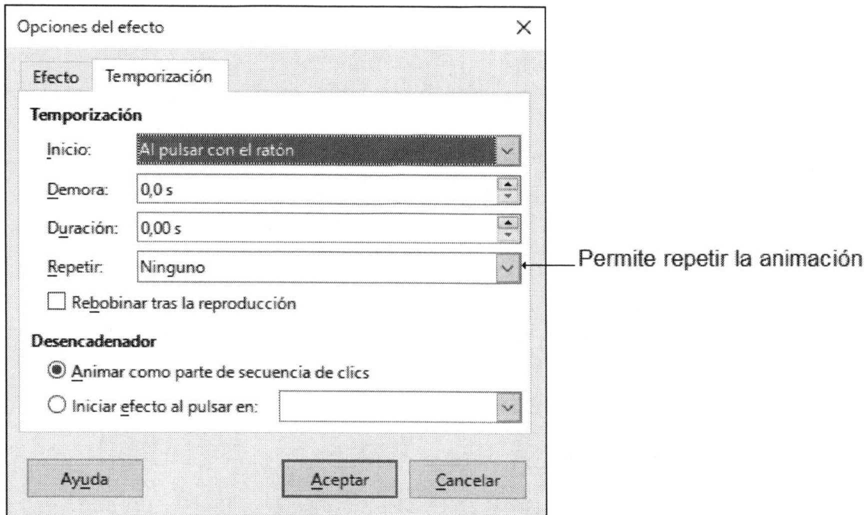


- Seleccione la opción **Al pulsar con el ratón** en la lista **Inicio.**
- Active la opción **Iniciar efecto al pulsar en** y seleccione el objeto en el que desea hacer clic para activar la animación.
- Haga clic en el botón **Aceptar**.

  *En la lista, el nombre del objeto de activación aparece encima del efecto en cuestión.*

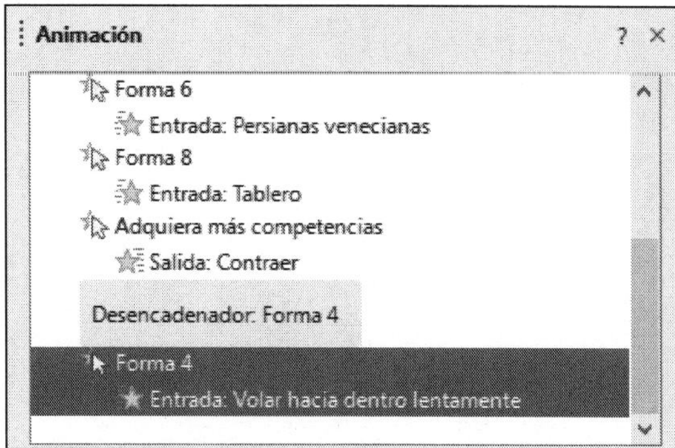

## Temporizar un efecto de animación

- Muestre el panel **Animación** .
- Seleccione el efecto de animación que desea temporizar, haga clic en el botón **Opciones** y active la pestaña **Temporización**.
- En la zona **Demora**, especifique el número de segundos tras los cuales debe iniciarse la animación.
- En la lista **Duración**, introduzca una duración en segundos.
- Haga clic en el botón **Aceptar**.

La duración de la animación también puede modificarse mediante la lista **Duración** del panel **Animación**.

## Aplicar un efecto de transición a las diapositivas

*Un efecto de transición es la forma en que una diapositiva aparece en la pantalla durante una presentación.*

- Seleccione las diapositivas a las que desea aplicar el mismo efecto de transición; si se ven afectadas todas las diapositivas de la presentación, haga clic en cualquier diapositiva.
- En la barra lateral, haga clic en el icono **Transición entre diapositivas** o utilice el comando **Diapositiva - Transición entre diapositivas**.

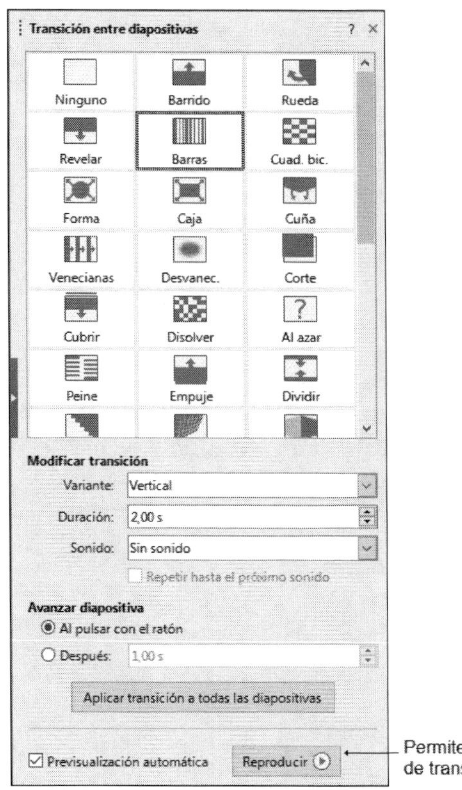


- Asegúrese de que la opción **Previsualización automática** está marcada para que pueda ver inmediatamente una vista previa del efecto de transición que ha elegido en la diapositiva activa.
- Elija el efecto de transición que desee.

*El icono aparece a la izquierda de la diapositiva en el panel **Diapositivas** en el modo **Normal**, y también a la izquierda de la diapositiva en el modo **Clasificador de diapositivas**.*

*Si, además de la transición, se han aplicado efectos de animación a los objetos de la diapositiva, se mostrará el icono .*

Modo Normal

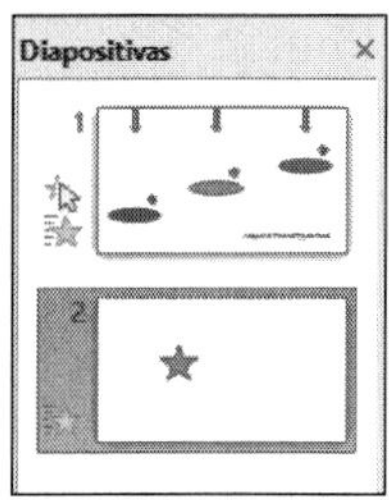


Modo Clasificador de diapositivas

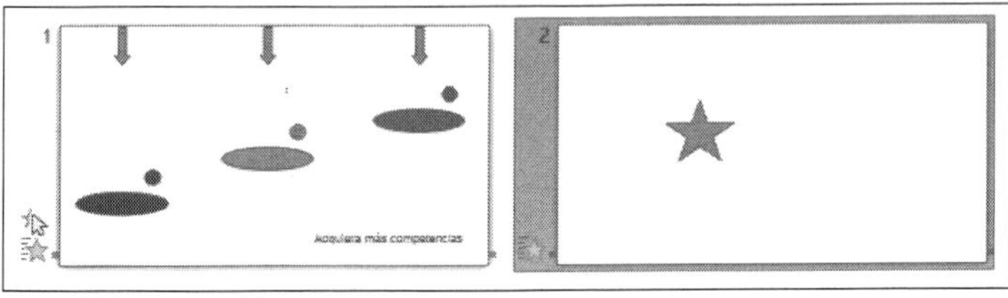

- Abra la lista **Variante** y, si es necesario, elija una de las opciones para el efecto elegido.

  *Las opciones de esta lista varían según el efecto de transición aplicado; no todos los efectos de transición ofrecen opciones en esta lista. En este ejemplo, las opciones están asociadas al efecto de transición **Rueda**:*

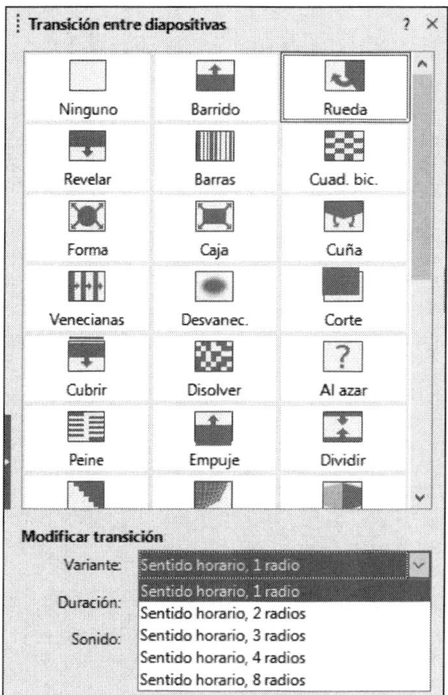

- Modifique la **Duración** de la transición si es necesario.
- Si es preciso, añada un efecto de sonido a la transición seleccionándolo en la lista **Sonido**, o deje **Sin sonido**.

  Si desea que el sonido se repita hasta el siguiente sonido de transición, marque la opción **Repetir hasta el próximo sonido.**
- Si el efecto de transición que ha elegido debe aplicarse a todas las diapositivas de la presentación, haga clic en el botón **Aplicar transición a todas las diapositivas.**

Para cancelar el efecto de transición aplicado a una o más diapositivas, selecciónelas y, a continuación, en el panel **Transición entre diapositivas**, elija **Ninguno** en la lista de efectos de transición.

## Automatizar el pase de diapositivas

*Las dos técnicas que se describen a continuación pueden utilizarse para definir la duración de la visualización de las diapositivas (excluyendo las animaciones de objetos) y hacer, así, que el pase sea automático.*

### Ajustar manualmente el temporizador

- Visualice el panel **Transición entre diapositivas** (icono de la barra lateral).
- Seleccione las diapositivas que tengan la misma temporización.
- En la zona **Avanzar diapositiva**, active la opción **Después** e introduzca el número de segundos que debe permanecer la diapositiva en pantalla tras el último efecto de animación.
- Para aplicar este tiempo a todas las diapositivas de la presentación, haga clic en el botón **Aplicar transición a todas las diapositivas.**

### Registrar la temporización con el cronómetro

- Muestre la primera diapositiva que se ha de cronometrar.
- Utilice el comando **Pase de diapositivas - Presentación cronometrada.**

  *Se inicia el pase de diapositivas. Tras el último efecto de animación de la diapositiva activa, se inicia el cronómetro situado en la parte inferior izquierda de la pantalla.*

- Si los efectos de animación no se han automatizado, haga clic en la diapositiva para iniciarlos.
- Cuando haya alcanzado el tiempo deseado, pulse en el cronómetro para pasar a la siguiente diapositiva.

  *Impress guarda el tiempo de visualización de la diapositiva.*

- Siga el mismo procedimiento para ajustar los tiempos de visualización de las demás diapositivas.
- Al final de la presentación, haga clic en cualquier parte de la pantalla para volver a la presentación.

  *Para cada diapositiva, se activa el área **Después** del panel **Transición entre diapositivas** y se indica el tiempo de visualización registrado por el cronómetro.*

Si utiliza varias pantallas, antes de lanzar el comando **Presentación cronometrada**, active la opción **Todas las pantallas** en la sección **Pantalla de presentación** de la ventana **Configurar presentación**.

# Presentación de diapositivas

## Iniciar una presentación de diapositivas

- Si es necesario, seleccione la diapositiva a partir de la cual debe iniciarse la proyección.
- Para iniciar el pase de diapositivas desde la primera diapositiva, utilice el comando **Pase de diapositivas - Iniciar presentación** o la herramienta (o F5).
  Para iniciar el pase de diapositivas desde la diapositiva seleccionada, utilice el comando **Pase de diapositivas - Iniciar desde diapositiva actual** o la herramienta (o Mayús F5).
  *La diapositiva aparece a pantalla completa.*
- Si no se han automatizado los efectos de animación o el pase de diapositivas, inícielos manualmente haciendo clic en la diapositiva.
- Para dejar en blanco la pantalla, pulsa la tecla **W**; para dejarla en negro, pulse la tecla **B**.
- Para volver a visualizar la diapositiva, pulse de nuevo la tecla correspondiente a la situación **W** o **B**.
- Para pausar un pase de diapositivas durante la proyección, pulse la tecla esc.
  *La última diapositiva proyectada pasa a ser la diapositiva activa.*
- Para detener el pase de diapositivas al final de la proyección, haga clic en la diapositiva negra que aparece o pulsa la tecla esc.

Para excluir determinadas diapositivas de la presentación, selecciónelas y, a continuación, utilice el comando **Diapositiva - Ocultar diapositiva**. Para mostrar las diapositivas ocultas, selecciónelas y, a continuación, utilice el comando **Diapositiva - Mostrar diapositiva.**

Si trabaja con dos pantallas, la primera muestra el pase de diapositivas a pantalla completa, mientras que la segunda muestra la diapositiva activa y la siguiente. Desde esta segunda pantalla, puede hacer que pasen las diapositivas, visualizar sus miniaturas y ver las notas.

Para cambiar la configuración del pase de diapositivas, utilice el comando **Pase de diapositivas - Configurar presentación.**

## Hacer pasar las animaciones/las diapositivas

*Cuando la presentación no está temporizada, las diapositivas no se proyectan y los efectos de animación no se activan. En ese caso, hay que hacerlo manualmente.*

- Inicie el pase de diapositivas.
- Para lanzar el siguiente efecto o mostrar la siguiente diapositiva (dependiendo del siguiente elemento que se deba mostrar), haga clic en cualquier lugar de la diapositiva o utilice las teclas [↵], [Re Pág], [→], [↓] o [Espacio].
- Para lanzar el efecto anterior o volver a la diapositiva anterior (según el elemento anterior que se desee visualizar), utilice las teclas [Av Pág], [←], [⟵] o [↑].
- Para pasar a la diapositiva siguiente o anterior sin lanzar los efectos, utilice las teclas [Alt][Re Pág] o [Alt][Av Pág].
- Para volver a la primera diapositiva, pulse la tecla [↖]; para visualizar la última diapositiva, pulse la tecla [Fin].
- Para ir a una diapositiva concreta, introduzca su número (la entrada no se muestra, pero se tiene en cuenta) y pulse [↵].

*También puede utilizar las opciones del menú contextual que aparece al pulsar el botón derecho del ratón.*

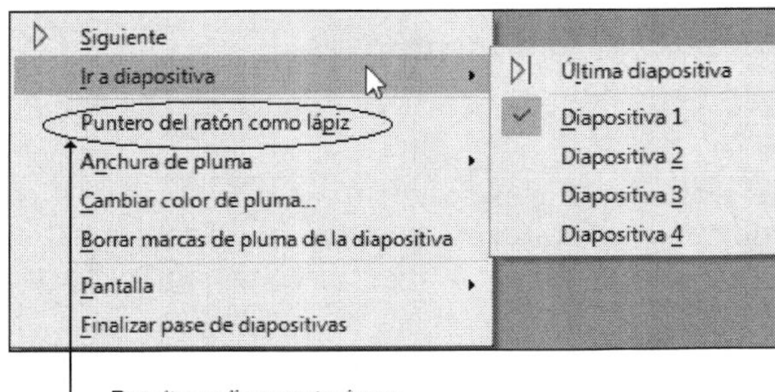

# Inserción de imágenes y objetos

## Introducción

La mayoría de las operaciones descritas en este capítulo están disponibles para las aplicaciones Impress, Calc y Writer.

## Insertar una imagen

- Muestre o coloque el punto de intersección donde se va a insertar la imagen.
- Utilice el comando **Insertar - Imagen** o la herramienta de la barra de herramientas **Estándar**.

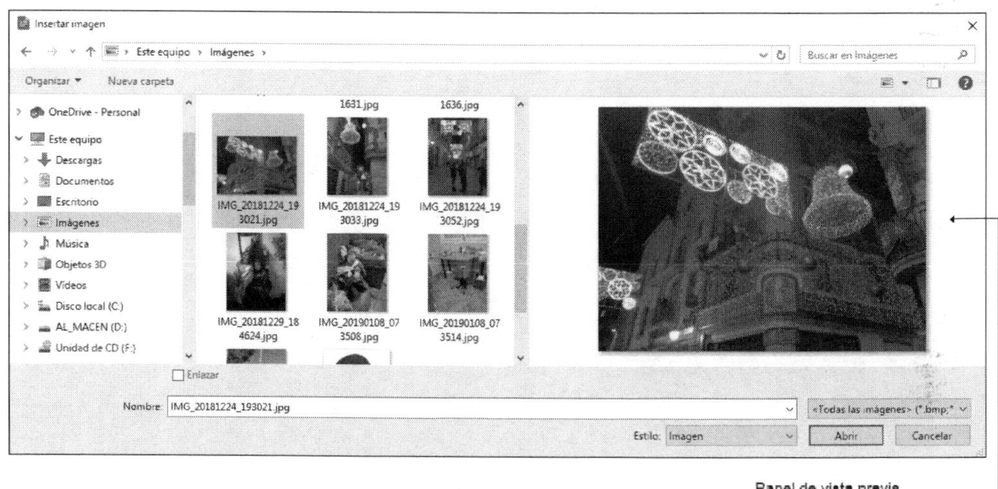


- En el panel de navegación (panel izquierdo), seleccione la carpeta que contiene la imagen que desea insertar.
- Seleccione la imagen en el panel central (el panel derecho muestra la vista previa).
- Marque la opción **Enlazar** para actualizar automáticamente la imagen insertada cuando se modifique la imagen original.
- Pulse el botón **Abrir** para insertar la imagen.
- Para sustituir una imagen por otra, utilice la opción **Reemplazar** del menú contextual.

*Una imagen puede dimensionarse o moverse como cualquier otro objeto.*

Para insertar un audio o un vídeo, utilice el comando **Insertar - Audio o vídeo** en Impress o **Insertar - Multimedia - Audio o vídeo** en Writer y Calc (para más detalles, consulte Insertar vídeo/audio en una diapositiva en Impress).

## Comprimir una imagen

Para comprimir una imagen, haga clic con el botón derecho del ratón en ella y elija **Comprimir**.

*Aparece el cuadro de diálogo* ***Comprimir imagen****:*

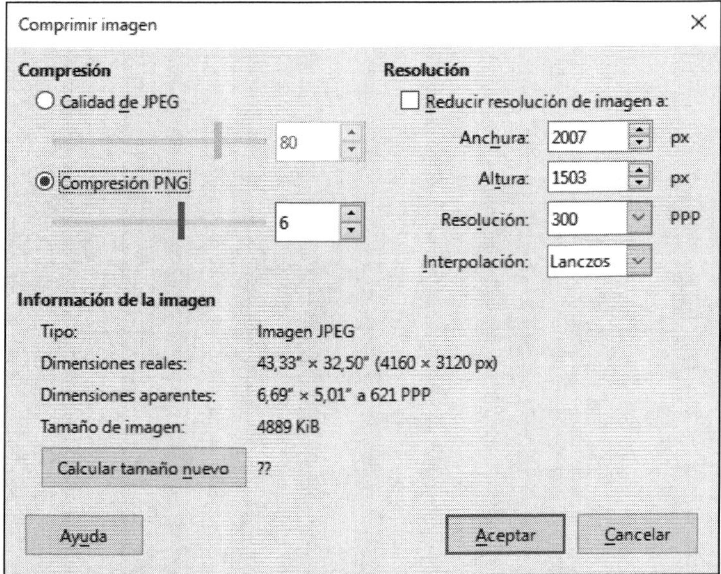


En la zona **Compresión**, si es necesario, modifique el valor asociado a la **Calidad de JPEG** de la imagen o, para realizar la **Compresión PNG**, active la opción correspondiente y, si es necesario, modifique la relación de **Compresión**.

Para cambiar la resolución de la imagen, marque la opción **Reducir resolución de imagen a** y especifique su **Anchura**, **Altura** y **Resolución** en los campos correspondientes.

- Para visualizar el nuevo tamaño (en KB) de la imagen, pulse el botón **Calcular tamaño nuevo.**

  *La opción **Tamaño de imagen** muestra el tamaño original de la imagen, mientras que el nuevo tamaño tras la compresión se muestra a la derecha del botón **Calcular tamaño nuevo**, indicando asimismo el porcentaje de reducción.*

- A continuación, haga clic en **Aceptar** para confirmar.

## Recortar una imagen

*Esta técnica elimina las partes superfluas de los bordes de la imagen.*

- Seleccione la imagen en cuestión.
- Para recortar la imagen manualmente, haga clic en la herramienta [icono] de la barra de herramientas **Imagen.**

Pulse la tecla [esc] o haga clic fuera de la imagen para salir del proceso.

- Para recortar la imagen con precisión, utilice el comando del cuadro de diálogo **Formato - Imagen - Recorte preciso** (Impress) o **Formato - Imagen - Propiedades** - pestaña **Recortar** (Writer).

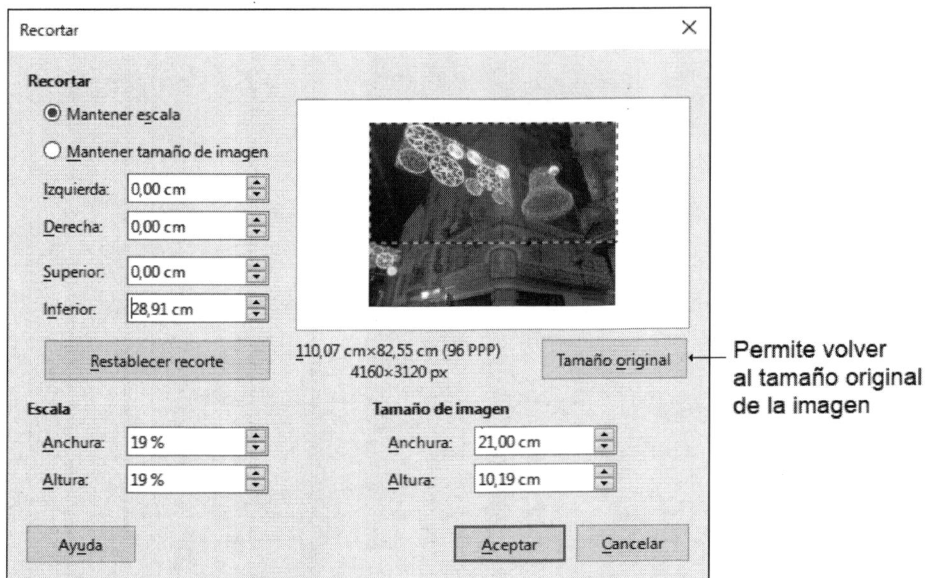


- Active la opción **Mantener escala** si, al recortarla, la imagen debe reducirse manteniendo su proporción, o la opción **Mantener tamaño de imagen** para estirar la imagen y conservar su tamaño.
- En las áreas **Izquierda**, **Derecha**, **Superior** e **Inferior**, especifique las partes que desea eliminar de los bordes de la imagen.
- Haga clic en **Aceptar** para recortar la imagen.

*El botón **Tamaño original** devuelve la imagen recortada a su tamaño original.*

## Dibujar una forma

- Si es necesario, muestre la barra de herramientas **Dibujo** (**Ver - Barras de herramientas - Dibujo**).

  *Esta barra de herramientas aparece por defecto en la parte inferior de la pantalla en Writer y Calc, y debajo de la barra de herramientas **Estándar** en Impress.*

- Para separar la barra de herramientas y hacerla flotante, haga clic con el botón derecho en la barra de herramientas y luego en la opción **Bloquear posición de la barra de herramientas** para desactivarla; a continuación, vuelva a hacer clic con el botón derecho y elija la opción **Desacoplar barra de herramientas**.

- Haga clic en la herramienta de la forma deseada o abra la lista de la forma que va a crear y selecciónela.

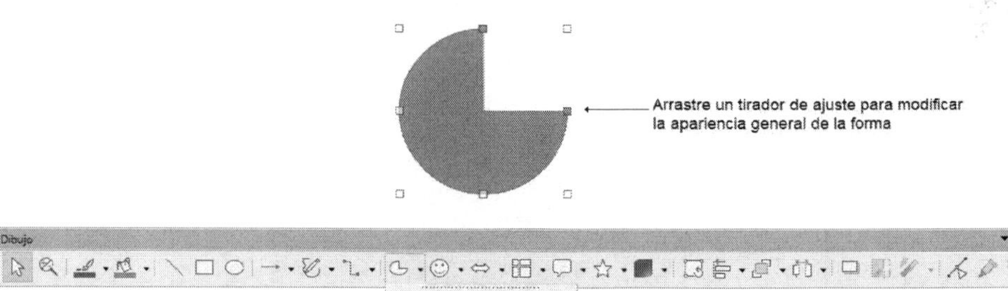


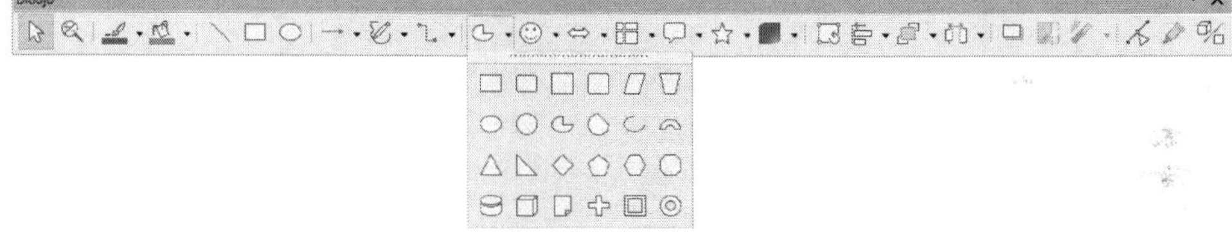


En Impress, para crear una forma en 3D, abra la lista de la herramienta [icono] y haga clic en la forma que quiera dibujar.

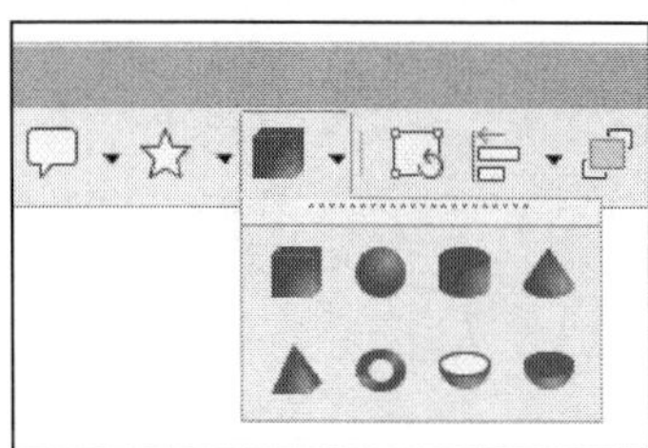

- Haga clic y arrastre para dibujar la forma; para dibujar una línea (o una flecha) horizontal, oblicua o vertical, un cuadrado o un círculo, mantenga pulsada la tecla Mayús mientras dibuja. Para dibujar una forma desde su centro, mantenga pulsada la tecla Alt.
- Si es necesario, introduzca el texto que desea que aparezca en la forma y confirme pulsando esc.
- Para dibujar varias veces la misma forma, haga doble clic en la herramienta correspondiente y, cuando haya dibujado todas las formas, pulse esc.

## Dibujar curvas/polígonos/líneas a mano alzada

- Abra la lista asociada a la herramienta **Curvas y polígonos**  de la barra de herramientas **Dibujo**.

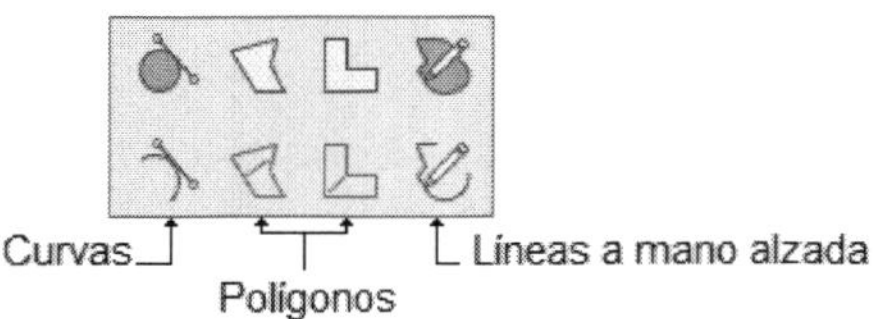


- Haga clic en la herramienta que desee utilizar.
- Para dibujar una curva: haga clic para definir el primer punto, arrastre sin soltar para definir la dirección y, a continuación, suelte el botón del ratón. Arrastre el puntero del ratón sin hacer clic para definir el sentido de la curva. Para cada uno de los otros puntos que deba crear, haga clic para fijar el punto; sin soltar el botón del ratón, arrastre para definir la dirección y luego suelte el botón del ratón. Para completar la curva, haga doble clic.
- Para dibujar un polígono: haga clic y arrastre el puntero del ratón para dibujar el primer segmento de línea recta y, a continuación, suelte el botón del ratón. Para cada uno de los otros segmentos de línea que deba crear, mueva el puntero del ratón y haga clic. Haga doble clic para completar la forma.
- Para dibujar una línea a mano alzada: haga clic y arrastre para dibujar, como haría con un lápiz. Suelte el botón del ratón cuando haya terminado de dibujar.

# Inserción de imágenes y objetos

● Novedad

La herramienta de la barra de herramientas **Dibujo** permite editar a mano alzada los puntos de una curva/polígono/línea utilizando las herramientas de la barra de herramientas **Editar puntos:**

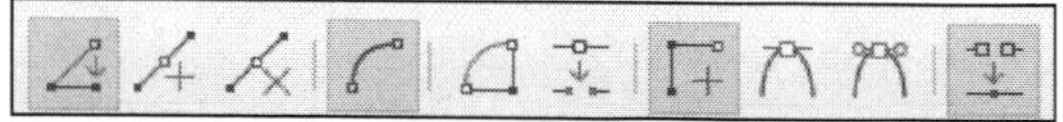

## Crear un cuadro de texto

- Haga clic en la herramienta **Insertar cuadro de texto** de la barra de herramientas **Estándar** (Impress y Writer) o de la barra de herramientas **Dibujo** (Writer y Calc) o pulse F2.
- Haga clic y arrastre para crear el área de texto; en Impress y Writer también puede hacer clic donde quiera que empiece el texto.

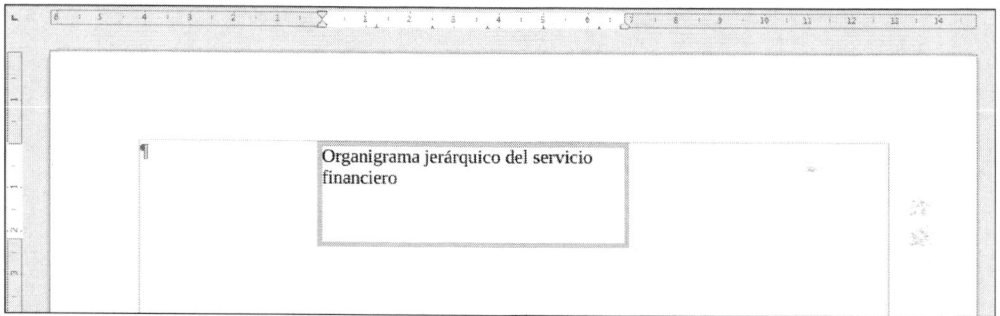


- Introduzca el texto; utilice la tecla ↵ para crear un nuevo párrafo.
- Si es necesario, resalte los caracteres que introduzca como haría con cualquier otro texto.
- Pulse esc para finalizar la entrada.
- Para cambiar el contenido de un cuadro de texto, haga clic en él para activarlo; en Writer y Calc, tiene que hacer doble clic en el cuadro de texto para modificarlo.
- Para añadir texto dentro de un objeto, haga clic en el objeto para seleccionarlo, introduzca el texto que desee y pulse esc. Para modificar el texto de un objeto de dibujo, haga doble clic en el objeto.

## Insertar un objeto de Fontwork

*Un objeto de Fontwork se utiliza para presentar texto con efectos tipográficos especiales.*

- Haga clic en la herramienta **Insertar texto de Fontwork** de la barra de herramientas **Dibujo** (Writer y Calc) o de la barra de herramientas **Estándar** (Impress).

*Se abre la ventana **Galería de Fontwork**:*

- Haga doble clic en el estilo de Fontwork que desee utilizar o selecciónelo y haga clic en **Aceptar**.

  *El texto de **Fontwork** aparece como un objeto y, cuando se selecciona, la barra de herramientas **Fontwork** aparece a la derecha de la barra de herramientas **Dibujo** (Writer y Calc) o es flotante (Impress).*

- Para cambiar el texto, haga doble clic en el objeto de Fontwork, seleccione el texto de **Fontwork** e introduzca otro texto; utilice la tecla ↵ para introducir este texto en varias líneas.

  Confirme su entrada pulsando esc.

- Para modificar un objeto de Fontwork, selecciónelo y utilice las herramientas de la barra de herramientas **Fontwork**:

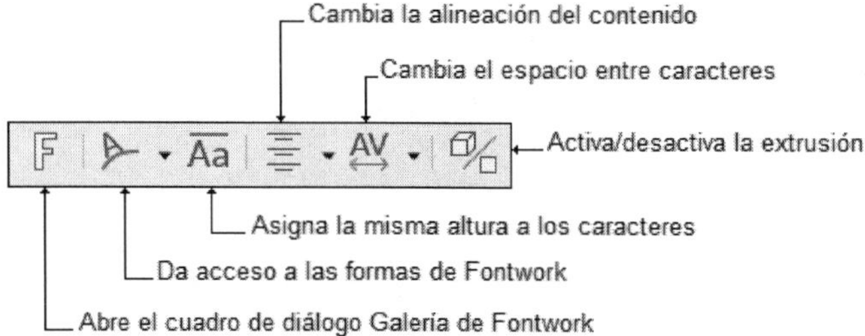


- Para seleccionar, dimensionar y desplazar un objeto de Fontwork, utilice el mismo procedimiento que para cualquier otro objeto.

- Para cambiar el contorno y el relleno de los caracteres, utilice las herramientas de la barra de herramientas **Líneas y relleno**.

## Administración de los objetos (imágenes)

- Para seleccionar un objeto (una imagen), haga clic en él; para seleccionar varios objetos, mantenga pulsada la tecla Mayús y, a continuación, haga clic sucesivamente en los objetos que desee seleccionar.

  *Para seleccionar objetos (imágenes), también puede hacer clic y arrastrar abarcándolos, teniendo cuidado de incluir todos los objetos en la selección.*

- Para cambiar el tamaño de un objeto (una imagen), selecciónelo y arrastre uno de los tiradores de selección; para respetar las dimensiones del objeto, arrastre un tirador de esquina mientras mantiene pulsada la tecla Mayús.

  Para cambiar el tamaño de varios objetos al mismo tiempo, selecciónelos antes de arrastrar los tiradores de selección.

- Para aplicar a los objetos seleccionados la misma anchura o altura del último objeto seleccionado, haga clic con el botón derecho del ratón en la selección, señale la opción **Formas** y elija la opción **Igualar anchura** o **Igualar altura**.

- Para mover un objeto (una imagen), señálelo, haga clic y arrástrelo a su nueva posición. Para mover varios objetos, selecciónelos y arrastre el grupo de objetos seleccionados a su nueva posición.

- Para modificar la forma de determinados objetos, seleccione el objeto en cuestión, señale el círculo gris y arrástrelo hasta obtener la forma deseada.

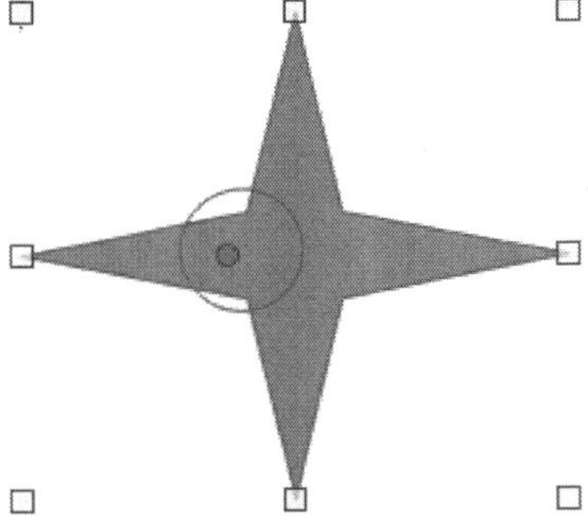

  *La forma de algunos objetos no puede modificarse.*

- Para borrar los objetos seleccionados, pulse la tecla Supr.

Para bloquear el tamaño o la posición de un objeto, active la opción **Posición** o **Tamaño** - sección **Proteger** del cuadro de diálogo **Posición y tamaño** (botón derecho del ratón sobre el objeto - opción **Posición y tamaño** - pestaña **Posición y tamaño**).

Para agrupar los objetos seleccionados (para moverlos juntos, por ejemplo), utilice **Formato - Agrupar - Agrupar** o Ctrl Mayús **G**; para desagruparlos, utilice **Formato - Agrupar - Desagrupar** o Ctrl Alt Mayús **G**.

## Girar un objeto/imagen

- Seleccione la imagen/objeto en cuestión.
- Haga clic en la herramienta **Transformaciones** de la barra de herramientas **Líneas y relleno** o simplemente haga clic en el objeto seleccionado.

  *Alrededor del objeto aparecen unos tiradores redondos, de color rojo ; el punto de rotación , o punto de referencia, es visible en el centro de la forma:*

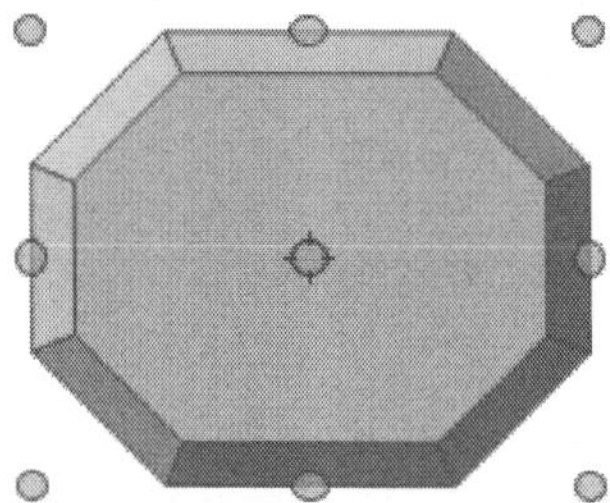

- Si es necesario, desplace el punto de rotación haciendo clic y arrastrando.
- Arrastre uno de los tiradores de ángulo para girar.
- Para voltear un objeto vertical u horizontalmente, muestre la sección **Posición y tamaño** del panel **Propiedades** y haga clic en las herramientas asociadas a la opción **Volteo.**

También puede rotar utilizando las opciones de la pestaña **Giro** del cuadro de diálogo **Posición y tamaño** (botón derecho del ratón sobre el objeto - opción **Posición y tamaño**).

## Cambiar el orden de superposición de los objetos

- Seleccione el objeto en cuestión.
- Abra la lista de la herramienta **Organizar** en la barra de herramientas **Líneas y relleno, Dibujo** o **Imagen** y, a continuación, haga clic en una de las herramientas disponibles:

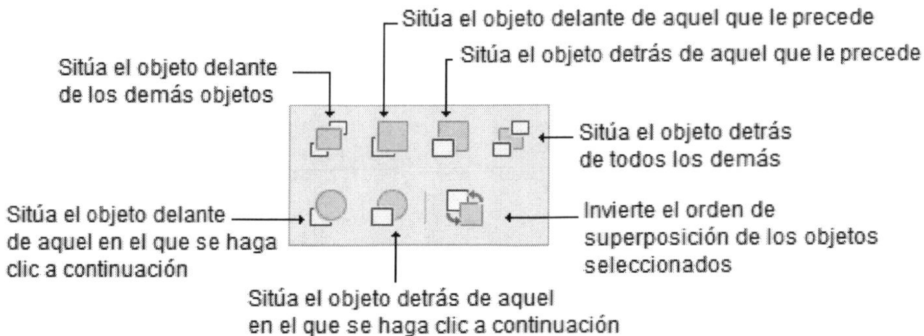

En Calc y Writer, las cuatro primeras herramientas están disponibles en la barra de herramientas **Propiedades del objeto de dibujo.**

## Combinar formas

*Una combinación fusiona varios objetos en un único objeto nuevo. Esta función no está disponible para las aplicaciones Writer y Calc.*

*La forma resultante de una combinación adoptará el mismo formato que el objeto situado en el fondo.*

- Seleccione los objetos en cuestión.
- Haga clic con el botón derecho en la selección y elija **Formas - Combinar** (o Ctrl Mayús K).

*Los objetos se sustituyen por curvas de Bézier y las partes superpuestas de los objetos, por zonas transparentes.*

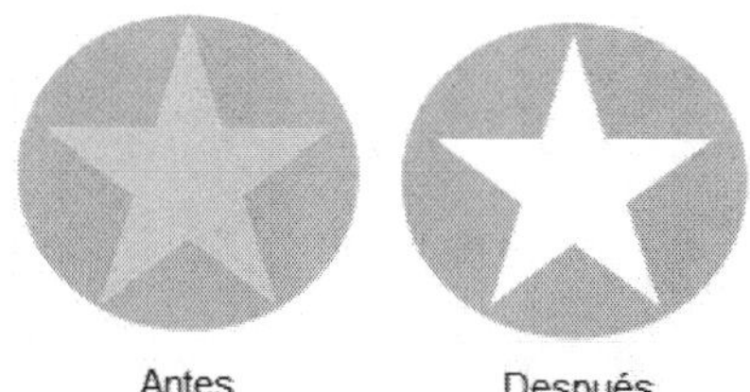


- Para desvincular objetos combinados, seleccione el objeto correspondiente y, a continuación, haga clic con el botón derecho del ratón en la selección y elija la opción **Dividir** (o Ctrl Alt Mayús **K**).

  *Se conserva el formato del objeto combinado, pero no se restauran los objetos originales.*

También puede unir o sustraer objetos seleccionados: pulse el botón derecho del ratón sobre la selección - opción **Formas - Unir** o **Sustraer**.

## Alinear objetos entre sí

- Seleccione los objetos que desea alinear.
- Abra la lista asociada a la herramienta **Alinear objetos** de la barra de herramientas **Líneas y relleno** o **Dibujo** y, a continuación, haga clic en una de las herramientas propuestas en función de la alineación deseada.

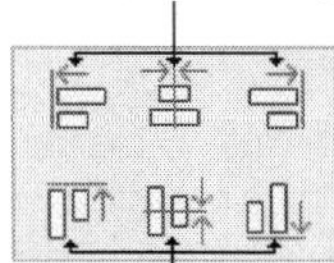


Para igualar el espacio horizontal o vertical entre varios objetos (mínimo 3), selecciónelos y haga clic en la herramienta de la barra de herramientas **Líneas y relleno** o haga clic con el botón derecho del ratón en la selección y, a continuación, en la opción **Distribuir selección.** Esta función no está disponible para las aplicaciones Writer y Calc.

## Modificar el contorno de un objeto

- Seleccione el objeto u objetos en cuestión.
- Si es necesario, visualice la barra de herramientas **Líneas y relleno** (Impress).

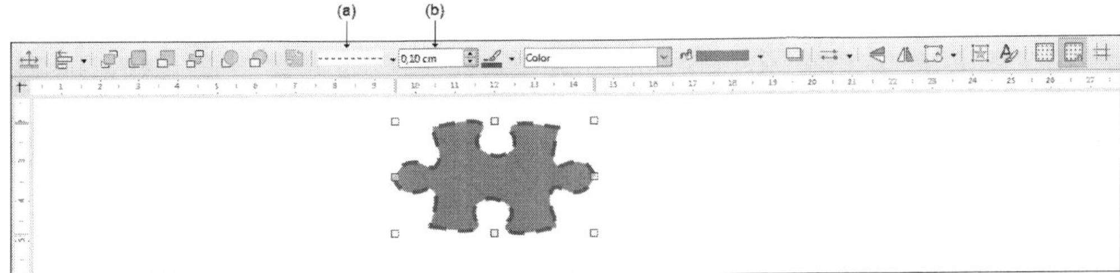


- En la lista **Estilo de línea** (a), elija un estilo de contorno; la opción ninguno elimina el contorno del objeto.
- Especifique el grosor de la línea en el campo **Grosor de línea** (b).
- Seleccione el color de la línea en la lista de la herramienta .
- Para modificar los extremos de una línea recta, curva o de una forma no cerrada, haga clic en la herramienta **Seleccione las puntas de flecha inicial y final de las líneas**  y, a continuación, elija el estilo que desea aplicar al inicio del segmento, en la columna de la izquierda, o el estilo que desea aplicar al final del segmento, en la columna de la derecha.

## Modificar el relleno de un objeto

- Seleccione el objeto u objetos en cuestión.
- Si es necesario, visualice la barra de herramientas **Líneas y relleno.**
- Seleccione el tipo de relleno en la lista **Estilo de área/relleno** Color : **Color**, **Degradado**, **Trama**, **Motivo** o **Mapa de bits**; la opción **Ninguna** elimina el relleno del objeto.
- Elija, en la siguiente lista,  el color, degradado, motivo o imagen que desea aplicar.

- Para cambiar la transparencia del fondo de un objeto, muestre el panel **Propiedades** (icono de la barra lateral) y las opciones de la sección **Área**. A continuación, arrastre el control deslizante de la opción **Transparencia** o especifique un valor porcentual en la zona asociada.

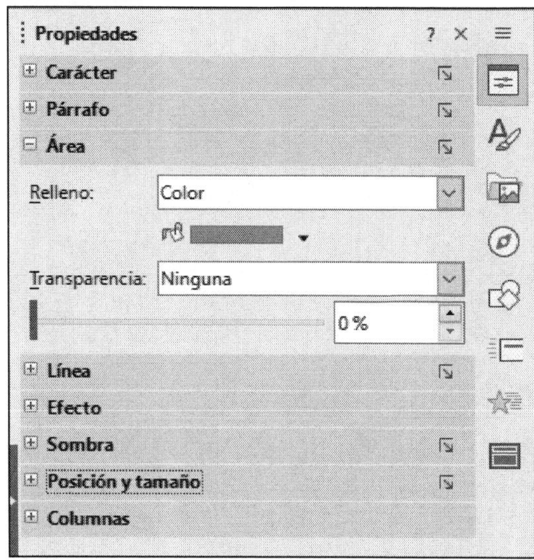


*El tipo de transparencia por defecto es **Ninguna**.*

- Para aplicar una transparencia de degradado, abra la lista **Transparencia** y elija un tipo de degradado: **Lineal**, **Axial**, **Radial**...
  A continuación, abra la siguiente lista para cambiar la configuración del degradado.

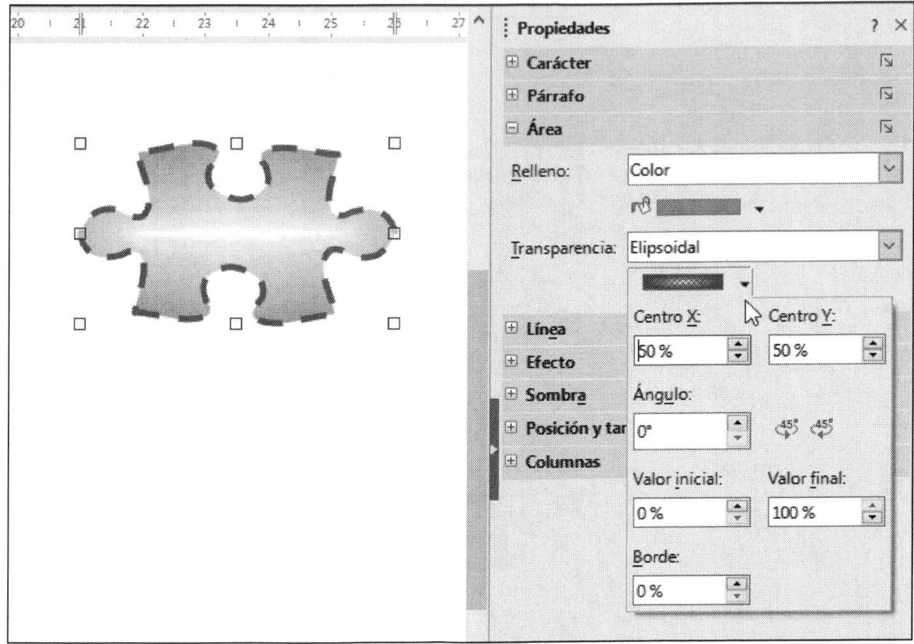


La pestaña **Transparencia** del cuadro de diálogo **Área** (clic derecho en el objeto y luego en **Área**) también puede utilizarse para cambiar la transparencia del fondo de un objeto.

## Aplicar un efecto de sombra a un objeto/imagen

- Seleccione el/los objeto(s)/imagen(es) en cuestión.
- En Impress, haga clic en la herramienta **Sombra** de la barra de herramientas **Líneas y relleno**, **Dibujo** o **Imagen**.

  *Esta herramienta no está disponible en Writer o Calc.*

  En Writer y Calc, haga clic con el botón derecho en la selección y elija la opción **Área**. A continuación, active la pestaña **Sombra** y la opción **Utilizar sombra**.

  En la aplicación Calc, despliegue el panel **Propiedades** (icono de la barra lateral) y, en la sección **Sombra**, marque la opción **Activar**.

*La sección **Sombra** del panel **Propiedades** también está presente en la aplicación Impress.*

Para cambiar la configuración de la sombra, haga clic con el botón derecho del ratón en el objeto y elija la opción **Área**. Haga clic en la pestaña **Sombra** del cuadro de diálogo **Área** que aparece. A continuación, puede modificar la posición y la **Distancia** de la sombra en relación con el objeto, su **Color** y su **Transparencia**.

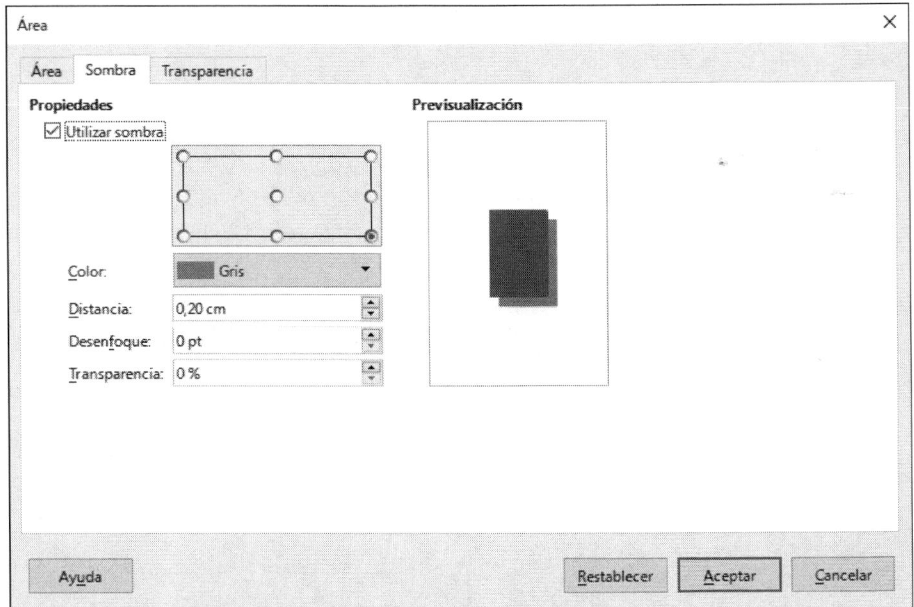


A continuación, haga clic en **Aceptar** para confirmar.

En Impress y Calc, también puede utilizar las opciones de la sección **Sombra** del panel **Propiedades:**

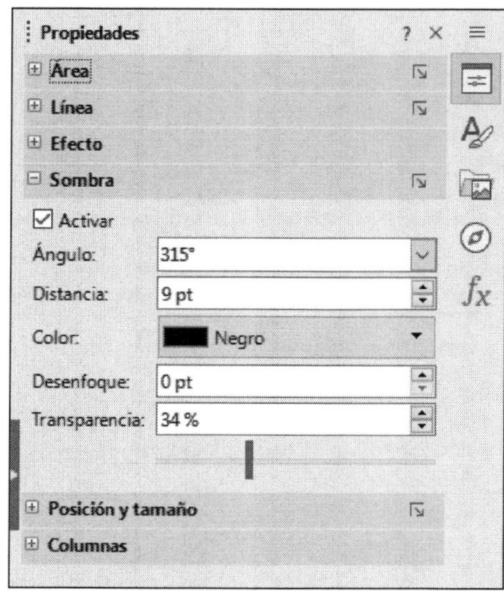


- Para ocultar la sombra de un objeto, haga clic en la herramienta **Sombra** o desactive la opción **Utilizar sombra** en el cuadro de diálogo **Área** - pestaña **Sombra** (botón derecho del ratón en el objeto - opción **Área**) o desactive la opción **Activar** en la sección **Sombra** del panel **Propiedades.**

## Cambiar los colores de una imagen

- Seleccione la imagen en cuestión y asegúrese de que aparece la barra de herramientas **Imagen.**
- Para aplicar un filtro a la imagen, abra la lista de la herramienta **Filtro** .

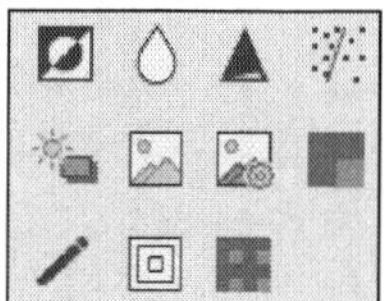

- Haga clic en el filtro que desee aplicar.

*Al seleccionar determinados filtros, se abre un cuadro de diálogo que permite especificar los parámetros del filtro.*

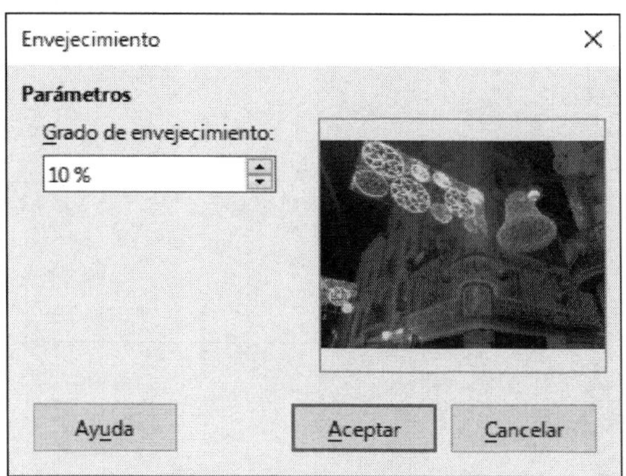


- Modifique los parámetros del filtro si es necesario antes de hacer clic en el botón **Aceptar**.
- Para cambiar el modo de color de la imagen, abra la lista Predeterminado de la sección Imagen del panel **Propiedades** y elija **Escala de grises**, **Blanco y negro** o **Marca de agua**.

  *La opción **Predeterminado** devuelve al modo gráfico original.*
- Para corregir los colores de la imagen, haga clic en la herramienta **Color** de la barra de herramientas **Imagen** y realice los cambios deseados.

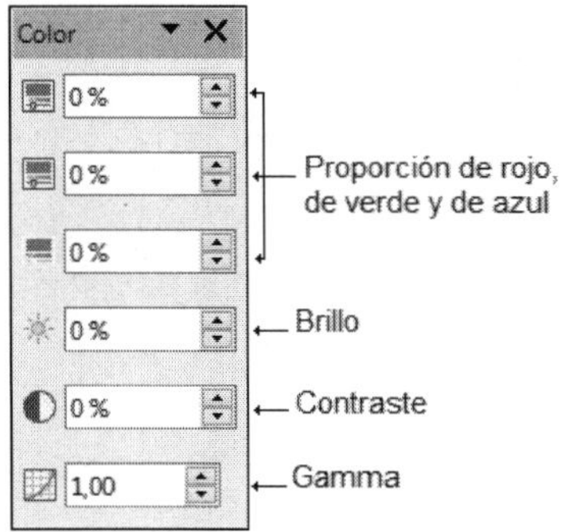

- Para modificar la transparencia de los colores de la imagen, introduzca el porcentaje de transparencia en el campo **Transparencia** .

## Aplicar un efecto 3D a un objeto

- Seleccione el objeto en cuestión.
- Haga clic en la herramienta **Alternar extrusión**  de la barra de herramientas **Dibujo**.

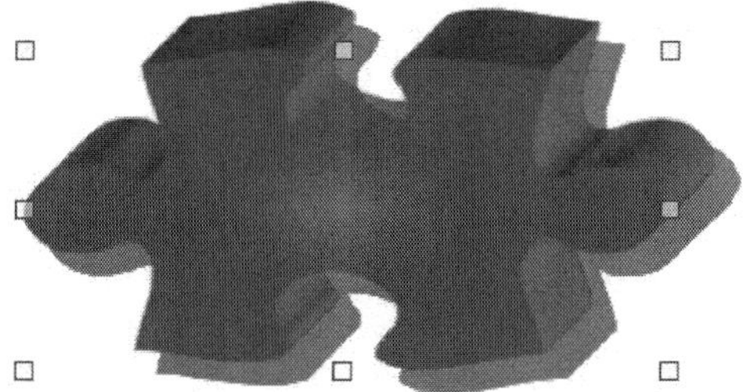

- Para personalizar el efecto 3D, utiliza las herramientas de la barra de herramientas **Configuración 3D**, que aparece a la derecha de la barra de herramientas **Dibujo** (**Writer** e **Impress**) o flotante (**Calc**).

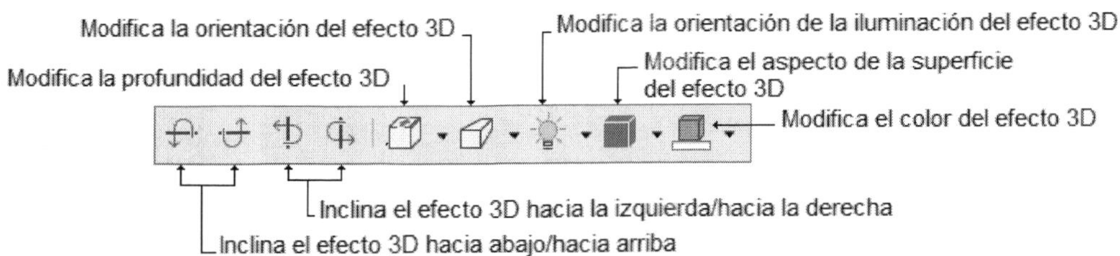


- Para eliminar el efecto 3D, seleccione el objeto en cuestión y vuelva a hacer clic en la herramienta .

No se puede aplicar un efecto 3D a las imágenes ni a determinados objetos (líneas, curvas, cuadros de texto), pero puede convertir estos objetos en 3D: haga clic con el botón derecho del ratón en el objeto/imagen, señala la opción **Convertir** y elija **En 3D**. Esta opción solo está disponible en Impress.

# Los archivos

## Crear un archivo

*Un archivo creado en Writer es un documento de texto; en Calc es una hoja de cálculo, y en Impress, una presentación.*

- Para crear un nuevo archivo, haga clic en el menú **Archivo**, seleccione **Nuevo** y, a continuación, en función del archivo que desee crear, haga clic en **Documento de texto**, **Hoja de cálculo** o **Presentación**.

  *También puede utilizar la combinación de teclas* Ctrl ***U*** *para crear un nuevo archivo del mismo tipo que la aplicación activa.*

- Para crear un archivo basado en una plantilla, consulte Crear un archivo basado en una plantilla de documento.

## Abrir/guardar un archivo localmente

### Abrir un archivo

- Para abrir un archivo, seleccione **Archivo - Abrir** o haga clic en la herramienta  o utilice el atajo de teclado Ctrl **O**.

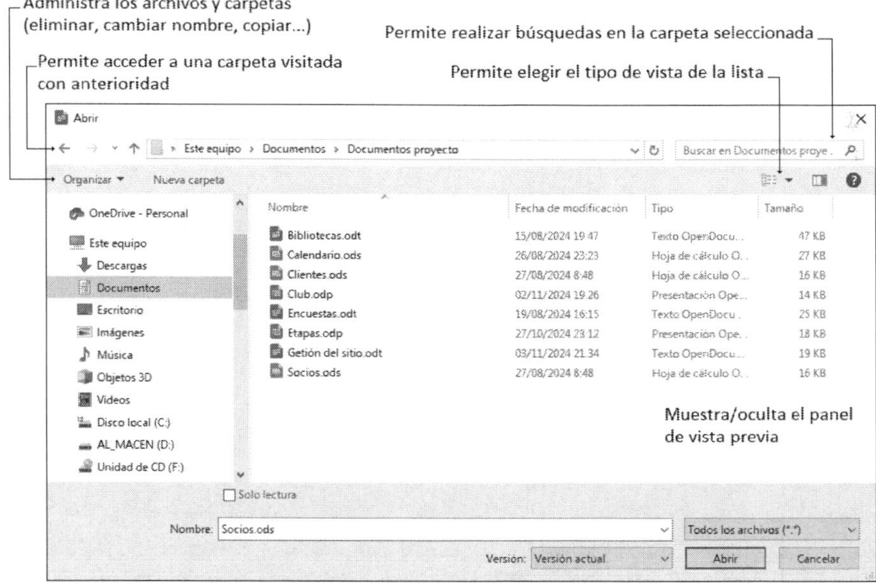

- Utilizando el panel de navegación (panel izquierdo), navegue hasta la unidad deseada y, a continuación, abra la carpeta que contiene el archivo seleccionándola (en el panel izquierdo) o haciendo doble clic en su icono (en el panel derecho).
- En la lista de tipos de archivo, seleccione el tipo de archivo que desea ver.
- En el panel derecho, seleccione el archivo que desea abrir; para abrir varios archivos a la vez, selecciónelos con las teclas Ctrl o Mayús.
- Marque la opción **Solo lectura** para abrir el archivo como solo lectura.
- Haga clic en **Abrir**.

*También puede hacer doble clic en el nombre del archivo para abrirlo.*

Para abrir rápidamente uno de los últimos archivos abiertos, abra el menú **Archivo**, seleccione la opción **Documentos recientes** y haga clic en el nombre del archivo que desea abrir.

*También puede abrir la lista de la herramienta **Abrir** y seleccionar el nombre del archivo que desea abrir.*

Para mostrar un archivo que ya está abierto pero oculto por otro, haga clic en el menú **Ventana** y, a continuación, en el nombre del archivo que desea visualizar.

## Guardar un archivo

- Para guardar un archivo nuevo o existente, utilice el comando **Archivo - Guardar** o la herramienta (o Ctrl **G**).
- Si se trata de un archivo nuevo, seleccione la carpeta en la que desea guardarlo, introduzca su nombre en el cuadro **Nombre** y haga clic en **Guardar**.

*Cuando se ha modificado un archivo de Writer, Calc o Impress y no se han guardado los cambios, aparece el icono en la barra de estado.*

Novedad

*En la barra de herramientas **Estándar**, la herramienta **Guardar** tiene este aspecto cuando no se han guardado los cambios.*

- Haga doble clic en el icono o en la herramienta para guardar los cambios realizados en el archivo.

Para duplicar un archivo activo, debe guardarlo con otro nombre mediante el comando **Archivo - Guardar como** o elegir el comando **Archivo - Guardar una copia.**

También puede abrir la lista de la herramienta **Guardar** y elegir la opción **Guardar como.**

## Abrir/guardar un archivo en línea

*Esta función permite abrir y guardar un archivo en un espacio de almacenamiento en línea, como OneDrive, Google Drive o servicios de almacenamiento profesionales (SharePoint, Alfresco, etc.) o en un servidor accesible mediante FTP o WebDAV.*

### Abrir un archivo remoto

- Utilice el comando **Archivo - Abrir archivo remoto** o abra la lista de la herramienta **Abrir** y elija la opción **Abrir archivo remoto.**
- En el cuadro de diálogo **Archivos remotos** que se abre, seleccione en la lista **Servicio** el servicio de almacenamiento en el que se encuentra el archivo; si el servicio no se ha añadido, haga clic en el botón **Gestionar servicios** y, a continuación, en **Añadir servicio.**

*Si ha hecho clic en el botón Añadir servicio, aparecerá el cuadro de diálogo* ***Servicios de archivos****:*

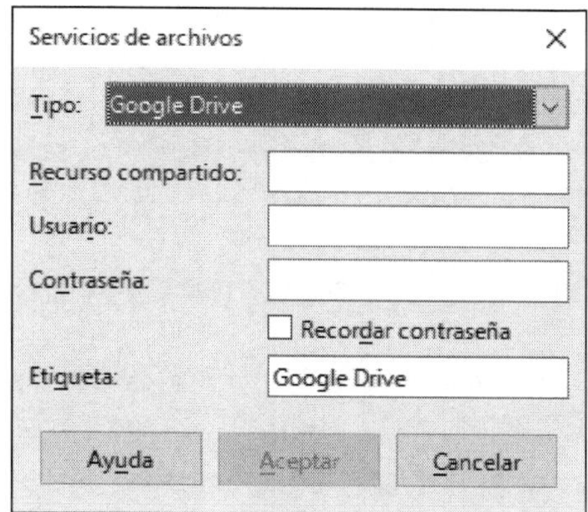

- En la lista **Tipo**, elija el servicio que desea añadir.
- A continuación, rellene la información específica del tipo de servidor que haya elegido.
- En el campo **Etiqueta**, cambie el nombre que se asignará al servicio si es necesario.
- Haga clic en el botón **Aceptar**.
- Cuando aparezca el cuadro de diálogo **Establecer contraseña maestra**, introduzca una contraseña idéntica en ambos cuadros de entrada; esta contraseña se utiliza para proteger el acceso a los servidores remotos y será necesaria para cada sesión. A continuación, haga clic en **Aceptar**.

  *El nombre del servicio añadido de este modo se selecciona en la lista* **Servicio**.

  *La lista asociada al botón* **Añadir servicio** *ofrece opciones para modificar la información asociada al servicio, para eliminar el acceso al servicio y para cambiar la contraseña principal utilizada para acceder a la lista de servicios de almacenamiento.*
- Si es necesario, seleccione en el panel izquierdo la carpeta que contiene el archivo que desea abrir.
- En el panel derecho, seleccione el archivo y haga clic en **Abrir**.

En el momento de redactar este libro, el servicio no parecía estar operativo y no conseguimos conectarnos al servidor. Este problema ha sido señalado por varios usuarios en las FAQ de LibreOffice: https://ask.libreoffice.org/t/remote-files-google-drive-error-the-specified-device-is-invalid/37098/21

## Guardar un archivo en un servidor remoto

- Utilice el comando **Archivo - Guardar archivo remoto** o abra la lista de la herramienta y elija la opción **Guardar archivo remoto**.
- Seleccione el servicio de almacenamiento remoto en la lista **Servicio**; si el servicio aún no se ha añadido, haga clic en **Gestionar servicios - Añadir servicio**, rellene la información necesaria y después confirme.
- En el panel izquierdo, si es necesario, seleccione la carpeta en la que desea guardar el archivo.

  *Puede hacer clic en la herramienta para crear una nueva carpeta de almacenamiento.*
- Si es necesario, seleccione el formato de guardado del archivo en la lista.
- Si es necesario, cambie el nombre del archivo.

A continuación, pulse el botón **Guardar**.

*Si utiliza los cuadros de diálogo de LibreOffice (**Herramientas - Opciones** - Categoría **LibreOffice - General** - Opción **Usar los diálogos de LibreOffice**), puede utilizar los comandos habituales para abrir y guardar archivos y seleccionar el nombre del servicio remoto deseado en el panel izquierdo de estos cuadros de diálogo.*

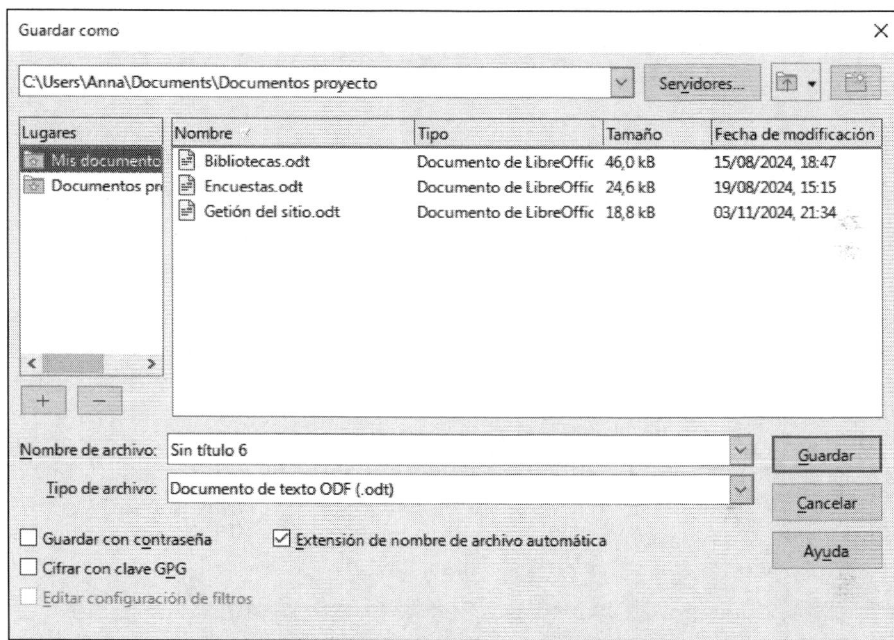


*Utilice el botón **Servidores** para añadir servicios adicionales.*

En el momento de redactar este libro, el servicio no parecía estar operativo y no conseguimos conectarnos al servidor. Este problema ha sido señalado por varios usuarios en las FAQ de LibreOffice: https://ask.libreoffice.org/t/remote-files-google-drive-error-the-specified-device-is-invalid/37098/21

## Cerrar un archivo

Para cerrar un archivo, utilice el comando **Archivo - Cerrar** o la herramienta **Cerrar** [X] o **Cerrar documento** [X] (o Ctrl F4 o Alt F4 o Ctrl **W**).

*La herramienta **Cerrar documento** [X] solo está visible cuando hay un único archivo abierto en LibreOffice; al hacer clic en ella se cierra el archivo y se muestra la ventana de inicio de LibreOffice, mientras que al hacer clic en la herramienta **Cerrar** [X] se sale de la aplicación LibreOffice cuando no hay ningún otro archivo abierto.*

## Crear una plantilla de documento

*Cada documento nuevo se basa en una plantilla, que es la plantilla por defecto de la aplicación activa. Puede crear directamente sus propias plantillas en las que definir sus estilos, textos, etc., para automatizar su trabajo. También puede crear una plantilla a partir de un documento que ya contenga estilos y textos, o a partir de una plantilla existente.*

Cree un nuevo archivo con el comando **Archivo - Nuevo**, o abra el archivo o plantilla existente en el que se va a basar el nuevo modelo.

Diseñe los elementos comunes (estilos, textos predefinidos, logotipo, etc.) para los futuros archivos creados a partir de esta plantilla.

Utilice el comando **Archivo - Plantillas - Guardar como plantilla.**

Introduzca el nombre de su plantilla.

Haga doble clic en la carpeta **Mis plantillas.**

Haga clic en el botón **Guardar**.

Una plantilla de Writer tiene la extensión .ott; una plantilla de Calc, la extensión .ots, y una plantilla Impress, la extensión **.otp**.

Por defecto, las plantillas guardadas en la carpeta **Mis plantillas** se guardan en la carpeta: C:\Users\nom_user\AppData\Roaming\LibreOffice\4 (o 5)\user\template.

## Gestionar las plantillas de documento

*LibreOffice ofrece una interfaz de gestión de plantillas en la que se pueden gestionar plantillas de otras aplicaciones.*

*La interfaz se ha rediseñado y simplificado. Los botones se han sustituido por opciones que aparecen en el menú contextual al hacer clic con el botón derecho y por el botón **Gestionar**. Las plantillas pueden mostrarse en una lista y luego ordenarse por nombre, categoría, etc.*

- Utilice el comando **Archivo - Plantillas - Gestionar plantillas** o el acceso directo Ctrl Mayús **N**.
- Para mostrar las plantillas que desee, puede hacer clic en el primer cuadro **Filtro** y elegir el tipo de plantilla que quiera mostrar: **Documentos de texto**, **Hojas de cálculo**, **Presentaciones**, **Dibujos** o **Todas las aplicaciones**.
- En el segundo cuadro **Filtro**, que, por defecto, muestra **Todas las categorías**, puede seleccionar la categoría **Mis plantillas**.
- Haga clic con el botón derecho del ratón en la plantilla que desea gestionar y, a continuación, en la opción correspondiente a la acción que desea realizar.

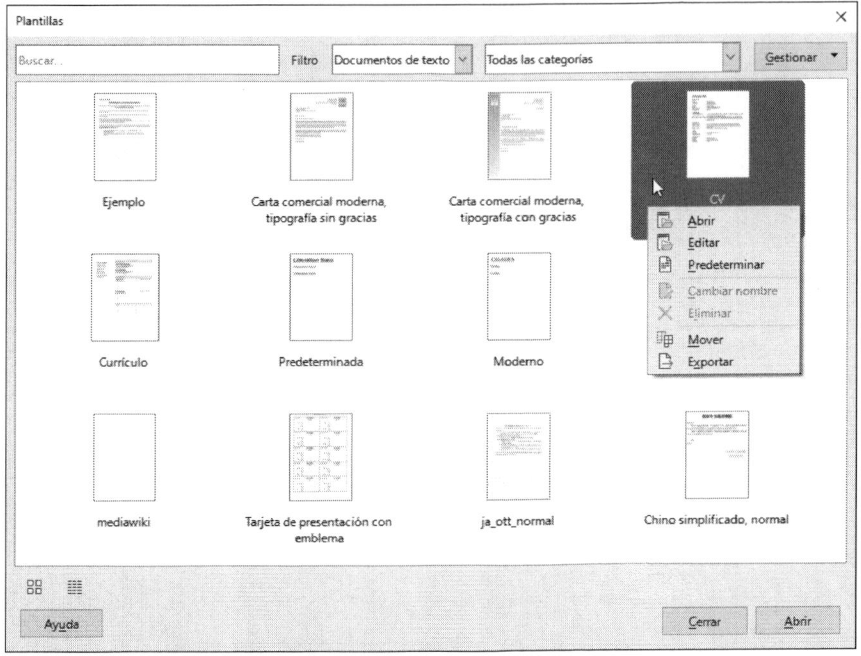


**Abrir** Abre la plantilla seleccionada.

**Editar** Modifica la plantilla.

**Predeterminar** Define la plantilla como plantilla predeterminada; para restablecer la plantilla predeterminada, haga clic con el botón derecho del ratón en la plantilla y elija la opción **Restablecer predeterminada.**

**Mover** Mueve la plantilla a la categoría elegida en la lista que aparece.

**Exportar** Exporta la plantilla a otra carpeta.

**Eliminar** Esta opción solo aparece en el menú contextual si la plantilla ha sido creada por el usuario, y puede utilizarse para eliminar la plantilla.

**Cambiar nombre** Permite cambiar el nombre de sus plantillas. Esta opción no aparece en el menú contextual de las plantillas que ofrece LibreOffice.

- Para importar una plantilla, asegúrese de que no hay ninguna seleccionada, haga clic en el botón **Gestionar** y luego en **Importar**. Seleccione la carpeta que contiene la plantilla que desea importar y haga doble clic en su nombre.
- Para buscar plantillas en el sitio de LibreOffice, haga clic en el botón **Gestionar** y luego en **Extensiones**. Aparecerá una ventana con una lista de plantillas para instalar.
- Para organizar sus plantillas, puede crear nuevas categorías desde el botón **Gestionar** - opción **Categoría nueva**.
- Para buscar una plantilla, introduzca su nombre o parte de él en el cuadro **Buscar**.
- Para mostrar las plantillas en forma de lista, haga clic en el botón ; para volver a mostrar las plantillas en forma de iconos, haga clic en .
- Para cerrar la ventana **Plantillas**, pulse el botón **Cerrar**.

## Crear un archivo basado en una plantilla de documento

*El nuevo documento, hoja de cálculo o presentación usará, en este caso, los elementos de la plantilla.*

- Utilice el comando **Archivo - Nuevo - Plantillas**.
- En la lista **Filtro**, seleccione las plantillas que desea visualizar: **Documentos de texto**, **Hojas de cálculo**, **Presentaciones** o **Dibujos**.
- Seleccione la categoría que contiene la plantilla que desea utilizar o la opción **Todas las categorías** para ver todas las plantillas disponibles.
- Haga doble clic en la plantilla que desee utilizar.
- Introduzca información en el nuevo archivo y guárdelo.

## Enviar un archivo por correo electrónico

*Para enviar un archivo por email, necesita tener instalado en su ordenador un programa de correo electrónico.*

- Abra el archivo que desea enviar por correo electrónico.
- Utilice el comando **Archivo - Enviar - Enviar documento por correo.**

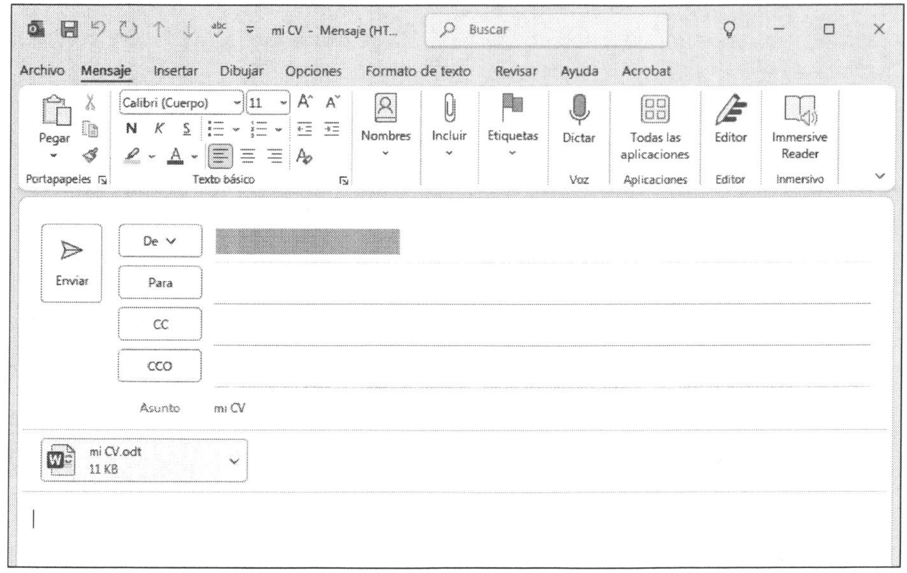


*El archivo aparece como adjunto en el mensaje.*

*Esta pantalla puede ser diferente en función del software de correo electrónico utilizado (en nuestro ejemplo, se trata de Microsoft Outlook).*

- En el campo **Para**, introduzca la dirección o direcciones de los destinatarios principales del mensaje, separando sus nombres con punto y coma, o haga clic en el botón **Para** para seleccionar direcciones de una libreta de direcciones.
- Del mismo modo, en el campo **CC**, si es necesario, introduzca las direcciones de los destinatarios de la copia del mensaje.
- Si lo desea, puede cambiar el asunto del mensaje, que por defecto corresponde al nombre del archivo, en el campo **Asunto**.
- Introduzca el texto general del mensaje en el cuadro de entrada grande.
- Pulse el botón **Enviar** para enviar el mensaje.

*El destinatario del mensaje tendrá que abrir el mensaje y hacer doble clic en el icono del archivo adjunto; por supuesto, el destinatario deberá tener instalada la aplicación para leer el archivo.*

- También puede enviar un archivo por correo electrónico como archivo PDF utilizando el comando **Archivo - Enviar - Por correo como PDF**. Además, un documento de Writer o un libro de Calc pueden enviarse por correo electrónico como documento de Word o libro de Excel, respectivamente, utilizando el comando **Archivo - Enviar - Enviar como Microsoft Word** o **Enviar como Microsoft Excel**.
- También puede enviar un archivo de Writer o Calc a través de Bluetooth, mediante el comando **Archivo - Enviar - Enviar mediante Bluetooth**.

## Copiar/mover datos

### Haciendo clic y arrastrando

- Seleccione el bloque de texto, las celdas o los objetos correspondientes.
- Arrastre la selección para moverla; mantenga pulsada la tecla Ctrl mientras arrastra para copiarla.

  *Si está copiando celdas de una hoja de cálculo, haga clic en la selección antes de pulsar la tecla Ctrl y arrastre.*

Para mover una sola celda, haga clic en la celda en cuestión y, a continuación, mantenga pulsada la tecla Mayús mientras vuelve a hacer clic en esa celda. Seguidamente, señale la selección, haga clic y arrastre hasta el destino; si se trata de una copia, mantenga pulsada la tecla Ctrl mientras arrastra.

### Usando el portapapeles

- Seleccione el bloque de texto, las celdas o los objetos correspondientes.
- Para mover la selección, utilice **Editar - Cortar** o la herramienta o la combinación de teclas Ctrl **X**.
- Para copiar la selección, utilice el comando **Editar - Copiar** o la herramienta o la combinación de teclas Ctrl **C**.
- Sitúe el punto de inserción donde desee que aparezcan los datos.
- A continuación, utilice el comando **Editar - Pegar** o la herramienta o el atajo de teclado Ctrl **V**.

## Copiar formato

- Para copiar un formato de párrafo, haga clic en el párrafo que contiene el formato que desea copiar; para copiar un formato de carácter, seleccione el texto que contiene el formato que desea copiar.

  Para copiar el formato de una o varias celdas, selecciónelas.

  Para copiar el formato de un objeto, selecciónelo.
- Haga clic en la herramienta de la barra de herramientas **Estándar**.

  *El puntero se transforma en* .

## Copiar y mover

Para copiar un formato de caracteres, seleccione los caracteres que desea formatear; para copiar un formato de párrafo, haga clic en el párrafo que desea formatear mientras mantiene pulsada la tecla Ctrl; para copiar simultáneamente el formato de caracteres y párrafos, seleccione el texto que desea formatear mientras mantiene pulsada la tecla Ctrl.

Para copiar el formato de las celdas, seleccione las celdas que desea formatear.

Para copiar el formato del objeto, haga clic en el objeto que desea formatear.

Si desea aplicar repetidamente el formato de párrafo/carácter/celda/objeto, haga doble clic en la herramienta . Después, pulse esc para desactivar la herramienta.

## Gestionar la vista de las barras de herramientas

- Para mostrar u ocultar una barra de herramientas, abra el menú **Ver**, seleccione **Barras de herramientas** y haga clic en el nombre de la barra de herramientas que desea mostrar u ocultar.
- Para mostrar u ocultar una herramienta, haga clic con el botón derecho del ratón en la barra de herramientas, seleccione la opción **Botones visibles** y, a continuación, haga clic en la herramienta que desee mostrar u ocultar.
- Para desplazar una barra de herramientas, señale su tirador de movimiento, situado a la izquierda, y arrástrelo hasta la posición deseada. Si no puede ver el tirador, haga clic con el botón derecho del ratón en la barra de herramientas y desactive primero la opción **Bloquear posición de barra de herramientas.** Vuelva a hacer clic con el botón derecho en la barra de herramientas y seleccione la opción **Desacoplar barra de herramientas.**

  *Cuando una barra de herramientas se desplaza al área de trabajo, se vuelve «flotante», es decir, aparece como una ventana que puede desplazarse haciendo clic en su barra de título y arrastrándola.*
- Para fijar una barra de herramientas flotante, haga doble clic en su barra de título.

## Cancelar acciones

- Para deshacer la última acción, haga clic en la herramienta **Deshacer** de la barra de herramientas **Estándar** o utilice la combinación de teclas Ctrl **Z.**
- Para deshacer las últimas acciones, abra la lista de la herramienta **Deshacer** y haga clic en la última de las acciones que desee deshacer.

Si la cancelación es peor que el error, haga clic en la herramienta **Rehacer** para rehacer lo cancelado; para rehacer varias acciones, abra la lista asociada a la herramienta y haga clic en la última de las acciones que quiere rehacer.

## Cambiar el zum de la pantalla

- Para modificar rápidamente el valor del zum, utilice el control deslizante del zum situado a la derecha de la barra de estado: arrastre dicho control o haga clic tantas veces como sea necesario en las herramientas [−] y [+].

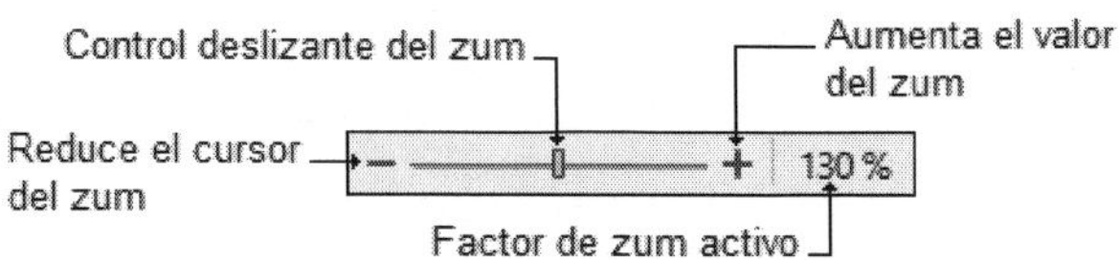


- Para especificar un valor de zum preciso, utilice el comando **Ver - Zum** y, a continuación, haga clic en una de las opciones propuestas; si no le conviene ninguna de ellas, haga clic en la opción **Zum**, especifique el valor deseado en la zona **Personalizado** y, a continuación, haga clic en **Aceptar**.

En Impress, también puede utilizar la herramienta **Zum y panorámica** situada en la barra de herramientas **Dibujo**.

## Cambiar la apariencia de LibreOffice

### Aplicar un tema

*Puede cambiar la apariencia de su suite ofimática LibreOffice usando temas.*

- Utilice el comando **Herramientas - Opciones.**
- En la categoría **LibreOffice**, seleccione **Personalización.**

  *Se ha simplificado la personalización de los temas; ahora solo hay unos pocos disponibles.*
- Active la opción **Tema preinstalado.**

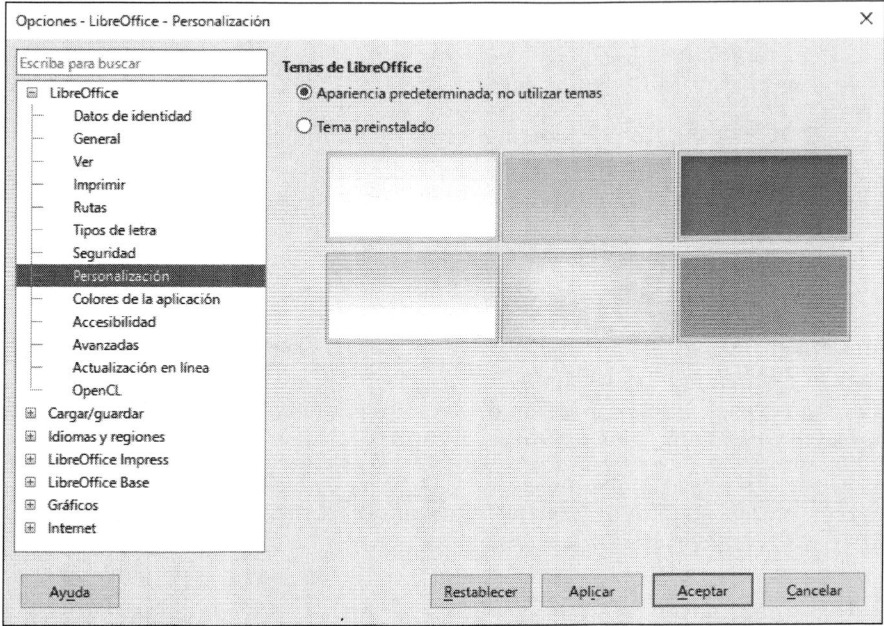


- Haga clic en el tema que desee aplicar.
- Haga clic en **Aplicar** para aplicar su elección inmediatamente sin cerrar la ventana, o en **Aceptar** para aplicarla y salir de la ventana **Opciones.**

  *El tema se aplica a todas las aplicaciones de LibreOffice.*

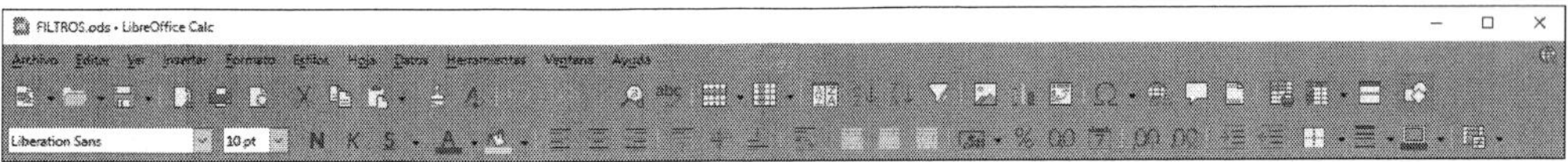


Para restaurar la apariencia predeterminada de las aplicaciones de LibreOffice, active la opción **Apariencia predeterminada, no utilizar temas** en el cuadro de diálogo **Opciones - LibreOffice - Personalización** (**Herramientas - Opciones**) y, a continuación, haga clic en el botón **Aceptar**.

## Mostrar pestañas en lugar de menús y barras de herramientas

*Ahora puede cambiar el aspecto de su interfaz sustituyendo la barra de menús y la barra de herramientas Estándar por pestañas que agrupan los comandos (de forma similar a la cinta de opciones de Microsoft Office).*

**Ver - Interfaz de usuario**

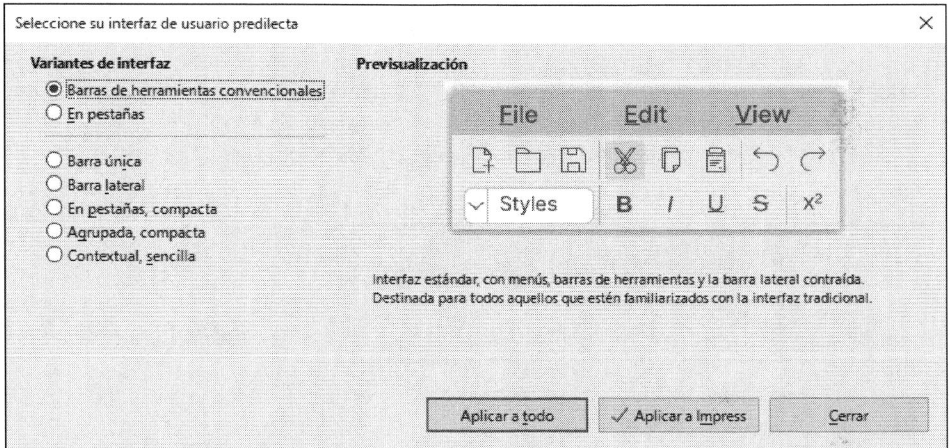


Active la opción **En pestañas**.

Haga clic en **Aplicar a todo** o en **Aplicar a Writer** (o Impress, o Calc...), y luego en **Cerrar**.

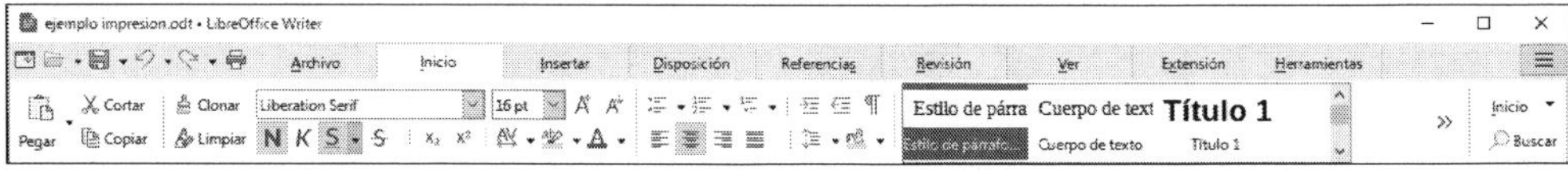


Para volver a la interfaz de la barra de herramientas, haga clic en el botón situado en el extremo derecho de la cinta de opciones, seleccione la opción **Interfaz de usuario** y, a continuación, active la opción **Barra de herramientas convencionales**.

En la ventana **Seleccione su interfaz de usuario predilecta**, también puede seleccionar las siguientes opciones:

**Barra lateral** Para abrir automáticamente la barra lateral sobre las propiedades del elemento activo.

**En pestañas, compacta** Para mostrar los comandos de cada pestaña en una sola línea:

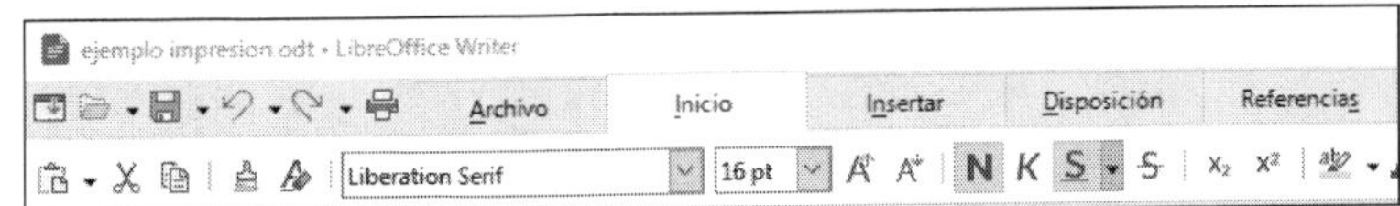


**Agrupada, compacta** Para mostrar los comandos en una línea y hacer que se muestre, debajo de cada grupo de comandos, el nombre del grupo como un botón de lista para elegir otras opciones (a continuación, una captura que muestra el grupo **Fuente** y el grupo **Párrafo**):

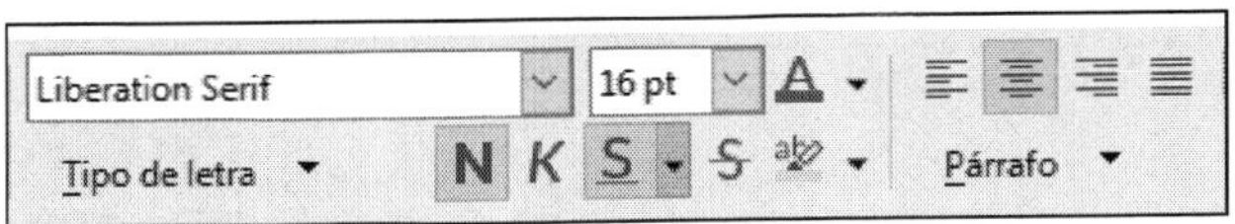


**Contextual, sencilla** Esta opción hace lo mismo que la opción **Barra única**.

# Índice

# Índice

# Índice

## G



## H



## I



## L



## M



## N

# Índice

## Z

Para poder acceder durante un año
a la versión online de este libro,
envíenos su justificante de compra a

**librodigital@ediciones-eni.com**

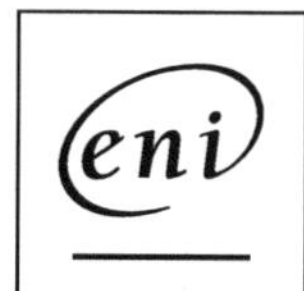